잃어버린
문명을
찾아서

· 태평양에 가라앉은 환상의 대제국 무 대륙 ·

사라진 고대 문명 무 대륙, 미지로 향하는 탐험서!

The Lost Continent of Mu

잃어버린 문명을 찾아서

제임스 처치워드 지음 | 박별 옮김

경이로운 여행, 그 끝에 마주한 화려한 문명을 소개하다!
태평양에 가라앉은 환상의 대제국 무 대륙

-15.000년 전의 세계지도-

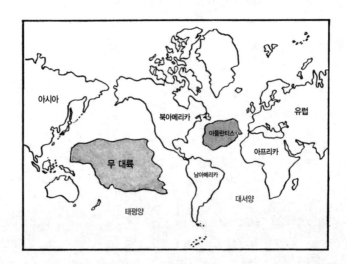

머리말

✵우아한 잃어버린 세계를 찾아서

　여기에 적은 내용은 모두 두 종류의 고대 비문에서 근거하고 있다. 그 하나는 내가 수십 년 전에 인도에서 발견한 나칼의 점토판이고, 또 하나는 윌리엄 니벤(William Niven: 1850. 10. 6~1937. 6. 2)이 멕시코에서 발견한 2500여점의 석판이다. 이 두 종류의 비문은 모두 무 대륙의 성전『성스러운 영감의 서(書)』를 바탕으로 기록된 것이다.

　나칼의 점토판은 고대 나가인의 상징과 문자로 점철돼 있으며, 전설에 따르면 그것은 '어머니의 나라' 인 무 대륙에서 만들어지고 비르마(미얀마)를 거쳐 인도에 전해졌다고 한다. 그것은 지금으로부터 약 1만 5천 년 전의 일이다. 멕시코의 석판이 어디서 만들어진 것인지는 의문이지만, 북방의 고대 위구르계의 표상과 문자가 이용되었다. 아무튼 그것들이 무 대륙에서 쓰이던 알파벳을 바탕으로 하고 있다는 사실은 분명하다.

　멕시코의 석판 연대도 매우 오래 된 것으로, 약 1만 2천 년 정도까지 거슬러 올라 갈 수 있으나 '어머니의 나라' 에 적혀진 것이 아니라는 것은 확실하다. 그러나 이 석판들에 의해 내가 발견한 나칼의 비문 속, 특히 천지창조에 관한 기술에서 빠진 부분을 보충할 수 있었다. 그리고 석판 중에 약 천여 점이 천지창조 시 '우주의 4대 원동력'의 기원과 그 활동을 전하는 것이었다.

내가 동양에서 눈으로 확인할 수 있었던 나칼의 점토판은 '잃어버린 고리'의 작은 일부분에 불과한 것이었다. 나는 가능한 한 이 비문들에 기록된 내용을 체험에 의해 밝히고 증명하고자 했다. 그러기 위해 나는 거의 5년 동안을 세계 각지를 돌아다녔다. 그리고 한 가지 중대한 사실을 확신하게 되었다. 그것은 우리가 모르는 어느 시기에 이 지구상에 매우 위대한 문명이 번성하고 있었다는 것, 그 문명은 어떤 의미에서는 현대 문명을 훨씬 뛰어넘는 고도의 것이라는 사실이다. 우리가 위대한 고대 문명이라 경탄하는 인도, 바빌로니아, 페르시아, 이집트, 유카탄 등에서 엿볼 수 있는 모든 문명의 흔적은 사실 그 대 문명의 잔여물에 불과했다. 그것과 함께 이해하게 된 것은 인류의 탄생지, 인류의 최초 문명이 일어났던 장소는 나일강 언저리도, 유프라테스강 언저리도, 북아메리카도, 동양의 그 어떤 곳도 아니라는 사실이었다.

이 책을 쓰는데 있어서 영국의 대영 박물관, 호놀룰루의 비숍 박물관, 아메리칸 위클리, 로스앤젤레스의 E.V 솔즈베리 대위, 캘리포니아주 오클랜드의 사무엘 하버드 씨, 텍사스주 오스틴의 윌리엄 니벤 씨 등의 협력에 감사의 뜻을 전한다. 또한 인도 및 티베트의 몇몇 사원에서도 많은 도움을 받았지만 그들의 요청에 따라 사원 이름, 지명은 기술하지 않기로 했다.

—제임스 처치워드

차례

머리말

I 사라진 에덴의 동산

II 빛나는 태양의 제국

사라진
에덴의 동산

지상 최대의 대 문명

아주 먼 옛날 태평양에 '무'라는 대륙이 있었다. 동쪽 끝은 현재의 하와이 제도, 서쪽 끝은 마리아나 제도, 남쪽은 포나페, 피지, 통가, 쿡 제도를 잇는 선, 최동남단은 이스터섬에 이르는 광대한 지역이었다. 동서 연장 8000km, 남북 5000km에 달하며 태평양 면적의 절반 이상이나 된다.

이 대륙에 인류가 최초로 탄생한 것은 적어도 50,000년 이상 전의 일이다. 우수한 민족으로 무 대륙에는 고도로 발달한 문화가 번영하였다.

인구는 약 6400만 명이고 주민은 열 종류의 민족으로 이루어져 있다. 피부색, 머리색, 눈동자색은 서로 달랐으나 인종에 의한 차별은 전혀 없었고, 한 명의 제왕과 하나의 정부를 중심으로 이루어져 있었다. 국민 모두는 천지를 만든 창조신을 숭배하였다.

무 제국 국민은 우수한 학문과 문화를 가졌으며 특히 건축과 항해술이 뛰어났다. 진취적 기상이 풍부해 세계의 바다를 항해하고 육지를 답파하여 서쪽으로는 아시아 대륙, 유럽, 이집트, 동쪽으로는 북미, 중미, 남미 북부까지 식민지를 넓혔다.

대륙은 좁은 해협에 의해 셋으로 나뉘었다. 완만한 언덕 이외에 산이 거의 없었다. 문화의 중심지였던 7개의 대도시를 중심으로 빽빽하게 돌을 깔은 넓은 도로가 도시에서 도시로, 마을에서 마을로, 촌락에서 촌락으로 촘촘하게 뻗어 있었다.

대도시에는 거대한 석조 관청, 궁전, 신전 그리고 화려하게 꾸민 저택과 민가가 즐비하게 늘어서 있었다. 지붕이 없는 신전에서는 내리쬐는 태양 빛 아래 경건한 신자들이 무릎을 꿇고 신에게 기도를 올렸다.

큰 강 입구에는 항구가 있었다. 세계 각지를 향해 출항하는 배와 입항하는 배. 세계로부터 진귀한 물품과 산물들이 모였다가 다시 흩어져 나갔다. 항만과 수로를 따라 상가가 늘어섰고, 상인들의 외침과 서로에게 신호를 보내는 징과 북소리 등으로 밤낮없이 왁자지껄했다.

유복한 사람들은 보석 치장을 한 옷을 입고 수많은 하인의 시중을 받으며 화려한 저택에서 살고 있었다. 바다에서 불어오는 시원한 밤바람이 불어올 때는 화사하게 꾸민 젊은 남녀가 물 위에 배를 띄웠고, 아름다운 음악 소리와 즐거운 웃음소리가 수면을 가득 채웠다.

전원 또한 풍요롭고 한가로운 모습이었다.

눈 부신 태양 빛이 내리쬐고 해변의 야자나무는 하구에서 내륙에 이르는 해안선을 아름다운 초록으로 감싸고 있었다. 완만한 언덕과 언덕 사이의 계곡에서 솟아나는 샘물은 이윽고 강이 되어 울창한 열대 식물 숲 사이를 지나 천천히 평원을 가로질러 흘렀다.

나무뿌리, 풀잎, 수액, 과일, 향료, 조미료의 원료, 신선한 음료와 음식 모두를 이곳에서 얻을 수 있었다. 풍부한 물, 온화한 기후, 비옥한 토지는 거의 손을 대지 않고도 자연의 풍요로운 은혜의 결실을 보았다.

물가에는 연꽃이 청아하게 피었고, 시원한 나무 그늘에는 온갖 화사한 날갯짓의 커다란 나비가 춤을 추고 있었다. 나뭇가지 사이로 스며드는 햇빛을 피하면서 벌새들이 날아다녔다. 풀숲에 모여든 벌레들, 나뭇가지에 앉아 재잘거리는 작은 새들에게 지지 않겠다는 듯 가지 끝에는 매미들이 자신들만의 봄을 노래했다.

원시의 모습을 그대로 유지하고 있는 어둑한 숲속에는 마스토돈(Mastodon: 제3기 중기에 번성한 거대 코끼리의 일종)의 무리가 어슬렁거리며 마치 귀를 부채질하듯이 움직여 성가신 벌레들을 쫓았다.

깃발에 태양의 상징을 그려 세계를 그 세력 하에 두었던 대제국 무. 그 번영은 흔들림이 없어 그 어떤 것에도 왕좌를 허락하지 않았다. 국민은 행복감에 취해 있었다. 그러나 적, 가장 두려운 적이 그 발목 가까이 다가와 있었다.

어느 날 갑자기 땅속에서 울려오는 꺼림칙한 소리가 들렸다. 이 소리는 점점 커져 사람들이 서로 불안한 눈길을 주고받기도 전에 지축이 흔들리기 시작했고 땅에 균열이 생기면서 거대한 불기둥이 솟구치며 하늘을 태워버렸다.

지진과 분화는 특히 대륙의 남부에서 격렬했다. 지진과 동반한 해일이 덮치면서 남부지방의 수많은 도시가 바닷물 속으로 가라앉았다. 분화구에서는 용암이 줄줄 흘러내렸다. 경사가 없는 토지 때문에 용암은 이윽고 한 곳에서 굳으며 원뿔꼴로 쌓이면서 기괴한 모습의 바위산이 되었다.

지진과 분화가 잠잠해졌다. 사람들은 놀란 가슴을 쓸어내렸다. 무 대륙 위에는 고요가 찾아왔다가 주민들이 바라보는 분화의 흔적에서는 하얀 연기가 피어오르고 있었다. 사람들은 무사함에 기뻐하며 신의 은혜를 칭송하였다. 폐허 속에 무릎을 꿇은 채 한마음으로 무언가를 기원하는 여인들의 모습이 보였다.

상상도 못했던 천재지변에 의한 피해는 컸으나 태양의 제국 국민은 지지 않았다. 해일로 인한 모래와 진흙더미 속에서 다시 석조 건물을 짓기 시작했다. 몇 년이 지나자 도시는 원래의 모습으로 돌아왔고, 산업도 문화도 부활했다. 평화로운 날들이 이어지면서 끔찍했던 재난의 기억은 사람들의 마음속에서 옅어지고 있었다. 노인들만이 여전히 솟아 있는 용암산을 가리키면서 끔찍했던 날을 회상할 뿐이었다. 그러나 노인들은 사라지고 재해를 체험한 사람은 한 사람도 남지 않았다.

이윽고 무 제국 국민 대부분이 재해에 대해 거의 잊고 있을 무렵, 또다시 그 꺼림칙한 지축의 울림이 시작됐다. 강력하고 연속적인 지진이 대지를 파도 위 나뭇잎처럼 뒤흔들었다. 장엄한 건축물은 무너지고 기념비와 조각상이 쓰러졌다. 도시는 쓰레기더미로 변했고 사상자들의 비명으로 가득했다.

숲속에서는 짐승들이 뛰어나와 흔들리는 대지에서 비명을 지르며 이리

저리 내달렸다. 대지는 크게 솟구쳤다가 내려앉았다. 이 상황이 다시 한번 반복되자 무 대륙 전체는 빈사의 거대한 코끼리처럼 경련을 일으켰다. 대지 여기저기가 갈라졌고 5km는 족히 돼 보일 거대한 불기둥이 하늘 높이 솟구쳤다. 검은 연기가 하늘을 두껍게 덮기 시작했고, 시뻘건 용암이 번쩍이며 불화살처럼 날아다녔다.

그 순간, 지축을 울리는 소리와는 또 다른 울림이 사람들의 귀에 들려왔다. 해일이었다. 고개를 쳐든 사람들 눈에는 아직 무너지지 않은 신전의 거대한 기둥과 신전의 탑을 단숨에 삼키려 하는 하얀 파도가 보였다. 바닷물은 거침없이 내륙까지 밀고 들어왔다. 호수와 강은 모두 범람하여 이 물살에 합류했다. 초원을, 숲을, 무너져 내린 거리를 격류가 밀려와 소용돌이치며 부딪혔다. 아비규환은 분화의 폭발음 소리에 묻히고 말았다.

이때 이미 대륙의 인구 절반은 죽고 말았다. 살아남은 사람들은 마지막 피난처를 찾아 무너진 신전과 궁전의 탑으로 모여들었다. 살기 위해 도망치는 사람들의 옷을 치장한 보석이 허무하게 반짝거리는 것이 보였다. 그들의 유일한 희망은 신의 대리인이자 무 제국의 제왕이며 최고의 사제이기도 한 라 무의 존재였다. 하늘의 신에게 기도해 이 파국을 멈추게 할 수 있는 사람은 '라 무' 외에는 달 리 없었다.

"무 님, 우리를 구원하소서!"

수평선 너머로 가라앉는 태양은 검은 연기로 가득찼으며 분노로 이글거리는 붉은 불덩이처럼 보였다. 해가 지고 어둠이 찾아왔다. 이따금 땅에서 불기둥이 솟아오르면서 아직 남아 있는 대리석 벽과 돌기둥을 붉게 투영시켰다.

　그날 밤, 무 대륙은 산산이 무너지고 말았다. 거대한 울림과 함께 대지는 산산이 부서져 아래로 끝없이 가라앉아 버렸다. 저 깊은 아래 지옥의 입속으로, 끝을 알 수 없는 거대한 불구덩이 속으로…. 대륙이 불덩이에 싸여 침몰할 때, 또 하나의 끔찍한 힘이 파괴력을 더했다. 8000km^2에 달하는 실로 거대한 구덩이를 향해 사방팔방에서 바닷물이 거대한 소용돌이를 일으키면서 쏟아져 내렸다. 소용돌이는 가라앉은 대륙의 중심부에서 부딪히면서 끓어올랐다.

　이렇게 해서 인간이 이 지구상에 구축했던 최초이자 최대 문명은 하룻밤 새 붕괴되고 사라졌다. 지금으로부터 약 12,000년 전의 일이다. 남은 것은 끝없이 펼쳐진 대양. 흙탕물이 된 바다는 대 문명의 흔적이라도 되는 듯 하얀 물거품이 여기저기서 떠올랐다. 그 물거품 속에서 오늘날의 새로운 문명이 탄생하게 된 것이다.

고사원의 수수께끼 점토판

에덴의 동산, 그것은 과연 지구상 어디에 존재했을까?

현재는 그곳이 아시아 서부 티그리스와 유프라테스 두 강 사이에 있는 메소포타미아 지방, 흔히 말하는 인류 문명의 발상지였을 것이라는 설이 매우 많다. 과연 사실일까?

에덴의 동산, 그것이 인류가 처음 이 지상에 탄생했던 장소를 가리키는 곳이라면 더는 주저 없이 단언할 수 있다. 그것은 태평양 위의 한 대륙이었다는 것을…. 그리고 구약성서 '창세기'에 기록된 7일 낮과 7일 밤에 세상을 만들었다는 이야기는 일반적으로 생각하는 것처럼 나일강과 유프라테스 강가의 주민 중에서 태어난 것이 아니라 지금은 사라진 바로 그 대륙의 주민 중에서 태어나 지금까지 전해 내려온 것이라고….

그러나 이 이야기를 하기 전에 나는 수십 년 전의 기억을 회상해야 한다.

당시(1868년) 영국 육군의 군인이었던 나는 주둔지에 배속되었던 인도에 있었다. 인도 중부는 대기근에 휩싸여 있었다. 구호대가 편성되었고, 나는 대장으로서 피해지역을 향했다.

그곳에는 오래된 힌두교 사원이 있었다. 주지인 고승은 우리의 구제 활동에 협력해 주었다. 나는 차츰 이 승려와 친해지게 되었다. 어느 날, 내가 짬을 내 고대 문자 해석에 몰두해 있을 때, 그 승려는 친절하게 독해 방법을 가르쳐 주었다. 나는 그의 고대 문화에 대한 학식의 깊이에 감탄했다.

나는 이 승려의 도움을 받아 더욱 난해한 고대 문자를 해석하기 시작했다. 그와 나는 친구이자 스승의 감정이 싹트게 되었다.

하루는 고승이 중얼거리며 내게 이런 이야기를 털어놓았다.

"이 사원에는 비밀 창고가 있네. 그곳에는 오래된 점토판이 엄청 많을 텐데, 나도 아직 본 적은 없지. 누구라도 손을 대서는 안 된다는 계율 때문이지. 그 점토판에 새겨진 비문은 이 지구상에 최초로 나타난 인간의 손에 의해 새겨진 것 같은데…."

이 지구상에 최초로 나타난 인간, 이 말이 나를 자극했다. 나는 그걸 꼭 보고 싶다고 했다. 그러나 고승은 주지인 자신이 계율을 어길 수 없다고 말했다. 그러나 자신 또한 매우 관심이 많은 듯 보였다.

"그런 귀중한 것을 땅굴 속에 처박아 두었다가 파손되기라도 하면 큰일 아닙니까? 좋은 상태로 보존하는 것이 우리 의무입니다."

고승은 대답이 없었다. 나는 포기하지 않고 계속 부탁했다. 결국, 내 끈기가 이기고 말았다. 반년 정도가 지난 어느 날 밤, 내가 고승의 부름을 받고 가보니 책상 위에 천을 깔아 놓은 그 위에 많은 세월이 흐른 듯 보이는 점토판 두 개가 놓여 있었다.

햇빛에 말린 듯 보이는 점토는 두껍게 먼지가 쌓여 있었다. 먼지를 조심스럽게 쓸어내자 도형이라고 해야 할지 기호라고 해야 할지 모를 수수께끼 같은 것들이 새겨져 있었다. 지금까지 보지도 듣지도 못한 것이었다.

고승은 그것을 '나칼', 다시 말해 '성스러운 형제'라 부르며 '본국'에서 전 세계 식민지의 포교를 위해 파견된 선교사들 사이에서 쓰였던 특수한 문자라고 했다. 그리고 이 비문은 아마도 그들의 모국에서 만들어진 것이 분명하다고 말했다. 본국? 모국?… 그건 대체 어느 나라를 말하는 걸까? 고승은 이때 비로소 전 인류의 어머니 나라, 지금은 사라진 대륙 '무'의 이름을 입에 올린 것이다.

점토판에 새겨진 비문은 그 무 대륙의 역사를 점철한 것 같다고 했지만, 이 두 장만으로는 아무것도 증명할 수 없었다. 결국, 고승은 나를 창고로 안내하여 점토판 전부를 보여주었다.

습도가 높은 지하 환경에서 점토판들은 심하게 훼손돼 금이 가거나 부서져 있었다. 나는 그것을 시멘트로 정성스럽게 보수한 뒤, 얇은 종이로 싸고 천으로 다시 한번 더 쌌다. 이 모습을 바라보던 고승은 매우 고마워하며 "당신 말이 옳았어. 틀림없이 성스러운 점토판을 잘 보존하라는 하늘의 뜻인 것 같아."라고 말했다.

나는 이렇게 해서 최초의 인류 문자를 목격할 수 있었지만, 그 의미는 전혀 알 수 없었다. 고승에게 물어보자, "나도 잘 모르겠네. 하지만 알 방법은 있어."라고 했다.

"그 방법이 뭐죠?"

"우리 두 사람이 지혜를 모아 끈기 있게 해석하는 것, 그 방법밖에 없어."

점토판 전부를 통해 기호 사용법의 공통점을 찾아내는 것, 기호 해독의
빈도수 검출과 비슷한 것은 예상했던 것보다 그 이상으로 어려운 일이었다.
그러나 고승의 고대 문화에 대한 깊은 지식이 큰 도움이 되었다. 뼈를 깎는
2년간의 노력 끝에 드디어 점토판의 해석에 성공했다.

매우 큰 수확이었다. 옛 비문은 무 대륙의 성전 『성스러운 영감의 서』의
복사본으로 지구가 탄생했을 때의 모습과 인류의 출현 그리고 인류가 처음
나타난 곳인 무 대륙에 대하여 자세히 적혀 있었다. 이 점토판은 인도의 성
스러운 일곱 도시가 몰락할 때 모여져 사원에 보존되었다고 한다.

그렇다면 다른 사원에도 남아 있을 것으로 생각한 나는 인도 전역의 사
원을 돌아다녔는데, 모든 사원이 엄격하게 접근을 금지하고 있었다. 계율이
엄격해서인지, 아니면 지하에 보존된 채 잊힌 것일지도 모르겠다. 미얀마의
사원을 방문했을 때는 도둑 취급을 당할 정도였다.

그러나 나는 이 일련의 점토판에서 귀중한 데이터를 얻을 수 있었다. 그
정보에 따르면 그리스, 바빌로니아, 페르시아, 이집트, 인도 등의 고대 문명
은 무 제국의 문명과 비교하면 훨씬 새로운 것이었다. 그리고 연구를 진행
함에 따라 이 잃어버린 대륙은 현재의 하와이 북쪽에서부터 남쪽으로는 피
지 제도, 이스터섬 주변까지 뻗어 있어 의심할 여지 없이 인류의 발생지라
는 것이 확실해졌다. 이 아름다운 나라에 사는 주민은 약 6400만 명으로 세

계 각지에 식민지를 가지고 있었지만, 지금으로부터 약 12,000년 전에 대지진과 침몰 때문에 불과 물의 소용돌이 속으로 가라앉아버렸다는 추측에 이르게 되었다.

그리고 비문에 점철된 무 대륙의 설화는 구약성서의 '창세기' 와 매우 흡사하다는 것을 깨달았다. 다시 말해 무 대륙의 역사는 식민지인 인도에 전해졌고, 다시 이집트로 그리고 시나이반도로 전해진 것이다. 시나이의 사원에서 모세는 그것을 옮겨 적었다. 그리고 800년 후, 에스라가 옮겨 적었다. 그것이 바로 성서이다. 따라서 원전은 하나라는 확신을 할 수 있었다.

나칼 비문의 해독

　　나칼의 점토판은 항목별로 각각 시리즈로 되어 있어 한 항목에 대하여 짧은 것은 두 장, 긴 것은 일곱 장에 달했다. 그중에는 다른 것보다 훨씬 큰 점토판이 두 개 있는데, 이것은 비문의 기록과 상형문자의 의미를 해석하기 위한 설명서와 같은 것이었다.

　1 천지창조와 인류 탄생.

　2 지하 불(가스)에 의한 대지의 융기와 그 후의 상황.

　3 전 우주에 존재하는 위대한 힘의 근원과 그 작용.

　4 지구가 가진 위대한 원동력의 근원과 그 작용.

　5 지구가 가진 원자력의 근원과 그 작용.

　6 생명을 창조하고 생명을 유지하는 힘의 근원과 그 작용.

　7 생명의 근원, 생명의 본질, 지구 역사와 동반된 그 변화.

8 인류의 창조, 인류의 본질, 그 밖의 모든 생물과의 차이.

9 지구상에 인류의 출현, 그 최초의 토지인 '인류의 어머니인 나라'에 대하여. 이것은 아마도 무 대륙의 역사 최초의 부분으로 연결된 긴 시리즈가 어딘 가에 있을 것이라고 여겨진다.

우리는 분류를 끝내고 드디어 독해에 들어갔다. 이 나칼의 비문에 새겨진 기호는 상형문자라고 부르기에는 너무나 회화적이고 복잡한 것이었다. 그래서 나는 이것을 심볼(상징)이라 부르기로 했다.

그리고 본문에 들어가기 전에 권두에 있던 서문이라 할 수 있는 일련의 장식 문자를 소개하기로 하겠다. 그것이 의미하는 것은 무 대륙 초기 역사의 개요라고 할 수 있기 때문이다.

1a 가로의 직선은 우주를 나타낸다.

1b 공간을 일곱 개의 머리를 가진 뱀이 맴돌고 있다. 주변의 원은 우주이다.

2 가로 곡선은 지구상의 물을 나타낸다.

3 원은 태양. 태양은 하느님의 은혜를 상징한다.

4 세로의 직선은 지구상에 빛의 힘을 미치게 하는 태양의 힘. 그것은 지구에 활력과 밝음을 부여한다.

5 세로 곡선은 지구에 열의 힘을 미치게 하는 태양의 힘. 이 두 개가 만나 지구의 열의 힘이 활동을 시작한다.

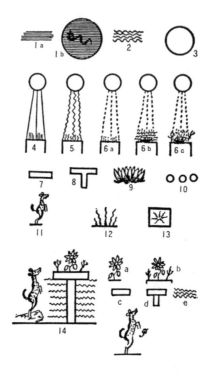

무 대륙의 장식문자

6a 세로 점선은 지구의 생명력에 미치는 태양의 힘.

6b 물속에 있는 우주의 알 속. 지구의 생명력에 태양의 힘이 작용하여
생명을 부여하려 한다.

6c 땅속에 있는 우주의 알 속. 지구의 생명력에 태양의 힘이 작용하여
그것을 부화시키려 하고 있다.

7 이 기하학적 기호는 고대인에 의해 Mu를 의미하는 것으로 여겨진다.

종교 문자로써는 M으로 이용돼 Moo, Ma, '어머니', '땅', '평원', '국토', '입' 등의 의미가 있다.

8 Tau는 부활을 의미한다. 남십자성의 모습을 하고 있어 '낳는다', '나타난다' 등의 의미도 있다.

9 연꽃은 무를 상징하는 꽃이다. 지상에 피어난 최초의 꽃이라 전해지며 어머니의 나라 상징이라 여겨진다.

10 작은 원 세 개. 3은 무를 상징하는 숫자. 이 대륙은 해협에 의해 세 개로 나누어져 있기 때문이다.

11 도약하려고 하는 사슴, Keb는 나칼의 비문에 자주 등장한다. 이것은 지구 최초 인간의 상징이다. 인류는 지구의 창조가 완성되면 처음부터 본래의 모습으로 이 지상에 튀어나왔다. 즉, 자연의 법칙에 의해 진화를 거친 것이 아니다. 다시 말해 특수한 창조물이다. 그것을 사슴의 도약력으로 그려낸 것이다.

12 불을 나타낸다.

13 산의 융기와 가스 띠의 모습을 나타낸다. 이집트인의 불의 상징이 여기서 나왔다는 것을 알 수 있다.

14 매우 흥미로운 것으로, 무 대륙의 형성과 인류의 발생을 말해주고 있다. a는 연꽃, b는 세 장의 잎, c는 M, 무를 상징하는 꽃, 숫자, 문자이다. d의 Tau는 '부활', '탄생'을 의미하고 그 첫머리는 M이다. 가로 곡선은 물이다. 다시 말해 무 대륙이 수중에서 출현했고 그 위로 인간이 뛰어오르려 하고 있다.

나칼의 점토판 비문은 다음과 같은 서술로 시작하고 있다.

'우주는 태초 영(靈) 그 자체였다. 생명도 없고 소리도 없이 오로지 고요한 상태였다. 그저 공허와 암흑만이 존재했다. 암흑 깊은 곳의 최고 영(靈), 유해한 힘 그 자체, 창조신인 일곱 머리의 뱀만이 꿈틀거리고 있었다. 신은 세상을 만들기를 원했고, 세상을 만들었다. 지구를 만들고 그 위에 생명체

일곱 머리의 뱀 나라야나. 나라는 신성(神性), 야나는 만물의 창조를 의미한다.

를 만들기를 원했고, 지구를 만들고 그 위에 생명체를 만들었다.'

'일곱 머리 뱀의 뛰어난 일곱 개의 두뇌는 일곱 개의 명령을 내렸다. 첫 번째 명령은 〈형태가 없이 공간에 존재하는 가스여, 하나로 모여라〉→가스는 한데 모이며 소용돌이치며 뭉쳐졌다. 두 번째 명령은 〈가스는 응고되어 지구가 되어라〉→가스는 한 덩이로 뭉치며 부피를 가진 물질이 되었다. 세

번째 명령은 〈외부의 가스는 발산하여 물과 공기가 되어라〉→가스는 발산되어 물이 되었다. 물은 지구를 감쌌다. 물이 되지 않은 가스는 공기가 되었다. 태양의 방사선과 대기 중의 방사선이 서로 만나 빛이 탄생했다. 네 번째 명령은 〈땅속 가스는 물 위로 육지를 들어 올려라〉→땅속의 불은 수면 위로 육지를 들어 올렸다. 다섯 번째 명령은 〈물속에 생명이 태어나라〉→태양의 방사선은 물속의 진흙에서 지구의 방사선과 만나 진흙 분자 속에서 우주의 알(생명의 태아)을 만들었다. 우주의 알에서 명령을 받들어 생명이 탄생했다. 여섯 번째 명령은 〈육지에 생명이 태어나라〉→태양의 방사선은 육지의 흙 속에서 지구의 방사선과 만나 우주의 알을 만들었다. 우주의 알에서 명령을 받들어 생명이 탄생했다. 모든 것이 만들어진 뒤, 일곱 번째 명령이 내려졌다. 〈신들의 모습을 모방하여 인간을 만들어라. 인간에게 지구를 지배할 힘을 부여하라〉→그러자 나라야나는 인간을 만들고 그 몸속에 불멸의 영혼을 불어넣었기 때문에, 인간은 나라야나처럼 지혜의 힘을 가질 수 있게 되었다. 이로써 창조는 완성되었다.'

이 일곱 가지 명령은 일곱 개의 시기를 나타내는 것이 분명하다. 그 단위가 하루인지, 1년 인지, 아니면 100만 년, 1000만 년인지, 그것은 알 수 없다. 성서에서는 그것을 7일 낮, 7일 밤이라고 표현하고 있다.

앞에서 말했던 그 고승은 나칼의 비문을 이해하기 위해서는 반드시 나가마야어라 불리는 고대어를 알아야 한다고 했다. 내가 이 고대어 연구를 하면서 깨달은 것은 고대 비문 속에는 무 대륙의 전설과 비슷한 기술이 자주 등장한다는 것이다. 예를 들어보기로 하자.

'처음으로 아다이트라 불리는 신(최대, 무한의 신)의 추종' (힌두교 〈다르마 샤스트라〉 제2권 제74장)

'이 생명의 씨앗은 알이 되리니.' (동 제1권 제8장)

'처음에 물을 만들어 주시고 그 안에 알을 떨어뜨려 주셨다.' (동 제1권 제9장)

'이 알 속에서 모든 신과 인간의 선한 어머니인 마야의 여신과 맺어 주시어 천제(天帝)의 지혜와 부처의 모습으로 다시 태어나게 하시다.' (〈그리베다〉 제3절 제2장)

'신 이외에 존재하는 것은 어둠뿐.' (동)

'대기 중에 빛을 내리시니.' (동)

'처음 우주는 하나의 영혼이었다. 움직이는 것은 전혀 없었다. 신은 세계를 만들고자 하여 세계를 만들어 주셨다. 다음으로 변화무쌍한 만물을, 빛을 가진 대기를, 이윽고 멸망할 지구를 만드시고 그 속 깊이 물을 주셨다.' (〈에이탈레야 알라무야〉 제4구~제8구)

이런 고문서는 분명 사원에서 종교나 과학을 가르쳤던 나칼이 남긴 기록과 함께 적혀진 것일 것이다. 단, 내가 조사한 바로는 남독일의 사원에는 산스크리트어(범어. 고대 인도의 표준어) 이외의 고기록은 발견할 수 없었다. 나칼의 고기록은 물론 산스크리트어보다 훨씬 오래된 것이다.

세계 각지에서 전해오는 천지창조 전설이 근본적으로는 하나지만 온갖 변화를 볼 수 있는 것은 말로 전해지고 글로 적히면서 변화되었을 것이라 여겨진다. 흥미롭게도 남태평양 섬들의 원주민 사이에서 전해지고 있는 것이 가장 나칼의 고기록 원형에 가까우면서도 과학적이라는 사실이다. 그중에서도 마르케사스 제도 원주민의 전통이 그 좋은 예이다.

그와 비교한다면 인도, 칼데아, 이집트, 마야, 그리스 등 후대의 문화는 과학성보다는 상징성이 강한 설화 형식으로 되어 있다. 성서도 그중에 하나이다. 어쨌거나 오늘날 주일학교에서 목사님이 가장 먼저 이야기하는 천지창조야말로 지금은 태평양 바다 깊은 곳에 잠들어 있는 잃어버린 무 대륙에서 만들어져 그곳 주민들이 전해온 이야기와 같은 기원을 가지고 있다고 해도 좋다.

멕시코 석판의 표상

나칼의 비문을 발견함으로써 무 대륙의 존재에 매우 흥미를 느끼게 된

나는 그 이후로 세계 각지를 돌아다니면서 각각의 고대 문화와 전통과 나칼

석판 No. 1231. 신성한 〈4〉 표식

비문과의 대조를 시작했다. 그리고 멕시코에서 나칼의 비문을 보충해주는 의미에서 매우 흥미로운 고대 석판을 발견할 수 있었다.

멕시코의 광물학자 윌리엄 니벤(William Niven: 1850~1937)이 수집한 멕시코 고대 민족의 석판은 총 2600여 점에 달했고, 그중에서 내 흥미를 자극한 것은 No. 1231이라고 번호가 매겨진 석판이었다. '신성한 4', 그것은 나칼의 비문에 의하자면 창조신 자신의 명령을 의미하고, 그것을 통해 혼돈스러운 세계에 비로소 우주의 법칙과 질서가 탄생하였다고 한다. 다시 말해 천지창조의 근본 개념이 이 '신성한 4'로 대표된다.

석판 No. 1231에 새겨진 상징은 분명히 이 사상을 나타내고 있었다.

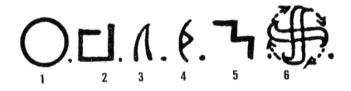

석판 No. 1231의 분해도

1 이 원은 태양 Ra를 묘사한 것. 창조주의 상징이기도 하다.

2 어머니의 나라 무의 알파벳으로 H를 나타내는 종교 문자. 종교 문자에는 반드시 상징적인 의미를 동반하고 있고, H는 '신성한 4'를 나타낸다. '신성한 4'는 창조주 안에 있고 그 입에서 '힘'이 되어 발산된다. 다시 말해 '네 개의 위대한 원동력'은 창조주 자신 속에서 나온다는 것을 표시한다. 고대인들은 이것을 '신의 욕구', '신의 명령'이라

는 말로 표현한 것이다.

3 힘을 상징. 끝으로 갈수록 휘어진 것은 힘이 작용하는 방향을 가리킨다. 즉, 서쪽에서 동쪽을 향해 힘이 작용하고 있다.

4 '네 개의 힘'은 각각 화살촉, 또는 창의 촉을 가지고 있다. 이것은 활동력의 상징으로 힘은 끊임없이 일정한 방향, 서쪽에서 동쪽으로 작용하고 있다는 의미이다.

5 이 모양은 기하학자를 나타낸다. '네 개의 힘' 각각의 안에는 기하학자가 있다. 그들은 창조주 자신과 이어져 있다는 것도 나타내고 있다.

6 네 개의 힘이 교차하여 서쪽에서 동쪽을 향해 움직이고 있고, 그 끝이 그리는 원은 우주이다. 우주 만물의 움직임을 네 개의 힘이 지배하고, 만물은 서쪽에서 동쪽을 향해 회전 궤도를 그리고 있다. 그 중심에 전능한 신이 존재한다. 만물은 그 의지로 움직이고 있다.

니벤의 2600여 점의 석판 중에서 천여 점에 달하는 것이 이 '네 개의 원동력'의 작용을 가리키는 것이었다. 이미 짐작했겠지만, 이 형태에서 열쇠

오른쪽은 '위대한 자기 원동력'이 전 우주에
존재하고 있다는 것을 나타내고 있다.

위 그림은 그 분해도.   **점토판 No. 988**

를 왼쪽으로 돌리면 불교의 卍, 오른쪽으로 돌리면 나치의 卐 문장 스와스티카, 일직선이 되면 기독교의 십자가가 된다.

점토판 No. 988은 '위대한 자기 원동력'이 전 우주에 존재한다는 것을 나타낸다. 우주는 두 개의 선에 의한 원주로 표시되고 안에 있는 원이 창조신이다. 우주 내에 있는 곡선은 서쪽에서 동쪽으로 향하는 만물에 의한 규칙적 회전 현상. 그 방향은 열쇠 틀에 나와 있는 두 개의 상징으로 표시되고 있다. 이것으로 열쇠의 손은 창조주, 건축자, 더 나가 목수를 나타내는 장부이기도 하다.

점토판 No. 399는 너무나 감탄스럽다. 고대인들의 뛰어난 예술적 표현력이 여기서 드러나고 있다. 이것은 나비가 신의 뜻을 받아 우주에 질서와 법칙을 만들고자 하는 모습이다.

타원형은 끝없는 공간, 우주를 나타냄. 나비의 머리는 원과 네 개의 흑점으로 되어 있다. 원은 창조주, 흑점은 네 개의 수, 다시 말해 '성스러운 네 가

점토판 No. 399

멕시코에서 발굴된 점토판. 창조주의 명령을 나비가 전하고 있다.

지'를 나타낸다. 하나의 원과 네 개의 점, 4 더하기 1은 5이다. 5는 '완전한 신성'을 의미하는 숫자이다.

머리에서 뻗어 나온 두 개의 더듬이가 질서와 법칙. 날개에서 볼 수 있는 다섯 개의 마디는 '완전한 신성' 네 개의 공간은 '신성한 네 가지'.

우주를 가로질러 처져 있는 것은 혀. 혀는 언어, 명령을 의미한다. 전 우주에 질서와 법칙을 세우라는 신의 명령을 나비가 포고하고 있다.

점토판 No. 399의 분해도

그런데 주의하지 않으면 안 되는 것은 '어머니인 나라'에서 '성스러운 성령의 책' 원전으로부터 직접 베껴온 나칼의 비문은 점토판에 국한되어 있다는 점이다. 멕시코와 무 대륙의 관계에 대해서는 나중에 다시 적겠지만, 멕시코의 석판은 나칼의 점토판에 비해 적어도 10,000년 정도 뒤에 아메리카 대륙에서 만들어진 것이라 추정된다. 그렇다면 이것이 얼마나 원전에 충실하고 있는지에 대한 의문이 생긴다. 후대의 성직자가 그 시대의 포교에 걸맞도록 수정을 하지 않았을 거라고는 단정할 수 없다.

인류 탄생에 대해서는 나칼의 비문에도 나와 있지만, 니벤의 석판 No. 1584에는 더욱 자세히 적혀 있다.

인류의 머리, 그 눈은 잠들어 있다—눈동자가 없다. 다시 말해 볼 수 없는 눈이다. 고대인은 영혼 불멸을 믿으며 죽음은 일시적인 잠이라 여겼다. 머리 양쪽에서 나오는 것은 '힘' 으로 인간에게 지구를 지배할 힘을 줬다는 것을 표시하고 있다. 머리에서 튀어나온 것, 그것은 지혜의 힘이라는 의미이다. 그 아래에 있는 원은 창조주로, 인간이 창조주 자신의 분신이기도 하고 지혜의 힘도 창조주로부터 받았다는 것을 의미한다.

동체는 두 개의 알 보양이 겹쳐진 것으로 위쪽 알의 양쪽으로부터 힘이 방출되고 있다. 아래쪽 알에서는 다시 좌우 네 개의 알이 탄생하려 하고 있다. 그리고 위쪽 알의 힘에서 다시 분리된 힘이 아래쪽의 새로 태어난 알에 활력을 불어넣고 있다. 위쪽 알은 남성, 아래쪽 알은 여성으로 인간이 부모

석판 No. 1584

인류 발생의 역사를
전하고 있는 멕시코의 석판

로부터 자식에게로, 다시 자손을 늘려가고 있는 상태를 나타내고 있다.

아래쪽에는 가위 형태를 한 것이 있는데, 이것은 힘이 두 갈래로 나눠진 것으로 그 사이에 끼어 있는 것은 두 개로 쪼개지고만다.

해독해 보면 다음과 같다.

'최초의 인간은 남녀 양성을 갖추고 태어났다. 그는 잠든 사이 둘로 갈라져 두 사람이 되었다. 그것이 남자와 여자다. 그 이후 남자와 여자에 의해 번식이 이루어지게 되었고, 전 세계의 인간이 탄생하게 되었다.'

여기서 한 사람이 두 사람이 되었다는 부분은 약간 비약하고 있는 것 같지만, 이와 비슷한 이야기는 세계 각지의 전설에서도 매우 많다.

'신은 남자에게서 빼낼 수 있는 늑골로 여자를 만드셨다.' (《구약성서, 창세기》 제2장 제22절)

'타아로아는 붉은 땅의 아라카에서 남자를 만들고 그의 콧구멍에 숨을 불어 넣었다. 타아로아는 남자의 뼈로 여자를 만들어 이비(이브)라 이름 붙였다.' (폴리네시아 전설)

그리스의 철학자 플라톤도 재미있는 글을 남겼다.

'인류는 처음 남녀가 한 몸으로 만들어졌다. 네 개의 팔과 네 개의 다리를 가지고 있었다. 몸은 둥글고 손과 발을 이용하여 데굴데굴 굴러다녔다. 그들은 신들에게 점점 불손한 태도를 보이며 공물을 바치지 않는 것은 물론이고 올림퍼스산에 굴러 올라가 신들을 발로 차 떨어뜨리겠다고 협박했다. "이대로 있다가는 위험해. 인간을 전부 죽여 버리자." 한 신이 말했다. "아니, 그건 좋지 않아." 다른 신이 말했다. "인간의 몸을 반으로 갈라버리자.

그러면 팔 두 개, 다리 두 개가 되어 제대로 구를 수 없게 될 거야. 게다가 한 사람이 둘이 된다면 공물도 두 배로 늘어날 테고, 무엇보다도 두 사람으로 나뉘면 서로 사랑하며 서로를 원하게 돼 도저히 우리를 성가시게 할 여유가 없게 될 거야." 이 신은 현명한 신이었다. 인간을 둘로(남자와 여자)로 나눴다. 그러자 과연 서로가 자신의 분신—영혼의 반려자를 좇는데 정신이 팔려 다른 일에는 한눈을 팔 엄두가 나지 않았다.'

중국의 고전 '노자'에서도 하나에서 둘이 태어나고, 둘에서 셋이 태어나 이윽고 만물이 탄생했다는 사상을 확인할 수 있다. 동양의 모든 나라에서는 한 인간이 수면 중에 둘로 나뉘었다는 전설이 매우 많다.

아무튼, 무 대륙이야말로 인류 탄생의 땅이고 세계 각지에 산재한 우주 개벽의 전설, 인류 탄생의 설화가 모두 이 대륙의 성전 『성스러운 영감의 서』를 모태로 하고 있다는 것은 의심의 여지가 없다.

그러나 그 인류 탄생의 땅, '에덴의 동산'인 무 대륙은 말 그대로 대양의 물거품이 되어 사라져 버리고 말았다.

고기록의 그림 문자

고기록에서 사용된 그림 문자는 모두 무 대륙의 상징으로부터 나온 것이다.

1 세 개의 돌기가 있는 이 문자는 무 대륙을 상징하는 숫자 3을 의미한다.
2 세 개의 돌기가 있는 왕관은 태양의 제국 무 황제의 왕관이다.
3 광선이 없는 태양, 무 제국에 다시 빛이 들지 않는다는 것을 나타낸다.
4 무 제국이 가라앉고 그 돌기 부분만이 겨우 드러나 있다.
5 나락, 깊은 구멍, 연못 등을 나타낸다.
6 무 제국 본토와 함께 가라앉은 두 육지를 의미한다.

고기록의 그림 문자

〈해독〉

'태양의 제국 무는 나락으로 가라앉았다. 지금은 어둠의 세계에 갇힌 채 두 번 다시 빛이 들지 않는다. 무 제국의 왕관은 더는 전 세계를 지배할 수 없다.'

이 그림 문자의 형태 자체가 깊은 나락을 형상화한 것이다.

A 마야의 장식문자로 '서방의 나라들' 무 대륙의 몰락을 전하고 있다.

B '무, 서방의 나라들' 라고 읽는 종교 문자.

C '어머니의 나라'를 상징하는 숫자 3을 나타낸다.

D '어머니의 나라'의 알파벳 M으로, 무제국의 국토를 나타내는 도형임.

E 세 개의 돌기가 있는 이 형태는 세 개의 육지로 된 무 대륙을 나타낸다.

F 무 제국이 함몰된 뒤, 이 형태로 상징되게 됨.

G 오른쪽과 동일. 상황에 따라 이 두 가지가 사용됨.

H 무를 상징하는 연꽃을 도안화한 것.

I '서방의 나라들'의 함몰을 의미하는 마야의 장식문자.

K 이것도 무를 상징하는 연꽃.

L 말라 시들어버린 연꽃, 사라진 무 제국의 상징.

M 장식 등에 사용된 연꽃 봉우리.

N '쿠이의 나라(인류 탄생의 땅)'의 함몰을 의미하는 마야의 장식문자.

O '쿠이의 나라'라고 읽는 종교 문자.

P 무 대륙의 함몰을 나타내는 이집트의 장식문자.

소티카로(멕시코)의 피라미드

소티카로의 피라미드는 상부 처마와 하부로
나뉘어 무 대륙의 최후를 전하고 있다.

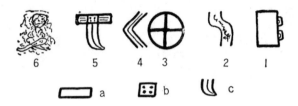

소티카로의 해설(상부)

〈상부〉

1 이 직사각형은 무 제국을 나타낸다. 이것이 회전하고 있다. 옆에 튀어나온 돌기는 무 본토에 속한 두 개의 육지를 나타내고 있으며 그 때문에 무 대륙은 '서방의 나라들'이라는 복수의 의미로 불림.

2 대륙 밑에서 활동하고 있는 화산맥.

3 신의 의지에 따라 움직이는 우주의 4대 원동력.

4 화살촉, 또는 창끝. 활동 중인 원동력을 나타낸다. 복수의 선이 있는 것은 힘이 하나가 아니라는 것을 나타냄.

5 세 개로 나눠진다. a, 무 제국을 의미하는 표상 M. b, 그것을 지탱하는 네 개의 기둥. c, 기둥을 쓰러뜨리고 무 대륙을 가라앉힌 힘.

6 인간의 모습. 인류가 대륙과 운명을 함께 했다는 것을 나타낸다.

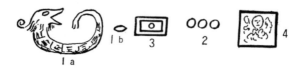

소티카로의 해설(하부)

〈하부〉

1a 뱀은 물을 상징한다. U자 형태로 몸을 구부리고 있다. U는 심연을 상징한
   다. 따라서 물의 심연이다.

1b 뱀의 눈은 감겨 있다. 잠든 휴식을 의미한다. 물은 스스로 수위에 도달했을
   때 평온하다.

2 3은 무 제국을 상징하는 숫자.

3 이것도 '서방의 나라들'을 나타내는 상징 중의 하나. 세 개의 틀 중에 두 개
  는 가라앉아 보이지 않는다. '서방의 나라들은 가라앉았다.'는 의미.

4 뱀의 꼬리가 안쪽으로 감겨 인간의 모습을 그 안에 감싸고 있는 형태로 되
  어 있다. 주민들이 국토와 함께 가라앉았다는 것을 말해주고 있다.

이 피라미드는 수많은 주민과 함께 해저에 가라앉은 어머니의 나라를 추도하기
위해 세워졌다는 전설이 있고, 멕시코시티 남서쪽 96km 지점에 있다. 가장 오
래된 이집트 피라미드 보다 더 오래된 것으로 추정된다.

빛나는
태양의 제국

아름다운 무의 도시

인류의 어머니의 나라 무 대륙의 멸망만큼 기이한 것은 없다. 태평양의 대륙 위에서 꽃피웠던 백인종에 의한 대 문명은 불과 하룻밤 사이에 사라지고 말았다. 불과 2, 30년 전만해도 그런 대륙의 존재는 믿을 수 없다고 비웃었던 과학자도 적지 않았다. 그러나 현재는 세계 각지에서 무 대륙에 관한 기록물이 속속 발견되고 그것들의 비교 연구가 진행됨에 따라 그 존재는 부인할 수 없는 것이 되었다. 나는 무 대륙의 존재를 믿는 주된 이유를 다음과 같이 열거하고 싶다.

1. 인도의 고 사원에서 나칼의 점토판을 발견한 것. 그 덕분에 나칼이 태평양 한가운데 있는 '어머니의 나라' 무 제국으로부터 왔다는 사실을 알게되었다. 이 점토판들이 무 대륙의 존재에 대해 나 자신의 눈을 뜨게 해주었고, 내가 세계 각지를 돌아다니면서 자료 수집에 몰두하게 되었다는 것은

앞에서 말한 바와 같다.

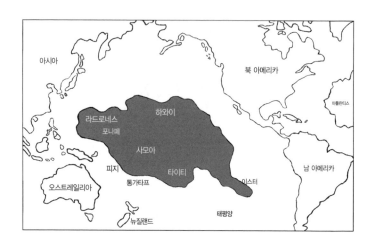

무 대륙의 지리적 위치

2. 힌두교의 성전 '라마야나(Rasmayana: 7편, 24,000시절(詩節)로 이루어져 있으
며, 〈마하바라타〉와 더불어 세계 최장편의 서사시로 알려져 있다)'에 나칼에 대하여
"동방의 땅에서 미얀마로 온 자."라고 적혀 있다. 여기서 동방이란 태평양
을 의미하고 있다. 현재 대영박물관에 소장된 『트로아노의 고사본』은 유카
탄반도의 고대 마야족에 의해 기록된 고기록으로 이 안에서도 무 대륙에 대
한 기술이 있고 인도, 미얀마, 이집트에 남아 있는 고기록과 마찬가지로 그
상징을 무 제국을 위해 사용하고 있다. 그 외에도 마야의 『코르테시아누스
고사본』, 티베트의 『라사 기록』, 이집트, 그리스, 중미, 멕시코 등의 수많은

고기록, 미합중국 서부의 동굴 등에 새겨진 기록 등에도 무 대륙과 연관된 것을 발견할 수 있다.

　3. 현존하는 유적과 거기서 볼 수 있는 상징 등으로 비추어볼 때 무 대륙의 위치를 추정할 수 있다. 이스터, 망가이아, 통가, 타부, 포나페, 마리아나 제도 등 남태평양의 섬들에는 무 대륙의 옛 모습을 느낄 수 있는 온갖 유적이 지금도 남아 있다. 또한 유카탄반도의 우슈말(Uxmal) 사원의 폐허에서는 '서방의 나라, 우리는 그 나라에서 왔다.' 라고 새겨진 비문을 확인할 수 있고, 멕시코시티 남서쪽에 있는 피라미드는 그 비문을 따라 '서쪽의 나라' 의 붕괴를 기념하여 세워진 것이라는 사실을 알 수 있었다.

　4. 이집트, 미얀마, 인도, 일본, 중국, 남태평양 제도, 중미, 남미, 북미 인디언 사이에서는 매우 오래된 풍속이 상징 등과 공통성이 있고, 그것들이 동일한 고대 문명을 기원으로 하고 있다는 것을 알 수 있었다.

　이상의 것을 통해 나는 무 대륙의 번영과 붕괴의 이야기에 대해 거슬러 올라갈 수 있었다.

　무 대륙은 광대했다. 앞에서 말했던 것처럼 동쪽 끝은 현재의 하와이 제도, 서쪽 끝은 마리아나 제도 주변까지, 남쪽은 포나페, 피지, 통가, 쿡 제도에 이르는 동서 8000km이고, 남북 5000km에 걸친 거대한 영역을 차지하고 있었다. 그리고 해협이라기보다는 좁은 수로를 통해 세 개로 나뉘어 있었던 것 같다.

　그런데 책 서두에서 말했던 무 대륙 낙원의 묘사, 그리고 최후의 날의 모습 등은 결코 상상만으로는 적을 수 있는 것이 아니다. 그것을 뒷받침해주는 고기록과 전승은 셀 수 없을 정도로 많다. 그중 몇 가지를 소개하기로 하겠다.

'끝없이 펼쳐진 대평원.' (그리스 고기록)

'계곡과 초원에 넘쳐나는 낮은 언덕과 토지.' (『트로아노 고사본』)

'연꽃이 흐드러지게 피어있고….' (각종 고기록)

'아름다운 나비와 벌새가 어지럽게 날아다니고, 햇빛은 찬란하게 빛나며….' (남미의 설화)

'아름다운 새의 노랫소리.' (이스터섬 비문)

'강력한 마스토돈의 무리와 온갖 종류의 코끼리 무리가 커다란 귀를 흔들며 이 평원을 가로질렀다.' (북미 인디언 및 고대 마야의 고기록)

'인구는 8400만 명.' (『트로아노 고사본』)

'잘 정리된 도로는 거미집처럼 퍼져 있고, 도로에 깔린 돌 사이로 풀이 자랄 틈도 없었다.' (이스터섬 비문)

'이 나라에는 10 종족이 있었지만 단 하나의 정부가 통치하고 있었다.' (『트로아노 고사본』)

'백성들은 국왕을 선출하여 〈라〉라고 칭했다. 또한, 국왕은 〈라 무〉라 불리며 최고의 제사장을 겸임했다.' (『라사 기록』 그 외)

'태양의 제왕이라는 명성을 얻고 있었다. 종교는 단 하나로 사람들은 하느님을 숭배하였고, 영혼은 불멸하여 이윽고 생명의 근원인 하느님의 품으로 돌아간다고 믿고 있었다.' (『라사 기록』)

'하느님에 대한 숭배는 예사롭지 않은 것으로 그 이름조차 입에 담는 것을 두려워했다. 때문에 기도할 때는 상징적인 이름으로 신께 기도했다. 태양 〈라〉가 신의 모든 은혜를 집약한 상징으로 이용되었다.' (고대 마야와 그 외의 고기록)

'라 무는 종교적으로 최고의 제사장으로 하느님의 대리인이었다. 라 무는 신의 대리인이었기 때문에 신으로서 숭배하는 것은 금기였고, 이것은 일반 백성들에게 깊이 숙지시켜졌다.' (『트로아노 고사본』)

'백성들은 높은 문명을 지녔고, 그 문명은 전국 곳곳에 퍼져 있어 야만적인 풍습은 찾아볼 수 없었다. 중심을 이루고 있는 것은 백인종으로 아름답고 밝은 머릿결과 푸른 눈을 하고 있었다. 그들의 피부는 순백과 올리브색이 있었다. 그 외에 황색, 갈색, 검은색의 인종이 있었다. 이들은 모두 주권자의 품 안에서 어린아이처럼 안심하고 살 수 있었다.' (『코르테시아누스의 고사본』 외)

'그들은 뛰어난 항해자로 동서남북 세계의 바다를 마음껏 항해했다. 또한, 그들은 건축에도 뛰어나 거대한 신전과 궁전을 돌로 지었다.' (발미키: 고대 인도의 시성)

'조각을 즐겼고, 기념비로 거대한 비석을 많이 세웠다. 이 나라에는 7개의 대도시가 있었고, 그곳은 종교와 학문의 중심이 되었다.' (『라사 기록』)

'인간이 최초로 지상에 나타난 곳은 무 대륙이다. 때문에 특히 쿠이의 나라(여신 마야의 탄생지라는 뜻)로 불리기도 했다.' (『트로아노 고사본』)

'마을들에는 〈투명한 신전〉이라 불리는 신전이 있었다. 이 신전에는 지붕이 없고 기도하는 사람들의 머리 위에 태양 빛이 아낌없이 쏟아지고 있었다.' (남태평양 제도의 설화)

'부유한 계급의 사람들은 금은보화로 몸을 치장하고 많은 하인과 함께 아름다운 저택에서 살고 있었다.' (『라사 기록』)

'배에는 아름답게 치장하고 보석을 두른 남녀들이 타고 있었다. 각 식민지로부터는 온갖 화물들이 운송되었다.' (발미키)

'사람들은 노래와 음악 속에서 즐겁게 살았다. 거대한 석상과 비석이 즐비하게 세워져 있었다.' (남태평양 제국의 설화)

학문과 문화의 중심지였던 일곱 개의 도시, 그중의 하나가 왕궁이 있는 수도가 아니었을까? 티베트의 고기록에 따르면 이것을 히라니프라라고 부르고 있다. 수도를 수로가 둘러싸고 있고 다리에는 탑과 문이 있었다. 그리고 궁전은 빨강, 하양, 검정 혹은 줄무늬 돌을 아름답게 끼워 맞춰 만들어졌다. 왕궁 내부는 상아로 된 천장, 벽에는 금, 은, 주석 그리고 불처럼 빛을 발산하고 있는 신기한 금속이 붙어 있었다.

거대한 강 하구와 해안, 수로를 따라 상업과 무역 도시가 펼쳐졌다. 수로를 통해 내륙으로 목재와 수확물 등이 운반된다. 그 물건들을 세계 각지에 산재해 있는 식민지를 향해 운반하는 배, 그리고 식민지에서 진귀한 물건들을 산처럼 쌓아 항구로 들어오는 배…. 무 대륙은 말 그대로 세계 문화의 모선이자, 또한 상업 무역의 중심지기도 했다.

6400만 명의 인구는 10개의 종족, 혹은 민족으로 이루어져 있었다. 그들이 어떤 식으로 분포되어 있었는지, 또한 생활에 어떤 차이가 있었는지는 알 수 없다. 그러나 그들의 피부색, 머리카락, 눈의 색 등은 현재 전 세계에 분포된 인종의 모두를 포함하고 있었을 것이라 여겨진다. 그리고 하얀 피부와 올리브색 피부를 한 민족이 중심이 되어 있다고는 하지만, 인종적 차별은 전혀 없었고 무 제국 국민으로서의 주권에서는 평등했다. 하나의 정부 아래 모든 국민이 그 안전을 보장받고 있었다.

왕위 계승자는 몇 세대 전에 국민에 의해 선출되고 선출된 사람은 이름에 '라', 다시 말해 태양의 칭호를 얻게 된다. 이 왕위 계승자는 종교적으로도 최고 제사장의 자격을 가지고 있다. 그리고 이윽고 '라 무'가 되어 정치적, 종교적으로 최고의 위치에 서게 된다.

종교는 하나, 우주를 창조한 하느님을 숭배하였다. 하느님에게는 이름이 없었고, 또한 그 이름을 입에 담는 것조차 삼가할 일이었기 때문에 '라' 즉, 태양이 하느님의 속성 전체를 대표하는 상징이라 여겼다. 사람들은 영혼 불멸을 믿으며 영혼은 반드시 그 '위대한 원천'인 하느님의 품으로 돌아간다고 여겼다. 사람들은 하느님에게 기원할 때 항상 상징물을 통해야만 했다. 하느님이자 최고의 제사장인 라 무는 하느님의 대리인, 대표자였다. 그러나 어디까지나 신은 아니었다. 성스러운 존재이기는 하지만 신은 아니었기 때문에 신으로서 숭배하는 것은 금지되어 있었다. 이것을 혼동하는 것은 용납되지 않았고, 또한 이것은 국민 사이에서 철저히 지켜졌다.

무 제국은 높은 문명이 있었고 그 문명은 대륙 구석구석까지 퍼져 있었기 때문에 어떤 시골 마을에 가더라도 야만적인 풍습은 찾아볼 수 없었다.

그렇다면 이 무 대륙에 문명이 싹트게 된 것은 과연 언제쯤이었을까?

무 왕실의 문장

중미 유카탄반도의 고대 마야 문화의 연구가인 아우구스투스 프롱겐 (Augustus Le Plongeon: 1825~1908) 박사는 치첸이트사(Chiché nItza: 세련된 마야 문명이 남긴 유적 중 가장 잘 보존된 도시 중 하나)의 유적에서도 고대 마야의 최고 제사장 카이의 무덤에서 12개의 머리를 가진 뱀의 조각을 발견했다. 비문에 따르면 이 12개의 머리를 한 뱀은 칸 왕조보다 앞선 마야 12 왕조를 나타내는 것으로 이 12 왕조가 통치한 기간은 약 18,000년에 이르고 있다. 그밖에도 『트로아노 고사본』에 따르면 칸 왕조의 마지막 왕은 지금으로부터 약 16,000년 전에 재위한 것이 된다.

고대 마야족을 최초의 왕이 통치한 연대를 알기 위해서는 우선 이 숫자를 더해야만 한다. 16,000년에 18,000년을 더하면 34,000년, 마지막 칸 왕조가 어느 정도 지속하였는지는 명확하지 않지만 10여 대, 적어도 수대에 걸쳐 지속하였다고 여겨진다. 이것을 약 1000년으로 가정한다면 고대 마야의 최초의 왕이 백성을 통치하기 시작한 것은 약 35,000년에서 38,000년 정도라고 생각할 수 있다.

이 고대 마야 제국은 인도, 위구르, 이집트와 함께 무 제국의 식민지 중에서도 가장 큰 규모에 속한다. 처음에는 일개 식민지였지만 나중에 제국을 건설하기에까지 이르렀고, 그렇게 생각해 볼 때 무 제국의 문명은 적어도 35,000년 이상 전부터 있었다고 할 수 있다.

기원전 3세기경 이집트 제사장이자 역사가인 마네트가 남긴 글에 따르면 '아틀란티스의 왕에 의한 통치는 13,900년간 지속하였다.'고 한다. 아틀란티스 대륙은 대서양에 있는 대륙으로 지금으로부터 11,500년 전에 무 대륙과 같은 이유로 해저에 가라앉았다. 그때까지 13,900년 동안 왕의 지배를 받았다고 하니, 초대 왕이 왕위에 오른 것은 25,400년 전이 된다. 고대 마야 제국이 약 10,000년 정도 오래된 것이다. 여기서부터 역산하여 무 대륙의 최초 문명이 싹튼 것이 언제인지를 계산해 보면, 이 제국의 엄청난 규모와 그 식민 제국의 오랜 역사를 통해 생각해 보면, 적어도 지금으로부터 50,000년 전에 그곳에 문명이 있었다고 추정하지 않을 수 없다. 적어도 45,000년 전에는 무 대륙 최초의 왕, 또는 제왕이 있었을 것이다.

예로부터 자신을 스스로 '태양의 아들'이라 칭하며 그 나라에 태양의 이름을 붙인 제왕, 왕은 매우 많다. 그들은 태양을 통해 자신의 권력을 상징하려 한 것이다.

그러나 인류 어머니의 나라로 만들어진 지구상에서 최초의 제국, 최초의 제왕이야말로 태양의 이름에 걸맞은 것이 아닐까? 그리고 그 유래는 무

무 제국 왕실의 문장

a 방패는 무의 종교 문자 중의 하나인 M의 형상을 딴 것. Mu 또는 Moo라 발음된다.

b 문장 중앙에 있는 이 상형문자는 U-luumil(loo-oomil)라고 읽고, '-제국'이라는 의미이다.

c 이 원은 태양을 나타낸다. b와 합쳐져 '태양의 제국', a와 합쳐지면 '무, 태양의 제국'이 된다.

d 태양의 8개 광선과 8개의 방위 점을 나타낸다. 지구가 태양의 지배를 받고 있다는 것을 상징한다.

e 광선을 감싸는 원은 우주. 우주가 인간의 손에 맡겨지고 인간의 우주, 즉 지구가 된다. 태양 광선과 그 은혜가 모든 인류에게 미치고 있다는 것을 의미한다.

제국 왕실의 문장에서 확인할 수 있다.

요컨대, 이 문장은 지구의 모든 인류를 지배하는 것은 태양이고, 지구상의 모든 국가를 지배하는 것은 무 제국이라는 것을 말하고 있다. 태양을 의미하는 '라'는 제사장의 칭호이자 동시에 국왕의 이름에만 붙일 수 있다는 것은 앞에서도 말한 바가 있는데, 여기서 무 제국의 왕에 라 무의 칭호가 부여되게 된 것이고, 다시 그 나라가 '태양의 제국'이라 불리게 된 것이다.

'어머니의 나라' 무는 인구가 늘어남에 따라 무 대륙의 야심 찬 기획가와 대 항해사들은 동으로 서로 신대륙을 찾아 출항한다. 이 식민지를 마야라 불렀다. 마야족은 또한 마야인이라 불렸고, 원래는 이 무 제국의 이주민들이었다.

이 식민 정책은 크게 둘로 나눌 수 있다. 다시 말해 무 대륙을 중심으로 동쪽으로 떠난 사람들과 서쪽으로 떠난 사람들이다. 이 두 주류가 수많은 가지로 갈라져 마야인들이 전 세계에 분포되었다. 동쪽으로 향한 이주자들이 최초로 정착한 곳은 현재의 북미, 중미의 태평양에 접해 있는 서해안이었다. 서쪽을 향한 이민자가 처음 식민지를 구축한 곳은 아시아 대륙의 동쪽, 태평양에 접한 지점이었다.

식민지가 점점 발전하여 하나의 왕국, 또는 제국을 이루게 되더라도 그 것은 어디까지나 '어머니의 나라' 무 제국의 통솔에 있었고, 전 세계는 마치 하나의 가족과 같은 질서를 유지하였다.

식민지는 무 제국의 흐름을 따른다는 의미에서 태평양 위에 떠 오른 태양, 또는 광선이 없는 태양을 상징으로 이용하는 것이 허락되었다. 그리고 왕국이나 제국으로 발전하면 태양에 광선을 붙이는 것이 허락되었다. 식민 제국의 초대 제왕이나 왕은 '태양의 아들'의 칭호를 썼는데, 이것은 태양의 제국 왕조에서 분리된 자, 혹은 태양의 제국 아들이라는 의미이다. 그 문장 또한 태양이지만, 어디까지나 '어머니의 나라'에 종속된다는 의미에서 떠오르는 태양을 이용하는 것이 일반적이었다.

무 제국의 식민지 정책은 언제부터 시작되었는지는 확실하지 않다. 하지만 나칼의 비문 등으로 미루어 볼 때 적어도 40,000년 전에 이미 시작된 것 같다. 무 제국의 식민지로 오래된 곳은 인도의 데칸 지방이다. 이 지방에 이주한 사람들을 나가 마야라 불렀다. 그리고 이곳이 왕국이 되었을 때 초대 왕은 라 마라 칭했다. 현재 라지푸르 마하라자 대왕은 이 라 마의 직계 자손이라고 하는데, 만약 그것이 사실이라면 실로 30,000년 이상의 전통을 가진 세계 최고의 왕실이라 할 수 있다.

세계로 뻗어가는 식민지

무 대륙에서 동방으로 뻗은 식민지는 다시 두 개의 주류로 나눠진다. 하나는 아메리카 대륙에 도착하고 횡단하여 중미 유카탄반도에서 대서양으로 나와 아틀란티스 대륙을 지나, 다시 동쪽을 행해 지중해 깊은 곳으로 들어가 다르다넬스해협을 지나 흑해의 동남해안에 이르는 선이다. 이 선의 지류로는 아메리카 대륙의 서해안을 따라 남하하여 남미의 칠레로 향한 사람들과 동쪽 해안선을 따라 남하하여 아르헨티나에 이른 사람들이 있다.

또 하나의 주류 역시 대서양을 지나 유럽의 남서부에서 아프리카 북서부에 이르는 선으로, 지중해 북해안과 남해안으로 퍼졌고 가장 남쪽으로 간 사람들이 아프리카의 나일강 하구의 삼각주 지대에 정착하여 이집트 식민지가 되었다.

이 동방의 식민선 중에 매우 특이한 경로를 지난 무리가 있었다. 이 코스에 대해서는 자료가 매우 부족하다. 나는 티베트에서 발견한 고대 점토판의 지도를 통해 겨우 그 발자취를 확인할 수 있었다. 점토판에 따르면 남미 대륙의 지도에 5개의 불가사의한 도시가 적혀 있다. 그중 하나는 현재 페루의 잉카 유적인 티아와나코에 해당하는 위치에 있었던 운하에 접해 있고, '아마존 바다' 의 남서 해안에 '보석의 도시' 라 불리는 도시가 하나, 다시 남부 해안에 '황금의 도시' 라 불렸던 곳과 대서양 해안에 하나, 북부의 현재 베네수엘라 주변에 하나로 총 다섯 곳이다.

아마존 바다, 아마존강을 잘못 칭한 것이 아니다. 적어도 지금으로부터 25,000년 전까지는 현재 '초록의 비경' 이라 불리는 아마존강 유역 지대는 거대한 내해(內海)였을 것으로 추정한다. 동쪽은 대서양과 이어졌고, 서쪽은 운하를 통해 태평양으로 이어졌다. 북쪽 해안은 현재의 베네수엘라 고원지방으로 지금도 그곳에서는 훌륭한 하얀 석영층이 발견되는데, 과거에는 이 석영 단애에 푸른 파도가 부딪혀 하얀 물거품을 일으켰을 것이다. 남쪽 해안은 판 아르토 산맥 기슭, 동쪽 해안은 판 아르토 동부 계곡, 서쪽은 안데스 동부 산기슭과 해안선으로 뻗어간 것으로 추정된다.

무 대륙에서 남미 대륙에 달한 이주민은 아마존 바다의 서쪽 끝에서부터 운하를 팠다. 덕분에 남미 대륙은 수로를 따라 횡단해 대서양으로 갈 수 있었고, 무 대륙에 이어 세계의 문명 중심지가 된 아틀란티스 대륙에 이를 수 있었다. 그리고 아마존 바다 주변을 따라 몇몇 고대 도시가 번영하고 있었다.

중미 과테말라에는 이런 전설이 있다.

'한 무리의 카라족은 배를 타고 남쪽 바다로 가 이윽고 커다란 강에 도착했다. 그들은 이곳에서 아름다운 땅을 발견하고 정착하여 위대한 국가를 건설하였다. 아름다운 해안에 거대한 도시를 세우고 황금 사원을 몇 개나 세웠다. 이 도시의 이름은 '마노아'라 불렸다.'

여기서 말하는 카라족은 무 대륙에서 중미에 이주한 무리로 다시 말해, 카라 마야족이다. 그들이 남하한 바다는 현재의 카리부해 말고는 없다. 이 바다의 명칭도 카라족의 이름에서 유래된 것이 아닐까? 그리고 베네수엘라 북단 주변에서 내륙으로 들어와 아마존 바다 주변에 도시를 세웠다.

중앙 브라질의 인디오 사이에서는 예로부터 백인이 사는 미지의 고대 도시에 관한 전설이 있다. 이 전설을 근거가 있는 것으로 여기고 '잃어버린 도시'의 탐구에 뛰어든 사람이 영국 포병장교 퍼시 포셋(Percy Fawcett: 1867~1925)이었다. 그는 2400km나 되는 브라질 내륙을 탐험하며 아마존 지류인 푸이그강과 타파오강의 중간 지대에서 드디어 고대 도시의 유적을 발견했다. 그러나 1923년, 포셋은 초록의 비경이라 불리는 중앙 브라질의 매트 그로소 고원의 황금도시를 향해 출발한 뒤 소식이 끊기고 말았다.

그렇다면 이 아마존 바다는 왜 사라져버린 것일까? 그 이유는 안데스 산 속 표고 5000m 고지에 있는 티와나쿠 유적이 분명히 말해주고 있다. 이 고대 도시는 앞에서 말했던 것처럼 아마존 바다로 이어지는 운하 근처에 있었다. 다시 말해 해면과의 차이가 거의 없다고 할 수 있다. 이 유적에서는 상징을 조각한 돌기둥이 발굴되었고, 그 당시 조개껍데기가 많이 발견된 것을 통해서도 확실하다고 생각된다.

지진, 해일, 분화는 연속으로 일어났다. 눈앞에 펼쳐졌던 평원은 갑자기 산이 되면서 안데스산맥이 형성되었다. 이 대변동으로 거의 모든 생명체는 사라지고 아마존 바다도 말라버리면서 늪지, 또는 강으로 변해버렸다. 티티카카 호수도 아마 이때의 흔적일지도 모른다.

아마존 바다가 운하를 통해 태평양에 이르는 주변, 현재의 페루는 잉카 제국이 번영한 곳이다. 그러나 잉카의 초대 황제 망코카팍이 즉위한 서기 565년, 지금으로부터 약 1400년 전의 일로 카라 마야족이 중미에서 왔을 때보다 훨씬 가깝다. 그들은 카라 마야족이 세운 칼리 제국이 조산운동(산맥을 형성하는 지각변동)에 의해 멸망한 뒤 새로 제국을 세운 것이다. 그 때문에 잉카의 전승(傳承: 계통, 계승)에는 아마존 바다에 대해 전해지지 않는다. 잉카의 시조는 중미에서 페루로 들어온 키체족으로 잉카 제국의 공용어인 체추아어는 지금도 이 주변의 인디오에 의해 전해지고 있다.

잉카의 초대 황제는 '어머니의 나라' 무의 정통 혈통을 잇는다는 의미로 스스로 '태양의 아들'이라 칭했고, '태양의 제국'은 남미에서 군림하였다. 그러나 1533년, 13대 아타우알파 황제 때 스페인에 의해 정복당했다는 것은 잘 알려진 사실이다.

지각변동에 의해 큰 타격을 입은 것은 아마존 바다 주변의 카라 마야족만은 아니다. 멕시코의 고대 석판 발굴자인 윌리엄 니벤은 멕시코시티 북쪽에서 화산활동과 홍수에 의해 파멸된 고대 도시의 유적을 발견했다.

유럽에서 소아시아지방으로 이주한 마야인들 또한 마찬가지로 안타까운 상황을 당했다. 예를 들어 터키의 스미나르(지금의 이즈미르)에 있는 캐피탈 힐의 유적은 해발 200m의 높이에 있는데, 여기에는 유사 이래의 고대 문명의 흔적이 세 개의 층이 겹쳐져 있다. 게다가 겹친 모양이 약 45도 각도로 기울어져 있다. 이것은 처음부터 그 위치에 있었던 것이 아니라 산이 융기됨에 따라 틀어졌다는 것을 말해주고 있다.

무 대륙의 동방 식민선이 처음 도착한 곳은 북미 대륙의 서부, 이 주변에도 지각변동에 의한 대홍수로 인해 그 문명의 흔적을 삼켜버리고 말았다.

무 대륙에서 서방으로 향한 이주민들도 이 지각변동 때문에 죽음을 맞이한 것은 예외가 아니었다.

무 대륙에서 미얀마까지는 배로 약 한 달 정도가 걸릴 것으로 예상된다. 서방 식민선의 첫 번째는 이 미얀마에서 인도에 정착한 무리로 나가 마야족이라 불렸다.

두 번째는 말레이반도에서 인도 남부로 건너가 드라비다(아리안계 종족) 나라를 건설한 무리로 타밀인의 선조이다.

캐피탈 힐 유적의 단층도. 조산운동 이전의 문명을 보여준다.

세 번째는 아시아 대륙의 북방에 도착한 뒤 서진하여 중앙아시아에서 중부 유럽에 이르는 대제국을 건설한 위구르 마야로, 아리아 민족의 시조이다.

이외에도 코친차이나 지방으로 이주한 몽골 인종의 선조도 있다.

히말라야 고사원의 기록에 따르면 무 제국의 종교와 학문의 보급을 위해 나칼이 무의 수도 히라니프라를 떠나 미얀마 지방으로 간 것은 70,000년 전의 일이라고 한다. 그것이 사실이라면 무 대륙의 문명은 50,000년 전이 아닌 훨씬 더 거슬러 올라가지 않으면 안 된다. 고대 미얀마는 현재의 인도차이나반도까지 포함하고 있었고 지금의 캄보디아에서 태국, 라오스 국경 부근을 흐르는 메콩강 유역 주변이 식민지였다. 이 주변에도 지각변동에 의한 홍수가 닥쳐 그 문명을 삼켜버리고 말았다. 또한 그 이후 인도에서 온 아리아계 민족에 의해 크메르 제국이 세워졌다. 그 문명의 흔적은 지금 앙코르와트의 유적으로 남아 있다. 그들 또한 카라 마야 문명의 흔적에 제국을 세웠던 잉카와 마찬가지로 그 선주민족에 대해서는 알지 못한다. 단지 선주민족이 가나 마야인이 창조신의 상징으로 삼았던 일곱 머리 뱀을 나가라 부르고 있는 것은 어렴풋이나마 그 기억이 남아 있었다는 증거가 아닐까?

지각변동으로 가장 큰 타격을 입은 것은 위구르 마야족이었다. 기름진 중앙아시아의 들판은 대홍수에 휩쓸려 불모의 사막으로 변하였다. 지구의 지붕이라 불리는 히말라야가 생겨난 것은 부산물이다. 높은 산과 산 사이에서 몇몇 살아남은 위구르 대제국의 후손들은 훨씬 많은 세월이 흐른 뒤에 남하하기 시작해 역사에 등장할 때까지 초라한 산촌 생활을 견뎌내야만

했다.

이렇게 볼 때 무 대륙의 식민자들에 의해 세계 각지에 구축된 문명은 지각변동이라는 지구의 형성에 있어 피할 수 없는 큰 재난으로 큰 타격을 입고 지상에서 사라진 것이 된다. 그렇다. 아니, 그뿐만이 아니다. 그들의 '어머니의 나라' 무 대륙 자체가 이 지각변동에 의한 최대 희생자였다.

무 대륙의
대침몰

대륙 밑의 가스 챔버

   그 왕실의 문장이 나타내는 대로 태양 빛이 지상을 빠짐없이 비추듯이 전 세계에 그 국력을 뻗어 영화를 누리던 무 제국이 단 하룻밤에 태평양 바다 속으로 가라앉았다는 사실은 대자연 앞에서 인간이 얼마나 허무한 존재인지를 새삼 느끼게 해준다. 그 최후의 날을 회상해 보기 전에 먼저 무 대륙 그 자체가 지질학상으로 어떤 조건에 놓여 있었고, 어떤 숙명을 내포하고 있었는지를 생각해 보자.

   무 제국의 번영을 지탱해왔던 거대한 무 대륙—그 지각 아래에는 거대하고 끔찍한 덫이 입을 벌리고 있었다. 그것은 환태평양 화산대에 의해 만들어진 가스가 가득 찬 구멍—가스 챔버였다.

   땅을 뚫고 들어간 화산의 활동으로 땅속에서 발생한 가스는 매우 폭발하기 쉬운 성질로 지각을 형성하고 있는 화강암에 벌집과 같은 구멍을 뚫어버렸다. 그리고 어느 순간 가스가 지상으로 분출돼 버리고 나면 매우 연약

한 동굴이 되어 지각을 지탱하기 힘든 상태가 된다. 그리고 지지대가 없는 천정이 무너지면 연쇄반응을 일으켜 땅속 동굴은 줄줄이 무너져 내려 거대한 면적에 이르는 대침몰을 일으키게 된다.

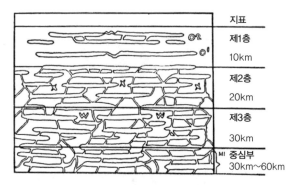

A그림. 지각 속의 가스 챔버 단면도

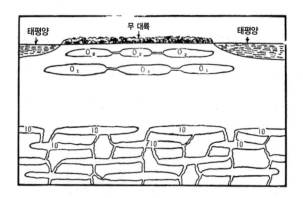

B그림. 함몰 전 무 대륙 아래의 가스 챔버 상태

A 그림에서 볼 수 있듯이 가스 챔버는 지표면에서 몇 층의 깊이로 겹쳐 지면에서 만들어졌다. 가장 낮은 곳이 지표면으로부터 24km, 중간층이 24km에서 48km, 가장 깊은 곳은 48km에서 지구 중심부의 적열(赤熱)된 부

분까지 달한다.

가장 낮은 층이 다시 세 층으로 나뉘어 있다. 8000km까지의 깊이를 O층으로 한다. 이 층에 있는 가스 챔버는 그 하나하나가 독립된 상태로 되어 있다. '독립'이란 의미는 하층의 가스 챔버와 이어져 있지 않기 때문에 여기에는 가스가 공급될 길은 없다.

8000km에서 16km 정도까지의 깊이를 X층이라 하자. 이 층의 가스 챔버에는 아래의 W층에서 갈라진 틈을 타고 항상 가스가 공급된다.

W층의 가스 챔버는 지구 중심부로 이어져 있어 여기로 올라온 가스는 다시 X층의 가스 챔버로 들어가고, 그 압력에 의해 챔버의 천정을 들어올린다. 암반에는 균열이 생기고 X층에서 O층으로 가스가 통과하게 된다.

이윽고 O_1의 천정을 들어 올려 O_2에 균열이 생겨 결국 가스가 끊임없이 아래로 보내지게 된다. O_2의 천정이 튀어 오르면 화산 형태로 가스가 분출되고, 안에 있던 가스의 압력이 줄어들면서 천정을 지탱할 수 없게 된다. 천정이 무너져 내리면서 남아 있던 가스가 거대한 불꽃이 되면서 지표면을 휘감는다. 함몰로 인해 만들어진 거대한 구멍에는 엄청난 위세로 바닷물이 흘러들어와 육지를 순식간에 삼켜버린다.

이런 위험한 가스 띠가 대륙의 지하에 뻗어 있지만, 그 깊이가 반드시 일정하지는 않다. 이렇게 거대한 가스 띠는 대체로 O층 하부에서 X층 상부에 있다. 그러나 때로는 W에 있거나 X층을 빠져나와 다시 W층으로 되돌아오는 변화가 일어나기도 한다. 다만 지표면으로부터 불과 1.6km에서 3km 정도의 높이까지 올라오는 경우도 있다.

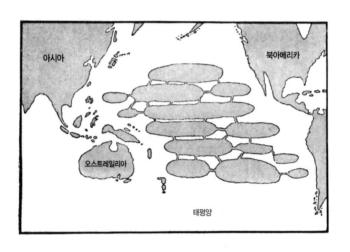

C그림. 태평양 해저 밑에 있었던 가스 챔버 분포도

가스 챔버의 안전장치 역할을 했던 화산이 가까이에 있는 경우에는 층이 얕은 경우가 많고 하와이, 에콰도르, 중미 등에서 그 예를 찾아볼 수 있으나 대부분의 경우에는 지표면으로부터 24km에서 29km 주변에 있다.

B 그림을 살펴보자. 이것은 함몰 전의 무 대륙 지하의 상태를 나타낸 것이다. 고립된 가스층이 무 대륙 부근에 모여 있어 말 그대로 대륙의 지하는 공동상태라고 해도 좋을 정도이다.

C 그림은 B 그림을 위에서 본 평면도로 고립된 가스층이 무 대륙 거의 전 면적을 덮고 있다는 것을 알 수 있다. 그리고 챔버와 챔버는 가는 균열과 틈으로 이어져 있다.

무 대륙 아래에 있던 고립된 가스 챔버 층은 매우 얕고 지표면 가까운 곳에 있었을 것이라 추측된다. 왜냐하면 가스층이 얕은 층에 있는 경우에 지표면은 가스의 확장력에 의해 들려지더라도 터지지 않고 버틸 수 있다. 그렇게 융기된 것이 산이 되는 것이다. 그런데 『트로아노 고사본』, 『코르테시아누스 고사본』, 『라사 기록』 등의 고기록을 살펴보더라도 무 대륙 최후의 날, 대규모의 융기가 발생했다고 생각할 수 있는 기록은 없다. '두 번 흔들렸다.', '대지가 두 번 튀어 올랐다.'와 같은 표현은 보이지만 이것은 아마도 땅속의 화산활동 때문에 생긴 균열을 통해 가스가 O_1의 가스 챔버로, 다시 O_2의 챔버로 빠져 올라갔을 때의 충격이 아닐까?

이런 예는 태고대, 고생대, 중생대, 신생대를 거쳐 현재에 이르기까지 지구상에서 반복되었고, 그때마다 많은 육지가 사라지거나 다시 나타났다. 지

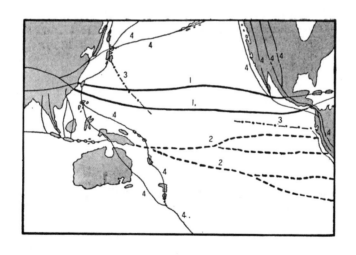

D그림. 태평양을 가로지르는 가스 챔버 코스

하의 가스 챔버의 붕괴와 육지의 함몰은 원생암(原生巖)의 암반 두께가 지하의 융기를 견디고, 땅속에서는 가스 챔버가 서로 이어져 거대한 터널 상태의 가스 띠가 완성될 때까지 계속되었다. 가스 띠의 완성과 함께 대규모의 육지 함몰과 함께 모든 현상은 일단 종지부를 찍었다.

D 그림을 보자. 이것은 태평양 밑을 지나는 가스층의 코스를 나타낸 것으로 과거 무 대륙이 있었던 주변, 태평양 한가운데를 가로지르는 두 개의 가스 띠 1은 지구 중앙부를 통과하는, 쉽게 말해 대 중앙 가스 띠라고 부를 만한 것이다. 무 대륙을 떠받치던 가스 챔버는 이 대 중앙 가스 띠와 그 외에 몇 줄기로 갈라진 가스 띠가 완성되는 도중에 붕괴한 것이라고 여겨진다. 따라서 그것은 거대한 하나의 가스 챔버가 아니라 많은 가스실이 서로 이어진 것임에 틀림없다. 그리고 이 두 개의 거대한 가스 띠는 모두 아메리카 대륙 아래를 지나 대서양으로 지구를 한 바퀴 돌고 있다.

무 대륙의 지하에 이런 무수히 많은 가스 챔버가 있었다는 이유로 다음과 같은 것을 들 수 있다.

1. 현재 태평양에 퍼져 있는 섬과 섬 사이의 바다 깊이는 서로 제각각이다. 이것은 많은 가스 챔버의 함몰과 그것이 겹쳐지면서 발생한 것이다. 거대한 하나의 가스 챔버로 이루어진 것이라면 해저는 그리 심하게 울퉁불퉁하지 않을 것이다.

2. 그렇다면 섬들은 함몰된 대륙의 흔적이라고 생각할 수 있다. 큰 가스 챔버의 함몰에 의한 것이라면 그런 섬들이 가라앉지 않고 남아 있지 않았을

것이다.

3. 이 섬들은 가스 챔버들 사이에 있었기 때문에 함몰을 피할 수 있었을 것으로 생각할 수 있다.

4. 가스 챔버가 서로 연결돼 있다는 것은 그 섬들의 화산활동을 보면 확실히 알 수 있다. 그리고 당연한 결과로서 그 섬들에는 산과 단애, 절벽이 많다. 현재도 남태평양의 폴리네시아 섬들에는 매우 큰 규모의 몇몇 화산활동을 볼 수 있다. 현재, 이렇게 현저하게 큰 규모의 화산폭발 흔적을 볼 수 있는 것은 세상에서 폴리네시아 말고는 없다. 이 거대한 화산구는 세계에서 유례를 찾아볼 수 없는 대분화를 여실히 증명하고 있다.

하와이 제도 중에서도 최대인 하와이섬의 남동부에 있는 킬라우에아 화산은 특히 유명하다. 이 활화산 정상의 화구 지름은 5km에 달한다. 이 거대한 화구에서 갑자기 화염과 연기와 용암이 분출하는 모습을 상상해 보면 좋을 것이다. 아마도 분화는 수천 미터 높이까지 하늘을 뒤덮을 것이다. 또한 킬라우에아보다 더 큰 분화가 훨씬 더 많았음에 틀림이 없을 것이다. 상상을 초월하는 가스 챔버에 축적되고 그 위에 무 대륙이라는 거대한 돌덩어리를 떠받친 채 가로로 퍼지며 가스 띠를 만들면서 작은 균열을 찾아내 대폭발을 일으킨다. 그 엄청난 폭발력은 족히 하나의 내륙을 순식간에 삼켜버릴 수 있었을 것이다.

이렇게 생각해 보면 폴리네시아 화산의 크기는 상상을 초월하는 놀라운 것일지도 모른다. 아무튼 이런 섬이 남아 있다는 것 자체가 기적이며 대폭발과 함께 안개처럼 모든 것이 흔적조차 남기지 않고 사라져버렸다고 해도 이상한 일이 아니다.

큰 중앙 가스 띠가 완성에 가까워지면 그 안전장치인 화구가 새롭게 또 하나를 만들어 낸다. 새 분화는 킬라우에아 바로 아래서 일어난 것으로 이것은 킬라우에아의 새 화구 할레우마우라 불리는 것이다. 그러나 이 화구는 지름이 불과 200m, 대 화구의 18분의 1에 불과했다. 그렇다고는 하지만 현재 최대 화구 중의 하나이니 구 화구의 거대함이 어느 정도인지 추측이 가능할 것이다.

하와이 제도 아래를 지나고 있는 가스 띠는 대 중앙 가스 띠의 북쪽 한 줄기로 지구의 중앙부를 한 바퀴 휘감고 있는 가스 띠 코스 중에서 가장 지표면에 가까운 부분이다.

또 한 가지 흥미로운 화산섬으로 니와호우섬이 있다. 피지 제도 북동쪽 거의 사모아와의 중간 지점에 있는 작은 섬이다. 무 대륙 침몰 시에 이곳의 화구에 물이 흘러 들어가 지금은 호수가 되었다.

이상은 폴리네시아 화산활동 중에서 가장 뚜렷한 예를 들었을 뿐이다. 아무튼 화산활동이라는 자연현상이 인류에게 이렇게까지 엄청난 재해를 가져다준 예는 무 대륙의 붕괴 이외에는 찾아볼 수 없다.

지질학에 의하면 북미대륙 서해안의 육지도 융기한 적이 있다고 한다. 해안선이 펼쳐져 있는 것을 통해 확인된 분명한 사실이라고 한다. 틀림없이 해안선은 펼쳐졌지만, 그것은 육지의 융기에 의한 것이 아니라 태평양의 해면이 낮아졌기 때문에 육지가 펼쳐진 것이다. 어쨌거나 태평양 절반 가까이 차지하는 무 대륙이다. 동서 8000km, 남북 5000km에 달하는 거대한 구멍이 해저에 생긴 것이다. 그 깊이는 곳에 따라서는 수천 미터에 달할 것이다. 바닷물은 단숨에 그곳으로 빨려 들어간다. 통상적인 수위를 유지하기 위해서는 아마도 두 배 이상의 양이 필요했을 것이다. 이렇게 해서 태평양의 수위가 일시적으로 내려가 지금까지 바다였던 부분이 드러나 육지가 된 것이다. 게다가 그때 침하된 것은 무 대륙 본토뿐만이 아니다. 북쪽에서도, 서쪽에서도 마찬가지 현상이 일어났다.

당시 북태평양의 베링해협 주변은 육지로 이어져 아메리카 대륙, 아시아 대륙과 이어져 있었다. 이 베링 지협은 매우 폭이 넓은 편으로 남해안은 현재의 알류산 열도를 따라 알래스카에서 캄차카반도를 잇는 선, 북쪽 해안은 확실하게 알 수 없지만 아마도 북극해와 접해 있었던 것이 아닐까 추측한다. 이 부분도 크게 함몰되어 현재와 같이 바다로 갈라지고 말았다.

그다지 큰 규모는 아니었지만, 미국의 캘리포니아에서 남미 콜롬비아 서북단에 이르는 가늘고 긴 함몰이 있다. 또한 말레이 제도 주변에도 함몰이 있는 것 같은데 그 규모에 대해서는 자세히 알 수 없다.

그리고 무 대륙의 함몰과 전후하여 대서양에도 일대 비극이 일어났다. 아틀란티스 대륙의 함몰이다. 무 대륙에 이어 인류문명의 중심지였던 아틀란티스, 이 광대한 대륙도 지각변동이라는 대재난 앞에서는 예외가 없었다. 대서양 위의 고대 대륙 아틀란티스, 이것은 결코 공상의 산물이 아니다. 태평양 중앙부에 실제로 존재했던 무 대륙과 마찬가지로 주변이 바다로 둘러싸인 거대한 대륙이었지만, 그 화려했던 문명과 함께 바닷속으로 사라져 버렸다. 지금까지도 학자와 탐험가에 의해 계속 발굴과 발견이 되고 있다.

또한 그 무렵 북대서양에는 유럽과 이어진 육로가 있었다. 그것은 아메리카에서 그린란드, 그린란드에서 노르웨이, 아이슬란드에서 프랑스 북서쪽을 잇는 선으로 퍼져 있던 육지였으나 이 또한 함몰로 갈라지고 말았다.

이런 함몰은 모두 가스 띠가 만들어지는 도중에 화산활동으로 일어난 현상이다. 대 중앙 가스 띠가 무 대륙과 아틀란티스 대륙을 가라앉게 했고, 태평양 환상(環狀) 가스 띠는 베링 지협을 가라앉히고 애팔래치아, 아이슬란드, 스칸디나비아 가스 띠는 유럽으로의 육로를 가라앉혀버렸다.

대양의 수위 저하로 인해 반대로 수면으로 드러난 육지도 있다. 또한 주변의 해안선이 펼쳐지게 된 곳도 있다. 그러나 가라앉은 육지의 면적은 그것과는 비교가 될 수 없을 만큼 거대했다. 그리고 그곳에는 인구가 밀집해 있었다. 죽은 사람은 전부 합쳐 아마도 억 단위 이상이 될 것이다. 무 대륙에서만 6400만 명이 바닷속으로 수장돼 버린 것이다.

그리고 땅속의 가스 챔버의 붕괴와 암반의 수축만을 계산하더라도 지구의 지름은 27km에서 35km 정도는 짧아졌을 것이다.

무 대륙 최후의 날

'칸 6년, 11무르크(마야인들이 사용했던 달력 트르킨의 9번째 날로 1부터 13까지의 숫자와 20의 「일」이 순차적으로 결합할 수 있는 달력이다), 초하루, 달의 끔찍한 지진이 시작되어 13추엔까지 멈추지 않고 계속되었다. 언덕의 나라―무 대륙은 희생 당할 운명이었다. 대지는 두 번 솟아올랐다가 밤이 되어 사라져 버렸다. 땅속 불의 작용으로 대지는 끊임없이 흔들려 곳곳이 솟아올랐다가 다시 가라앉았다. 결국 땅이 갈라지면서 10의 나라들(민족)은 사방으로 흩어

마야 달력

졌다. 이렇게 해서 6400만 주민은 그 나라와 함께 묻혀버렸다. 이 책을 쓰기 전인 8060년 전의 일이었다.'

『트로아노 고사본』 중에는 무 대륙 최후의 모습이 매우 간결하게 묘사되

무 대륙 최후의 날. 사원과 신전은 깨지고 무너졌다.

어 있다. 현재 대영박물관에 보존된 이 고대 민족의 신화집은 프랑스 고대 마야 연구가인 프롱겐 박사에 의해 정리된 것이다. 그것이 기록된 연대는 1500년부터 4000년 정도 전까지 거슬러 올라갈 수 있을 것이라고 여겨진다.

지금으로부터 약 12,000년 전 무 대륙이 대재해를 당했을 때, 그 문명은 절정에 달해 있었다.

풍성한 자원의 혜택으로 전 세계로 식민지를 넓히며 봄날을 노래했던 제국의 국민은 어째서 이런 파멸을 예상하지 못했을까?

무 대륙 최후의 날을 모사한 고기록들을 소개해 보기로 하겠다.

'갑자기 남쪽에서 지진이 일어나고 분화 때문에 지면이 갈라졌다.' (이스터섬 비문)

'순식간에 해일이 덮쳐 아름다운 도시는 파괴되고 화산 연기가 뒤덮었지만, 용암은 흐르지 않고 쌓이면서 바위산이 되었고, 그것들은 지금의 섬이 되었다.' (태평양 제도 전승)

'이윽고 분화가 멈추고 고요해지자 사람들은 안심하였다. 그리고 도시를 재건하고 상업을 부활시켰다. 수 세대가 흐른 뒤에 다시 지진이 일어나 해일이 순식간에 대지를 삼키고 모든 것은 파괴되고 말았다.' (『트로아노 고사본』 외)

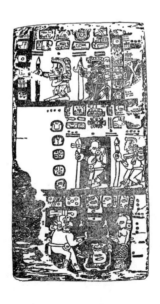

『트로아노 고사본』에 묘사된 무 대륙의 붕괴

'지름 5km에 달하는 거대한 불기둥이 솟아올랐다.' (하와이 전승)

'평원은 물로 가득 찼고, 마을은 모두 가라앉았다. 고통스러운 울부짖음이 하늘을 찔렀다. 신전과 궁전으로 달려간 사람들은 숨을 곳을 찾았지만, 순식간에 불꽃과 검은 연기에 휩싸이고 말았다.' (『라사 기록』)

'저녁의 태양은 연기 속에서 불덩이처럼 붉게 이글거렸다. 불꽃이 꺼짐과 동시에 밤이 찾아오면서 번개가 내리쳤다. 한밤중에 무 제국은 산산이 부서져 버렸다. 대지는 지옥 속으로 떨어지고 말았다. 불꽃이 일어나면서 무 제국을 삼켜버렸다.' (이집트 고기록)

'무 제국과 6400만 명의 사람들이 희생되었다.' (『트로아노 고사본』)

이상의 기록과 전승을 통해 알 수 있듯이 무 대륙의 함몰에 앞서 그 전조 현상이라 할 수 있는 분화, 지진, 해일이 있었던 것 같다. 단, 이때는 남쪽 지방에 국한되었기 때문에 결정적인 파멸까지는 이르지 않았다. 그리고 이때 흘러내린 용암이 굳어 거대한 원뿔꼴 바위산이 되었고, 두 번째 재난 때에도 남아 섬이 되었다는 사실은 매우 흥미롭다. 사실 동태평양의 제도에는 화성암으로 이루어진 원뿔꼴 바위섬이 많다.

화산활동은 일시적으로 멈추었다. 사람들은 가슴을 쓸어내렸지만, 이 무렵 지하에서는 두 번째 대재난의 준비가 계속되고 있었다.

이윽고 재난을 당한 대륙 남부도 복구되었고, 무 대륙은 이전보다 더 번창하였다. 끔찍한 재해의 기억은 노인들의 옛날이야기로밖에 들을 수 없었다. 수 세대가 지났다. 두 번째, 그리고 결정적인 재난이 닥쳤을 때 이전의 재난을 경험한 사람은 아마 한 사람도 없었을 것이다.

불길한 지축의 울림이 시작되며 지진, 분화, 해일이 이전과 마찬가지로 일어났다. 그러나 이번에는 이전과 비교도 되지 않을 만큼 대규모로 피해는 무 대륙 전체에 발생했다.

『트로아노 고사본』과 마찬가지로 고대 마야의 신화, 전승 등을 모은 『코르테시아누스 고사본』—현재 스페인의 마드리드 국립박물관에 있는 이 고사본에서 무 대륙 최후의 모습을 인용해 보겠다.

'해가 지자 강력한 저주는 대지를 뒤흔들고 밤사이 언덕의 나라 무 제국

스페인 마드리드 박물관에 소장된 '코르데시아누스 고사본'. 지하의 왕이 솟아 오르려하여 대지를 뒤흔들었다. 무 대륙은 두 번 크게 위아래로 튀었다가 부서져 불꽃에 휩싸이면서 모든 생명체가 희생되었다.

은 가라앉았다.'

'바다 위의 생명 무 대륙은 밤사이 저주로 가라앉았다.'

'죽음을 지배하는 대지에는 더 이상 생명체가 없고, 대지는 두 번 튀어

오른 뒤 꿈쩍도 하지 않았다. 땅속의 왕이 솟아 나와 대지를 위아래로 뒤흔들어 숨통을 끊고 다시 땅속으로 돌아갔다.'

'무 대륙은 두 번이나 송두리째 솟아올랐다. 그것은 땅속 불꽃의 산재물이 되었다. 지진에 의해 거세게 흔들리다가 갈라지고 부서졌다. 저주가 대지를 흔들 때마다 만물은 벌레처럼 사방으로 뛰어다니다 그날 밤사이 희생양이 되었다.'

트로이의 유적 발굴로 잘 알려진 하인리히 슐리만의 손자 파울 슐리만은 티베트의 라사에 있는 고사원에서 기원전 약 2000년 전에 만들어진 것으로 추측되는 고문서를 발견했다. 그것이 『라사 기록』이다. 여기에도 무 대륙의 최후가 점철돼 있다.

'바르의 별이 떨어졌을 때 오로지 하늘과 바다만이 남았다. 7개의 도시는 황금의 문, 투명한 신전과 함께 폭풍우 속의 나뭇잎처럼 흔들렸다. 궁전에서는 불꽃과 연기가 넘쳐났다. 아비규환으로 가득했다. 군중은 숨을 곳을 찾아 사원과 탑으로 모여들었다. 현자 무, 최고의 제사장 라 무는 벌떡 일어나 군중을 향해 이렇게 말했다. "내가 이런 일이 있을 거라 이전에 예언하지 않았던가?" 반짝이는 보석으로 치장한 옷을 입은 남녀들이 울부짖었다. "무 님, 우리를 살려 주세요!" 무는 대답했다. "너희는 하인들과 금은보화와 함께 죽을 것이고 그 재 속에서 새로운 민족이 탄생할 것이다. 그러나 그들 또한 많은 것을 얻기보다 많은 것을 나누는 것이 훌륭하다는 사실을 망각할 때, 똑같은 재난이 그들의 머리 위에 쏟아지리라!" 불꽃과 연기는 무의 말을 삼켜버렸다. 국토와 그 백성은 갈기갈기 찢겨 나락으로 빨려 들어갔다.'

'바르'란 마야어로 '땅의 지배자'라는 의미이다. 이 기록에서 흥미를 끄는 것은 최고 제사장이자 현자인 라 무가 무 대륙의 몰락을 예언한 기록이다. 여기서는 그것이 영화를 누리던 사람에게 내려진 천벌인 것처럼 적고 있지만, 당시에 이미 고도의 과학을 가지고 현대인보다 예지 능력이 뛰어난 그리고 전례가 있었기 때문에 일부 사람들은 민중에게 대재난이 가까워지고 있다는 것을 경고했을지도 모른다.

프롱겐 박사도 유카탄반도에서 발견한 고기록 속에서 다음과 같은 기술을 소개하고 있다.

'무 제국의 제사장은 대륙의 붕괴를 예언했다. 이 예언을 믿은 사람들은 본토를 떠나 식민지로 이주해 살 수 있었다.'

이렇게 해서 인류의 '어머니의 나라'는 사라졌다. 번영을 자랑하던 대도시도 장엄한 신전과 궁전, 예술, 과학 그 외의 모든 학문도 지금은 사라져버린 신기루일지도 모른다. 그렇게 생각하며 들어보면 지금은 고요한 태평양의 파도 소리도 사라진 대륙에 대한 장송곡으로 들리기도 한다.

세계 각지로 퍼져나간 무 제국의 이주민도 모국의 소멸로 인해 뿌리가 끊어진 초목과도 같이 그 세력을 잃어 문명이 퇴화하였다. 그리고 이 시기에 지속한 지각변동에 의해 대재해가 이러한 문명의 숨결을 끊어버렸다.

그러나 이런 식민 제국 또는 식민지는 모국처럼 하룻밤에 바닷속으로 수장되지는 않았다. 그들은 잃어버린 모국에 대한 애증을 여러 가지 형태로 표현하며 아쉬움을 남겼다. 그 대부분은 많은 세월과 천재지변으로 인해 사라졌지만, 지금도 주의를 기울여 살펴보면 그중 몇몇을 찾아볼 수 있다.

예를 들어 중미 유카탄반도의 우슈말 유적의 어느 신전의 벽에는 '이 신전은 우리 교양의 근원인 무 제국을 추도하기 위해 세워진 것이다.' 라는 비문을 찾아볼 수 있다. 이 신전 본당이 서쪽을 향하고 있는 것은 과거 그 방향에 '어머니의 나라' 가 있었다는 것을 말해주고 있다.

멕시코시티의 남서 96km 거리에 있는 소티카로의 피라미드, 이집트의 피라미드보다 오래되었다고 하는 이 피라미드의 그림 모양은 무 대륙의 붕괴 원인을 설명하고 있다.

유카탄반도의 치첸이트사의 유적에 하나의 건물이 있는데, 이 건물 남쪽에 있는 방 문 위의 석판에는 '끔찍한 어둠의 기록' , 지진에 의해 바닷속으로 가라앉은 '서방의 나라' 에 대한 기록이 적혀 있다.

고대 미얀마, 지금은 캄보디아에 있는 앙코르와트, 톰의 유적에는 자사상이라 불리는 동물 군상이 있다. 이것은 모두 한때 '어머니의 나라' 가 있었던 방향, 동쪽을 향하고 있다. 그리고 그 입들은 모두 무라고 발음하는 모양으로 벌리고 있다. 이 형태는 무 제국의 상징인 M을 나타내는 것이다. 다시 말해 그들은 모국이 가라앉은 방향을 향해 '어머니의 나라, 무여!' 라고 외치고 있다.

이러한 예를 주의 깊게 찾아보면 현재도 세계 각지에서 찾아볼 수 있다. 그것은 다음장에서 다시 자세하게 설명하기로 하고, 여기서는 전설 속에서 무 대륙의 붕괴와 관계가 있는 것을 다루기로 하겠다.

각지에 남아 있는 비극의 전설

　세계 각지에 흩어져 있는 전설을 찾아보면 하늘을 나는 섬을 천지창조할 때, 하느님의 창조력 상징으로 삼는 예가 적지 않다. 지금의 하와이에서 더 남쪽에 있는 섬들, 동양의 나라들, 고대 이집트, 바빌로니아, 북미 각지, 멕시코 등 그런 종류의 전설이 산재해 있다. 그것으로 미루어볼 때 '어머니의 나라'에서 섬이 신성시되고 있었다는 사실은 의심의 여지가 없다. 특히 대륙의 북동 지방에서는 그 경향이 두드러진 것 같다.

멕시칸 버드. 새는 신성한 것으로 여겨졌다.

북미 인디언의 전설에 선더버드(뇌조)라 불리는 새가 있다. 니벤의 멕시코 석판 속에서도 새를 묘사하고 있는 부분이 30개 이상이다. 여기서 예를 드는 것은 그중에서 세 가지다. 보다시피 중앙의 것에는 창조력을 의미하는 종교 문자 H를 나타내는 기호가 들어있고 창조주인 하느님을 상징하고 있다. 고대 위구르 제국의 국민도 새의 형상을 자주 썼는데, 그 눈이 독특한 형상으로 태양을 상징하고 있다는 점에 특징이 있으며 그 역시도 하느님의 상징이다.

이집트 판테온에서 볼 수 있는 새 '세브'는 일종의 거위로 동양의 전설에는 자주 등장하는데, '신들의 아버지' 또는 '신들의 사자'로서 신성시되었다. 이집트인은 그것을 상징으로 모자 위에 장식했다. 또한 '세브'는 우주의 알을 낳은 '위대한 조류'로 여겼고 그 알에서 지구가, 그리고 인류가

이집트의 성스러운 새 '세브'

탄생했다고 여겼다. 이집트 고전 『사자(死者)의 서』에도 '우리는 '위대한 새'의 알을 수호한다. 우리가 번영을 누릴 때 번영하고, 우리가 살아 있을 때 살아 있고, 우리가 호흡할 때 호흡하는 것…' 이라 적혀 있다. 여기서도 새는 천지를 창조하는 힘, '4대 원동력'의 상징으로 사용되고 있다.

이렇게 새에 대해 열거하고 있는 이유는 그것이 무 대륙 붕괴 이야기와 많은 연관이 있기 때문이다. 앞에서 말했던 것처럼 『트로아노 고사본』 '코르테시아누스 고사본' 등의 고기록, 고대 마야의 상형문자와 기호의 조합 등 무 대륙의 붕괴를 전하는 기록은 매우 많지만 그것을 독립된 하나의 그림으로 표현하고 있는 것은 내가 아는 한 세계에 딱 두 개밖에 없다. 하나는 이집트에 있고 또 하나는 캐나다의 브리티시컬럼비아 밴쿠버섬의 누트카 인디언의 석판화에서 볼 수 있다. 원래 이 둘이 묘사하는 것은 서로 다르나 이집트는 대륙이 불구덩이에 떨어지는 모습을 묘사하고 있고, 북미 인디언은 대륙이 물에 뒤덮여 가라앉는 모습을 묘사하고 있다. 실제로는 이 두 이야기가 겹쳐서 대륙이 소멸하였기 때문에 어느 것이 틀렸다고는 단정할 수 없다.

이 인디언의 석판화에 이용된 상징은 무 제국의 것과 대체로 같은 것이지만 완전히 똑같다고는 단정할 수 없다. 그중에서 가장 큰 차이는 물에 대한 상징이다. 나가, 위구르, 마야와 같은 고대 문명에서는 물의 상징으로 대양의 파도 치는 모습을 연상케 하는 똬리를 튼 '벼슬이 없는' 뱀을 사용하고 있지만 고대 인디언은 다르다. 그들은 물의 상징을 둘로 나누어 사용했다. 대양을 나타내는 것으로는 가장 큰 물고기를, 그 외의 경우에는 뱀을 사

북미 인디언이 묘사한 범고래

용했다. 가장 큰 물고기(고래나 돌고래를 그렇게 생각했다)로 그들은 범고래를 들었다. 이 상징은 모든 북미 인디언은 아니지만 매우 많은 부족에서 확인할 수 있다. 그리고 특히 식인고래를 이용했다는 점에서 바다에 대한 두려움, 무 대륙에 닥쳤던 수천만 명의 사람들을 단숨에 집어삼킨 바다에 대한 두려움을 표현하고자 했던 심정을 엿볼 수 있다.

그런데 위 그림은 보는 바와 같이 세 부분으로 나눠진다. 가장 위가 뱀, 가운데가 새, 아래쪽이 범고래이다. 이 뱀이 다른 민족의 뱀 상징과 다른 것은 머리에 벼슬이 있다는 점이다. 이것은 '어머니의 나라' 북방지방의 사람들이 믿었던 성스러운 뱀 '케찰코아틀'과 공통된 것으로 고대인이 창조신으로서의 하느님과 그 일곱 가지 명령을 나타낼 때 사용한 것이다.

정중앙의 새가 아메리카 북서부 인디언의 전설 속에 나오는 선더버드이다. 무 대륙의 북부지방에서 새는 '성스러운 네 가지', 4대 원동력과 창조력, 창조주의 일곱 가지 명령의 수행자라 믿었던 것 같다. 새의 상징은 현재 하와이 등의 남태평양 제도, 멕시코, 이집트, 동양의 나라 등에서 그 흔적을 찾아볼 수 있듯이 무 대륙에서는 매우 광범위하게 사용되었던 것 같다. '성스러운 네 가지', 네 개의 창조력 상징으로 새 이외에 십자가가 있는데, 이것은 가장 오래된 상징 중의 하나로 전 세계에서 사용했던 것 같다.

가장 아래가 인디언이 말하는 가장 큰 물고기—범고래이다. 대양을 상징하는 것으로 정말 잘 어울린다. 왜 북미 인디언 이외에는 이것을 사용하지 않았는지 이상할 정도이다.

이 그림을 풀어보면 4대 원동력을 나타내는 선더버드가 대양의 상징인 범고래 등에 올라타 발톱을 세우고 있다. 대양의 물은 지구 원동력의 제어하에 있다는 것을 의미한다. 범고래의 숨구멍은 동시에 해저 화산의 폭발을 그럴듯하게 상징하고 있다. 선더버드의 날개에서 발산되는 자력에 의해 범

범고래의 분석도

고래의 목이 꺾이고—대양에 죽음의 심연이 드리워졌다.

이 범고래를 좀 더 자세히 분석해보자.

1 눈은 세 개의 사각형이 겹쳐져 있고, 정중앙의 사각형은 검게 칠해져
 있다. 바깥쪽 두 개는 어머니와 국토를 나타낸다. 다시 말해 '어머니
 의 나라' 인 것이다. 한가운데는 눈동자로 검게 칠해진 것은 암흑—결
 국 태양 빛이 빛나지 않게 되었다는 것을 나타낸다. '〈어머니의 나라〉
 는 어둠의 심연으로 가라앉았다.' 니벤의 석판 중에도 이 눈과 똑같은
 것을 볼 수 있는데 이 상징은 '어머니의 나라' 와 그 식민지에서 가장
 널리 사용되었던 것 같다.

2 범고래—대양은 그 입으로 무언가를 삼키고 있다.

3 목. 그 안에 4가 기다리고 있다.

4 종교 문자 U. 깊은 구멍, 심연을 의미한다.

5 U의 깊은 곳에 있는 이 형태는 무 제국에서 숫자를 표시할 경우에 사
 용하던 것으로 4개가 있는 것은 4를 의미한다. 4는 '성스러운 4' 또는
 '4대 원동력' 으로 통한다.

6 범고래 등에 보이는 이 원도 숫자를 표시한 것. 4이다.

7 4와 같은 형태로 5개가 있다. 5는 5개의 신성함을, 창조신과 4대 원동
 력을 의미한다. 따라서 이 석판화는 무 제국의 붕괴는 간접적으로 지
 구의 4대 원동력의 작용으로 일어난 것이고, 이것은 무 대륙의 붕괴에
 대한 모든 고기록이 전하고 있는 것과 일치되는 것이다.

알래스카의 토템 폴

전설은 말한다. '창조신은 어머니의 나라가 붕괴하기를 바랐다. 창조신의 명령 집행자인 4대 원동력은 대륙을 가라앉히고 대홍수를 일으켰으며, 이윽고 심연의 바닥으로 끌고 들어갔다.'

사진은 알래스카의 퀸샤로트 제도에 사는 하이다 인디언 중에서 카마코라족의 것으로 늙은 촌장은 이 토템 폴에 대하여 다음과 같이 설명해 주었다.

"기둥 꼭대기에 있는 것이 선더버드로 창조신을 대표하는 것이다. 선더버드의 예리한 눈의 깜박임은 번개이고, 날갯짓 소리는 천둥이다. 비는 그 등에 있는 거대한 호수에서 흘러내리는 것이다. 그 발톱은 범고래의 꼬리에 세워져 있다."

촌장은 다시 이런 전설에 대해서도 말해주었다.

"아주 먼 옛날, 강철 머리를 한 남자가 모든 인간을 통솔하였다. 그는 선더버드와 번개의 신과 그 밖의 다른 신들의 총애를 받았다. 이윽고 대홍수가 일어나 지구가 전부 물에 잠겼을 때, 강철 머리의 남자를 걱정한 신들은 그를 강철 머리를 한 연어로 바꾸어주었다. 강철 머리 연어는 홍수 동안 님프키스강 속에서 살았다. 그는 홍수가 끝나자 목재를 모아 살 집을 만들려 했다. 그러나 힘이 부족했다. 그러자 선더버드가 천둥소리와 함께 나타나 신의 가면을 벗고 인간의 얼굴을 보여주었다. '나는 너와 똑같은 인간이다.'라고 선더버드가 말했다. '내가 집을 지어 주겠다. 나는 네 부족을 만들기 위해 여기에 머물면서 영원히 너를 보살펴 주겠다.' 선더버드가 네 번 날갯짓을 하자 천둥소리와 함께 무장한 전사 무리가 나타났다. 이 강철 머리 남자와 무장한 전사들이 하이다 인디언의 선조였다."

이 천둥이란 4대 원동력이 작용할 때 일어나는 것이라 믿는 인디언에게는 꼭 나쁜 일이라고 여기지 않았다. 기둥은 그 대부분이 범고래의 몸통으로 되어 있다. 강철 머리를 한 남자는 기둥의 중간쯤에 보이는 인간의 모습을 한 것으로 손에 든 창으로 범고래를 찌르려 하고 있다. 그런데 이 이야기에는 예로부터 전해져온 이야기에 후세에 지어진 이야기가 섞여 있는 흔적을 엿볼 수 있다. 이 인디언은 아마도 200년쯤 전에는 분명히 강철이라는 명칭을 몰랐을 것이다.

무 대륙과 알래스카 사이에 바다가 있었으라는 것은 의심의 여지가 없다. 그리고 하이다 인디언의 선조들은 아마도 배를 타고 무 대륙에서 도망쳐온 사람들이 아닐까? 헤엄쳐 왔을 것이라고는 상상할 수 없다. 예를 들어 동양에 있는 기록 등에는 수면을 뛰어다니는 물고기처럼 무 대륙 주민들이 모국을 떠나는 모습의 상징을 자주 볼 수 있다.

이 이야기 중에서 가장 눈에 띄는 점은 연어로 변한 인간이 어떻게 다시 인간으로 돌아왔을까 하는 것이다. 선더버드의 날갯짓에 전사들이 나온다는 부분은 꾸며낸 이야기 같지만, 이 전사들은 무 대륙에서 뒤늦게 합류한 사람들을 가리키는 것임에 틀림없다.

북미 인디언 사이에서는 대체로 대홍수에 관한 전설이 많은데 그것이 자력에 의한 지각변동에 의한 것인지, 화산활동에 의한 것인지에 대하여 충분히 설명해주고 있는 것은 없는 것 같다.

이런 전설도 있다. 두 개의 머리를 가진 바다의 괴수 '전쟁의 여왕' 과 범고래와 '바다사자' 에 대한 이야기다.

'아내를 범고래의 입(익사)에서 구하려던 전사를 도와 바다사자는 범고래와 싸웠지만, 범고래에게 초주검이 되었다. 집을 지키는 신 코러스의 도움으로 그는 가족을 구할 수 있었다. 바다사자는 하나의 부족을 이루고 강철 머리를 한 사내의 딸인 〈전쟁의 여왕〉과 결혼했다.'

여기서 말하는 바다사자는 그것을 부족의 상징으로 숭배하던 다른 부족의 남자를 말하는 것이 분명하다. 고대에서는 인간의 이름을 그 상징으로 부르는 습관이 있었다. 또한 여기서 처음에 '전쟁의 여신' 이라는 여성이 등장하고 '아내' 라는 말도 등장한다. 무 대륙의 난민 중에는 당연히 여성도 있었다.

알곤킨 인디언들에게도 대홍수와 무 대륙의 몰락에 관한 전설이 있다는 것을 존 밸이 기술하고 있다.

'알곤킨 인디언은 대홍수가 일어날 것을 알고 있었기 때문에 피난용 배를 만들어 두었다. 홍수가 일어나자 138척의 배에 올라타 판 대륙(무 대륙을 말함)에서 탈출했다. 이날, 하늘과 땅의 문이 열렸다. 대지는 해상의 배와 마찬가지로 요동쳤고, 비는 폭포처럼 쏟아져 내렸다. 천둥소리는 땅속 깊은 곳에서부터 들려왔다. 대지는 소용돌이치다가 결국에는 산산이 부서졌다. 강력했던 대지는 의지할 곳을 잃고 땅속 불꽃은 거대한 소리를 내며 화염과 연기를 내뿜었다. 대지의 소용돌이는 곳곳에서 일어났고, 그 힘으로 육지는 물속으로 가라앉은 채 다시 떠오르지 않았다.'

태평양에 잠긴
무의 유적

원시 식인으로의 환원

무 대륙이 바닷속으로 가라앉았을 때, 주민 대부분은 대륙과 운명을 같이 했다. 그러나 몇몇 살아남은 사람들이 없는 것은 아니다.

해면에 작게 돌출돼 있던 화성암 바위 같은 곳에 겨우 목숨만 건진 사람들이 매달려 있었다. 계속되는 지진으로 두려움에 떨면서 그들은 자신들의 신전과 궁전, 배와 도로가 산산이 부서지고 수많은 동포와 함께 바닷속으로 빨려 들어가는 것을 바라볼 뿐이었다. 주변 바다는 부글부글 끓어오르면서 소용돌이쳤다. 하늘에는 검은 연기가 차올라 태양을 가렸고 검은 재가 비처럼 쏟아졌다. 바닷속으로 빨려 들어가는 사람들의 아비규환이 귓가에 울렸다.

연기와 유황 냄새가 흐릿해진 것은 꽤 많은 날이 흐른 뒤였다. 구름의 베일을 통해 드디어 조금씩 그리웠던 태양이 보이기 시작했다. 점점이 흩어진 대륙의 흔적, 그 위에는 공포에 질린 남녀 무리가 넋을 잃고 모여 있었다. 팔

짱을 낀 채 꼼짝도 하지 않는 사람, 서로 손을 맞잡은 사람들, 그들의 우울한 시선은 망망대해를 바라보고 있었다. 아름다웠던 대륙은 어디로 사라져버린 것일까?

침몰을 피한 무 대륙의 일부

한때 인간의 영화를 자랑하던 국토는 이제 바닷속에서 물고기와 실체를 알 수 없는 생명체들의 집으로 변해버렸다. 형형색색의 꽃들이 햇빛을 받고 무성하던 곳에는 해초가 자라기 시작했다. 장엄한 궁전 대신에 산호가 층층이 쌓여갔다. 거리를 가득 메웠던 군중은 여기저기 바위섬 위의 얼마 안 되는 사람들로 바뀌었다. 다른 대륙까지 가려고 해도 수천 km나 가야 한다. 게다가 배도 없다.

검게 타버린 화산암과 찢어진 바위산, 그 위에서 입을 것도 먹을 것도 잠

잘 집도 없이 남겨진 사람들…. 대부분은 굶어 죽었고, 겨우 살아남은 사람도 비참함에 미쳐버린 사람이 많았다. 함께 살아난 짐승의 가죽으로 신을 만들고 나뭇잎 등으로 옷을 대신했다. 칼이 없어 조개나 돌로 대신할 수밖에 없었다. 그러나 가장 심각한 것은 식량문제였다.

살 방법은 한 가지 뿐이었다. 죽은 사람의 몸뚱이는 산 사람의 식량이 되었다. 죽은 사람이 없게 되자 살아 있는 사람끼리 서로 틈을 노리며 눈을 번뜩이기 시작했다. 창과 화살을 만들어 몸을 지켜야만 했다. 여기저기서 싸움이 벌어졌고, 승자는 패자를 먹는 것이 당연해졌다. 이것이 식인 풍습의 시작이었다.

한때 대제국의 국민이었던 문명인들이 아무리 궁지에 몰렸다고 하더라도 그런 야만적인 행위를 할 수 있었을까? 실제로는 그런 상황에 이르기 전에 스스로 죽음을 선택한 사람이 더 많았을 것이다. 또한 서로가 범해서는 안 될 종교나 규율이 틀림없이 있었을 것이다. 그러나 세월이 흐름에 따라 그런 규율은 잊혀 갔고 살기 위한 법칙이 그것을 대신했을 것이다. 과거 그들의 영광은 무 대륙을 감싸고 있던 대양의 물과 함께 씻겨버린 것이다. 그리고 그들은 야만적인 생활을 시작하게 되었다.

바다 위에 남겨진 대륙의 조각―그것이 현재 남태평양 제도에 있는 섬들이라는 것은 두말할 필요가 없다.

그런데 인간의 야만성, 미개성이라는 것이 시작된 것은 국토의 소멸, 환경의 악화가 원인이다. 인간은 원래 결코 야만적인 생물이 아니다. 세계사를 보더라도 국가가 멸망할 때, 그 국민의 마음은 반드시 성실함이나 명예를 존중하기보다는 돈에 집착하기 마련이다. 바꿔 말하자면 사람의 마음이 사리사욕에 사로잡히게 되었을 때는 천재지변이나 멸망의 전조라고 해도 좋을 것이다. 과거 얼마나 많은 문명이 탄생하고, 완성되고 그리고 사라졌을까? 그야말로 태양 아래 새로운 것은 없는 것이다.

인류의 시작은 짐승과 마찬가지로 야만적인 모습에서 점점 진화하여 지금의 문명에 이르게 되었다는 것이 과학계의 통설이다. 그러나 나는 야만성 속에서 문명이 싹튼 것이 아니라 문명 속에서 야만성이 싹튼 것이라고 말하고 싶다. 독일의 지리학자 A.V 훔볼트(Alexander von Humboldt: 1769~1859, 근대 지리학의 창시자이며 유물론자)는 남미로 탐구 여행을 떠났다. 그는 오리노코강가에서 원시 상태 그대로인 인디오 종족을 만났을 때의 감상을 이렇게 적고 있다.

"그들이 인간의 원형이라고, 또한 이 상태에서 우리가 진화했다고도 생각할 수 없다. 이 구제할 수 없는 사람들은 과거 멸망한 종족의 생존자들의 퇴화한 모습이다. 악화된 조건 속에서 인간은 퇴화하여 결국 죽어버리고 마는 생명체이다."

야만인은 그대로 두면 영원히 문명인이 될 수 없다. 그들은 미개한 것이 아니라 한때는 문명인이었던 것이 퇴화한 것이기 때문에 그대로 두면 더욱 퇴화할 뿐이다. 그리고 그들이 문명사회와 접촉하였을 때, 두 가지 반응을 나타낸다. 그들이 그 문명을 흡수하여 개화하거나, 문명사회의 나쁜 측면만 받아들여 자신들의 야만성에 더해져 악습관은 더욱 조장하게 될 것이다.

인간이 야만적인 상태에 빠지기 위해서는 지리적 조건이 크다고 한다.

예를 들어 최후의 조산운동이 일어나기 전, 평원은 매우 비옥하고 인구밀도가 높았다. 이윽고 지면이 울퉁불퉁 솟아오르고 갈라지거나 붕괴하여 수많은 사람이 죽었다. 얼마 안 되는 생존자들은 갑자기 생겨난 산악지대에 남겨졌다. 평원에 남아 있던 사람들은 가장 운이 나빴다. 높은 해일이 덮쳐 모든 것을 삼켜버렸다. 모든 것을 파괴한 것은 물론이고 비옥한 평원을 황량한 불모지로 바꿔놓았다.

이렇게 해서 살아남은 자들은 서로의 살을 뜯어 먹는 비참한 상황에 이르게 되었다. 산이 생겨났다고 하는 것은 그만큼 비옥한 토지가 지구상에서 사라졌다는 뜻이다. 살아남은 사람들은 문명의 혜택에 익숙해져 생활력이 떨어졌다. 삶에 쫓겨 예술도 과학도 잊어버렸다. 식인 풍습과 조산운동은 떼려야 뗄 수 없는 관계인 것이다.

중앙아시아의 옛 위구르 제국은 그 좋은 예이다. 성서에 나오는 '노아의 홍수'에 의해 동쪽 절반이 완전히 황폐되고 말았다. 그 뒤를 이어 서쪽 절반에 조산운동이 일어나 히말라야를 비롯해 중앙아시아의 큰 산맥들이 융기됐다. 이 대재난에서 살아남은 사람들은 산과 산 사이의 언덕에 매달린 채 삶을 지속했다. 이 위구르 제국 국민의 생존자가 바로 아리아 민족의 조상이다.

남아프리카의 줄루족 사이에서도 자신들의 선조가 북쪽 산이 생겨났을 때 생존한 사람들이라는 전설이 있다. 남미 페루의 안데스산 속에 있는 티와나쿠의 고대 도시는 안데스산맥의 융기와 함께 높은 곳으로 솟아올랐다는 것은 앞에서도 말한 바와 같다. 산의 융기에 대해서는 성서 다윗의 시편

속의 '모세의 노래'에서도 엿볼 수 있다.

현재의 과학자는 문명의 특징과 진보를 판단할 때 돌의 화살촉과 창촉 끝에 매우 중점을 둔다. 그리고 신석기 시대의 것은 구석기시대의 것과 비교해서 정교하기 때문에 구석기시대보다 신석기시대의 문명이 진보했다고 설명한다. 이것 자체는 결코 틀린 주장이 아니다. 그러나 그것이 바로 문명의 단계와 연결할 수 있는 것인지는 의문이다. 그 역순도 얼마든지 찾을 수 있기 때문이다. 모든 인간이 모든 기술에 뛰어나다고 할 수는 없다. 이것은 태곳적이나 현재나 변함이 없는 것이다. 숙련공은 완벽한 제품을 만들 수 있지만, 수습공은 만족스럽게 만들지 못한다. 구석기시대 사람은 쉽게 말해 수습공이었다. 그러나 그만큼 미개했다고 단정할 수 있을까? 나는 그렇게 생각하지 않는다. 이 수습공들은 고도의 문명을 가진 국민의 생존자로 그 시대에 지구의 대변동으로 갑자기 악조건 속에 던져진 것이다.

가령 지금 자신이 그 상황에 부닥쳐있다면 어떨까? 계속되는 재난에 의해 가진 전부를 잃고 헐벗은 상태로 황량한 대자연 속에 던져졌다고 하자. 도구 하나 가지고 있지 않다. 가진 것이라고는 오로지 두뇌와 팔다리뿐이다. 서툰 손동작으로 주변의 돌을 재료로 우선 도구를 만드는 일부터 시작해야 한다. 대체 얼마나 훌륭한 도구를 만들 수 있었을까? 조잡한 돌화살촉과 창끝은 그것을 만든 사람들의 미개함, 문명의 척도를 말해주는 것이 아니라 고도의 문명이 야만화 되어 가는 모습을 말해주고 있다.

백색 폴리네시아인의 비밀

남태평양의 섬들이 가라앉은 대륙의 잔재라고 한다면 당연히 그곳에는 대륙의 과거 영화를 말해주는 것들이 남아있어야 할 것이다. 실제로 이 섬들에는 비문, 문자, 풍속습관, 언어, 전설 등에서부터 신전, 비석, 돌기둥 등의 유적까지 그 옛날을 증명해주는 것이 많이 남아 있다. 육지에서 멀리 떨어진 섬들이기 때문에 그것들은 더더욱 무 대륙의 모습을 여실하게 증명해주고 있다.

또한 이런 섬들의 위치를 꼼꼼히 살펴보면 그 옛날 무 대륙의 크기, 형태 등이 어렴풋이나마 떠오른다. 이 대륙이 세 부분으로 나뉘어 있었으리라는 것은 여러 기록을 보더라도 확실하지만, 그것이 어떻게 나뉘어 있었는지는 명확하지 않다. 이집트의 기록에는 동서로 긴 육지였다고 적혀 있다.

이유는 여러 가지가 있지만 나는 특히 그 식민지의 확장 형태를 보고 이 대륙이 상상 이상으로 북쪽으로 뻗어 있었지 않았을까 추측할 뿐이다. 남동

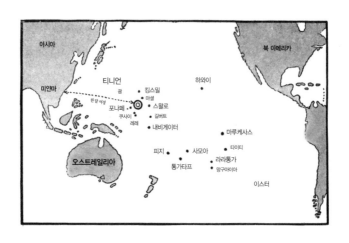

선사시대의 비석이 남아 있는 남태평양의 섬들

쪽 끝은 현재의 이스터섬 주변, 북서쪽 끝은 라드로네(현 마라아나) 제도, 북쪽 끝이 하와이 주변, 북동쪽은 어디까지 뻗었는지 알 수 없다. 산이 없고 낮은 지형이 계속되었다면 해안선에는 만과 하구가 많았을 것이다.

그런데 남태평양의 섬들이 무 대륙의 단편이라고 한다면 그것은 인류 탄생의 땅이며, 이 지구상에 얼마 남아 있지 않은 에덴동산의 흔적이라 할 수 있다. 그리고 섬들에 남아 있는 고기록과 유적 등에서 인간은 이 지구에 나타난 애초부터 이미 상당한 문명이 있었다는 것을 알 수 있다. 처음부터 인간은 자신의 영혼의 방향에 대해 자각을 하고 있으며 하느님을 믿고 숭배하였다. 그것은 이 당시 이미 일종의 종교적 상징물을 전달의 수단으로 갖고 있었다는 것을 보더라도 확실하다. 그것은 실로 지금으로부터 50,000년 이상 전의 일이다.

무 대륙과 '서방의 나라들'에 대하여 연구한 고고학자 중에서 자료의 해석을 잘못하여 잘못된 결론을 내린 사람이 있다. 예를 들어 파울 슐리만은 분명히 『트로아노 고사본』과 『라사 기록』 두 가지 기록에만 의존해서 아틀란티스는 무 대륙이라고 판단하였다. 물론 이 두 개의 기록에도 아틀란티스와 무 대륙이 같은 것이라는 내용은 적혀 있지 않다. 어디까지나 슐리만의 억측에 불과한 것으로 다른 기록을 좀 더 꼼꼼히 조사하면 무 대륙이란 아메리카 서쪽에 있던 대륙이고, 동쪽에는 아틀란티스 대륙이 있었다는 것을 분명히 알 수 있었을 것이다. 그러나 이 두 대륙 모두 땅속의 화산 폭발로 붕괴하고 몰락했다는 것이 공통점이다.

프롱겐 박사는 무 대륙이란 칼리브해 주변에 존재했던 대륙으로 그곳에서 본 '서방의 나라들'이란 중미를 가리킨다고 주장하고 있다. 이 주장은 거의 모든 기록이 '서방의 나라들'은 붕괴하고 함몰했다고 적고 있는 사실을 완전히 무시하고 있다. 이미 알고 있듯이 중미는 지금에 이르기까지 함몰되지 않고 존재하고 있다.

이런 잘못은 아메리카에서 기록한 것을 유럽에서 읽고 경솔하게 판단했기 때문에 일어나는 것이다. 고대 그리스의 철학자는 이렇게 말했다. "바다 저편의 나라, 새터니언(Saturnian: 황금시대) 대륙." 아틀란티스는 자주 '새터니언 대륙'이라 불렸다. 아메리카의 '서방의 나라들'과 '바다 저편의 나라'와는 확연히 다르다. 그리스 철학자는 잘못 이해하는 일이 없도록 '바다 저편의 나라'를 분명하게 '새터니언 대륙'이라 불렀다. 또한 이집트의 사이스 제사장 소치스가 솔론(Solon: 기원전 630~560 무렵 정치가)에게 했던 "아틀란티스는 11,500년 전에 가라앉았다. 그리고 '서방의 나라들'로 가는 길은 이 대국의 침몰로 사라지고 말았다."라고 한 말은 이 사실을 뒷받침해주는 것일 것이다.

그러나 무엇보다도 이러한 고고학자들에게 아쉬운 점은 남태평양 제도의 유적과 전설에 눈길을 주지 않았다는 것이다. 이것이야말로 유사 이래 대륙의 위치를 알기 위해 가장 강력한 단서였다.

남태평양 제도의 원주민을 조사해 보면, 지금은 미개한 상태이거나 반미개한 상태이지만 처음부터 그랬던 것이 아니라 상당히 발달한 문명을 가졌던 민족의 자손이었다는 사실을 알 수 있고 현재와 같은 상태는 그 선조들이 훨씬 오래전에 매우 큰 재난을 만났을 때 시작되었다는 사실도 추측할 수 있다.

과학자는 항상 백인종의 기원을 소아시아에서 찾으려 하지만, 그것을 뒷받침해 줄 고기록은 전혀 찾을 수 없다. 그러나 남태평양의 폴리네시아계의 원주민이 백인종에 속한다는 것은 완전히 놀랄만한 발견이었다. 더군다나 그들은 이목구비가 매우 또렷한 인종이다. 그

아로라이(키리바시)섬의 여왕 아라와리

러나 이 섬들이 가라앉은 대륙의 잔재라고 생각한다면 전혀 이상할 것이 없다.

전설에 의하면 멕시코와 중남미가 무 제국의 식민지가 되었을 때, 그곳으로 이주한 최초의 이민자들은 금발의 백인이었다고 한다. 그런데 그들은 훨씬 피부색이 검은 브루넷(검은 머리의 백인)계의 백인에게 쫓겨 동쪽의 해가 뜨는 방향으로 항해하는 동안 육지에 도달해 그곳에 정착하게 되었다. 그것은 유럽 북부 지방으로 현재의 스칸디나비아반도였다고 한다. 현재의 북미계 백인은 분명히 금발이 많다. 브루넷계 백인이 고대 마야, 중남미, 아틀란티스 경유로 이주한 남유럽, 소아시아, 북아프리카 등에서도 마찬가지로 상황이 반복되었다. 따라서 함몰을 피한 섬들에서도 금발계의 백인보다도 브루넷계의 약간 검은 피부의 종족이 우위를 차지하고 있었으리라는 것은 쉽게 상상할 수 있다. 현재의 폴리네시아인이 검은 머리에 갈색 피부를 지니고 있는 것은 누구나 인정하는 사실이다.

폴리네시아 이외에 이 갈색 피부를 한 백인종이 있는 곳으로 미크로네시아가 있다. 미크로네시아계의 원주민은 인종의 전형이라고 해도 좋을 정도로 훌륭한 체격과 또렷한 이목구비를 하고 있어 마치 고대 그리스의 조각상을 보는 것 같다. 그리고 피지 제도의 섬 주민들은 매우 손재주가 뛰어난 것으로 알려져 있다.

하와이의 남서 6400km 정도 떨어진 길버트 제도, 여기에 아로라이(키리바시)라는 섬이 있는데 이곳 섬 주민도 갈색계의 백인종에 속한다. 이곳의

아라와리 여왕이 가지고 있는 부채

여인들은 매우 아름답다. 부드러운 몸매에 또렷한 이목구비, 애교가 넘치면서 품위 있는 표정, 검은 머리와 검은 눈동자가 인상적이다. 그중에서도 이 섬의 공주인 여왕 아라와리는 특히 아름답다. 평판에 의하면 '품위 있고 귀여우며 다소 성마르고 질투심이 많기는 하지만 야만적인 여인치고는 매우 기품이 있다.'고 한다.

그런데 그녀가 손에 들고 있는 부채를 한 번 보라. 뭔가 떠오르는 것이 있을 것이다. 이 문양이야말로 태양의 제국 무의 문장에서 볼 수 있었던 바로 그 도형이다.

마르케사스 제도에서 볼 수 있는 문양. 4대 원동력 또는 무 대륙에서 가

투아모투섬에서 사용하는 문양. 네 개의 검은 점은 '성스러운 4'를 나타낸다.

장 오래된 상징이다. 크로스가 변화한 것으로 여겨진다.

　고기록을 아무리 찾아보더라도 무 대륙의 붕괴 이전에 이러한 야만인이 지구상에 존재했다는 기록은 찾아볼 수 없지만, 그 야만인이 무 제국의 문장을 자신도 모르는 채 사용하고 있다. 이 두 가지 사실을 어떻게 연결하면 좋을까…. 무 대륙의 붕괴와 남아 있는 그 단편, 그곳에 남겨진 사람들의 야만 화, 과거에 대한 망각, 이러한 것을 배제하고 이 수수께끼를 풀 수 있는 열쇠는 찾을 수 없다.

거인상이 잠든 이스터섬

남미 칠레에서 남태평양 서쪽으로 3400km, 유독 푸른색을 자랑하는 바다 위에 홀로 떠 있는 쐐기 모양의 섬, 이것이 이스터섬이다.

이 섬이 처음 백인의 눈에띤 것은 1722년 부활절에 네덜란드 선원 로헤벤에 의해서이다. 이렇게 해서 이 섬은 이스터섬으로서 세계 지도에 실리게 되었다.

이 섬의 존재가 알려지고 얼마 되지 않아 호기심 많은 유럽인 한 무리가 섬에 상륙했다. 그들은 해안가에서 괴이한 인물을 만났다. 길게 늘어뜨린 턱수염, 큰 코와 얇은 입술, 붉은 머리카락, 햇볕에 검게 그을린 피부는 분명 백인이었다. 틀림없이 표류한 백인이라고 생각한 선원들은 네덜란드어, 스페인어, 프랑스어, 영어 등 다양한 언어로 말을 걸어봤지만 통하지 않았다. 그뿐만이 아니라 그 노인의 무표정한 얼굴은 아무런 감정도 드러내지 않았다.

그러는 사이 선원들은 이 노인의 얼굴을 어디선가 본 것 같다는 느낌이

들었다. 그리고 깨달은 것은 이 섬 여기저기 세워져 있는 불가사의한 석상, 사람의 얼굴 형상을 한 거대한 석상의 모습이 이 노인의 얼굴과 매우 흡사하다는 사실이었다. 선원 한 명이 원주민에게 그 노인이 대체 누구냐고 물었다. 원주민은 이렇게 대답했다. "저 사람은 이 섬에 처음 거주한 사람의 자손이다. 지금은 명맥이 끊겨 혼자 밖에 남아 있지 않다. 자신들의 조상은 갈색 피부를 하고 있었지만, 하얀 피부를 한 사람도 있었다. 우리 갈색 피부 사람들은 22대 전 촌장 때 다른 섬에서 이주해 왔다고 한다."

이스터섬, 이 이름으로 알려진 섬은 폴리네시아어로는 적어도 세 가지 이름을 가지고 있다. 섬들의 배꼽이라는 뜻의 '테 피토 헤누아', 하늘을 보는 눈이라는 뜻의 '마타 키테 라니', 거대한 땅이라는 뜻의 '라파 누이', 또한 이 섬 서쪽에는 거의 같은 크기의 섬이 있는데 이것은 '라파 이테이', 다시 말해 작은 땅이라 불리고 있다.

폴리네시아 남동쪽 끝, 면적 110㎢ 정도의 메마르고 외로운 섬이 세계에 알려지게 된 것은 두말할 필요 없이 550개 이상의 거대한 인면 석상 때문이다. 고고학자 W.J 톰슨은 이렇게 말하고 있다.

"인면 석상 중에 제일 큰 것은 미완성으로 높이 약 20m로 채석장에서 볼 수 있었고, 가장 작은 것은 길이 90cm로 동굴 속에서 발견했다. 5m에서 6m 정도의 크기가 가장 많고 그 얼굴은 고귀한 인물의 얼굴을 형상했다고 여겨지며, 아마도 무언가를 기념하기 위해 만들었을 것이다."

이 석상은 무역풍(貿易風)을 맞으며 늘어서 있었고, 처음 이 섬에 온 유럽인들을 놀라게 했다. 원주민이라는 22대 전의 촌장이 이 섬에 왔을 때도 그렇게 서 있었을 것이다. 그리고 수없이 펼쳐진 원주민끼리의 전투도, 노예로 백인에게 끌려간 섬 주민들의 모습도 석상은 묵묵히 바라봤을 것이다. 아니, 훨씬 오래전 현재의 사람들이 아무것도 몰랐을 그 옛날의 일을 석상들은 바라보고 있었음이 분명하다.

이스터섬에 남아 있는 기괴하고 거대한 인면 석상

이 섬은 고대의 사화산 정상이라 해도 좋다. 몇몇 분화구 중에서 라노 아로이(세 번째로 큰 호수라는 뜻)는 540m 높이로 솟아 있다. 분화구 속에는 채석장의 흔적이 있다. 이 작업장에는 거대한 석상이 미완성인 채로 남아 있고, 조각에 이용되었던 도끼도 그대로 남아 있다. 전설에 의하면 다른 섬 주민들이 공격해온 탓에 석공들은 일을 팽개치고 그대로 도망가야 했다고 한다.

이 석상들은 모두 연결 흔적이 없는 하나의 돌덩어리로 되어 있다. 수천 톤에 달하는 이 거대한 돌을 채석장에서 수 킬로미터 떨어진 곳까지 운반하여 세우기 위해서는 어떤 방법을 이용했을까? 그저 기적이라고 할 수밖에 없다. 분화구 바닥의 경사면을 따라 세워진 것도 있지만, 거대한 빌딩에 필적하는 석상이 분화구 벽을 넘어 끌어올려 수 km를 운반하여 받침대 위에 세웠고, 붉은색의 거대한 용암을 머리 위에 올려놓았다.

이 석상 위에 올린 붉고 둥근 돌은 테라이 언덕에서 채취한 붉은색의 화성암을 세공한 것으로, 이것만 해도 그 크기가 4m에 달한다. 이 돌은 멀리서 보면 마치 머리에 둥근 빛이 비치고 있는 것처럼 보여 고귀한 인물의 석상에 위엄을 더하기 위해 올린 것이라고 여겨왔다. 그러나 폴리네시아 전설에 따르면 폴리네시아의 여러 섬에는 붉은 머리카락에 하얀 피부를 한 가족이 존재했다고 한다. 그리고 섬 주민들 자신, 섬의 최초 주민의 자손이 이 사람들이라고 한다. 실제로 어떤 섬에서는 종교적인 행사를 할 때 그 행사에 참여하는 사람들은 먼 조상의 모습을 따르기 위해 피부를 하얗게 하고 머리카락을 붉게 칠하는 풍습이 있다. 이스터섬의 축제에서도 대표자는 머리를 완전히 깎고 붉게 칠한다.

긴 귀와 튀어나온 턱, 오뚝한 코, 가늘고 날카로운 입술, 전형적인 이목구비와 붉은 머리카락, 이스터섬의 석상과 공통된 특징은 대체 무얼 말해주고 있는 걸까? 유럽인이 최초로 이 섬을 찾아왔을 때 해안에서 불가사의한 '백인'을 봤다고 하는 그 백인이란….

거대한 얼굴과 작은 다리, 이스터섬의 석상과 장식은 배 주변에 새겨진

허리띠뿐이다. 그리고 이 허리띠 모양은 남미 페루의 티티카카호의 유적에서 볼 수 있는 것과 같다. 전설에 따르면 '창조신은 태양에게 명령하여 무지개 띠를 놓아 하얀 피부를 한 자손이 그것을 따라 하늘에서 내려왔다.'

이스터섬에는 곳곳에 거대한 석상이 남아 있다.

앞에서 말했듯이 무 대륙에는 몇 종류의 피부색, 머리카락색, 눈동자색을 한 주민이 있었다. 재난이 일어났을 당시 섬이 된 무 대륙의 잔재에 살아남은 사람들은 한 인종이라고 단정할 수 없을 것이다. 흰 피부를 하고 붉은 머리카락(혹은 붉게 머리를 염색하는 풍습이 있었거나, 붉은 것을 뒤집어썼거나)의 인종이 대륙의 남동쪽에 많이 있었고, 그들은 무 대륙에서 지도자의 지위에 있었던 것은 아닐까? 그러나 그들은 열악한 조건 속에서 살아남을 만큼의 생활력을 갖고 있지 않았다. 아니면 그들의 도덕심이 용납하지 않았을 것이다. 그리고 생존경쟁에서 낙오돼 부족끼리의 전투에서 패하여 멸종되었다….

이스터섬에서는 석상에 마음을 빼앗기기에 십상이지만, 그 외에도 주목할 만한 유적이 매우 많다. 예를 들어 해안에서 끊긴 포장된 도로, 해안선과 라나 로라카 및 라나 라오 화산 근처에 있는 거대한 석조 신전의 흔적, 높이 약 10m에 길이 70m에 달하는 돌무덤, 이 돌무덤은 과거 이곳이 대륙의 다른 부분과 이어져 있었을 때 다른 토지에 신전과 궁전을 만드는 재료로 채석해 쌓아 올려져 운반되기를 기다렸다. 신전 중에는 길이가 100m나 되는 거대한 것이 있는데, 산사태 방지 석벽이 쌓여 있고 그 중앙은 높고 평평하며 이 위에도 석상이 늘어서 있다. 석벽 안에는 깊은 곳, 혹은 지하에 아후(Ahu: 석총)라 불리는 무덤이 있으며 백골을 볼 수가 있다.

W.J 톰슨은 다음과 같이 이야기했다.

"섬 남쪽 끝에 80에서 100호 정도의 집이 있다. 암석이나 혹 제방을 따라 늘어서 있고 벽은 평균적으로 두께 1.6m, 높이 1.4m, 길이 4m 정도이다. 입구는 좁아 높이 50cm, 폭 47.8cm 정도이다. 벽은 돌을 불규칙적으로 쌓아 올렸고 적, 백, 혹 등의 물감으로 새와 사람의 얼굴, 그 외의 도형이 그려져 있다. 집 근처의 단애(깎아 세운 듯한 낭떠러지)에는 사람의 얼굴, 거북이, 새, 물고기 등 상상의 동물 등의 모형을 조각한 것을 볼 수 있다."

그러나 가장 주목할 만한 것은 새며, 롱고롱고 문자라 불리는 기묘한 상형문자일 것이다. 이것은 제사장이 이용했다고 하는 목판 '코하우(kohau)'

에도, 또한 신전의 석벽에도, 거인상의 가슴에도, 암벽에도, 비석에도 새겨져 있다. 이 기록은 최근에 주목을 받기 시작하였고 하나의 체계를 가진 문자라는 것이 학자들에 의해 인식되면서 인도의 인더스강 상류에서 발굴된 고대 인장과 유사하다는 점에서 주목을 받고 있다. 그 인장이 어떤 것인지 확실하지는 않으나 아마도 위구르 마야의 종교 문자나 나가 마야의 상징으로 어쩌면 무 대륙의 상징에서 변한 것이 아닐까?

이스터섬에 남아 있는 상형문자

톰슨은 섬 주민 중에서 고대문자의 의미를 알고 있는 유일한 노인의 도움으로 해독한 비문 몇 가지를 소개하고 있다. "이 섬이 처음에 우리 조상에게 알려졌을 때, 평평한 돌을 아름답게 간 도로가 사방으로 펼쳐져 있었다. 뭉툭하게 튀어나온 돌이 없이 매끄럽게 깔렸었다. 커피(해석의 착각이라 생각됨)나무가 도로 양쪽에 무성했고, 가지들은 머리 위에서 손발처럼 서로 엉

켜 있었다."

"길을 만든 것은 헤케로 그는 명예로운 자리에 앉아 있었고, 길은 그곳에서 사방으로 퍼져 있었다."

"그 행복한 토지, 기름진 토지, 그 옛날 마로하가 사랑하던 항가르바와 함께 살던 곳."

"쯔라키는 새들의 노랫소리를 듣고 먹이를 주었다."

"그 비옥한 토지는 하늘에서 내려온 신들이 통치하고 있었다. 신들은 추워지면 물속에서 살았다."

"흑과 백의 반점이 있는 거미는 하늘로 오르려 했지만, 추위에 떨다가 다시 떨어졌다."

또한 톰슨이 발굴한 7개의 비석에는 다음과 같은 문답이 새겨져 있었다.

"하느님은 땅 위에서 어떤 힘을 가졌는가? 초목을 자라게 하고 하늘색을 바꾸는 힘이 있다."

"어린나무는 쑥쑥 자랐고, 하늘색은 일곱 빛깔로 변하였고, 피어오르는 구름을 바라보며 우리 모두 하느님의 능력을 찬송하였다."

"반짝이는 별, 둥실둥실 떠 있는 구름, 부드러운 안개, 내리는 비, 해와 달의 빛을 우리에게 주신 하느님의 능력을 찬송하였다."

"하느님은 땅 위에서 어떤 힘을 가졌는가? 땅위에 사람을 살게 하고 왕과 백성을 만드는 힘을 가졌다."

"인간을 만들고, 왕에게 권력을 부여하고, 왕국의 백성을 만든 하느님의 힘을 찬송하였다."

"하느님은 어떤 힘을 가졌는가? 새우, 물고기, 뱀장어. 그 외에 바다에 있는 모든 것을 만드는 힘을 가졌다."

"하느님은 바다에서 어떤 힘을 가졌는가? 바다에서만 헤엄칠 수 있는 강력한 물고기를 만드는 힘을 가졌다."

"파리, 벼룩, 곤충. 그 외의 모든 벌레의 피해를 막아줄 대왕의 힘을 칭송하였다."

전설에는 다음과 같이 말하고 있다.

"이 작은 섬은 먼 옛날, 광활한 대륙 일부였다. 평평한 돌을 아름답게 간 도로가 수없이 교차하며 뻗어 있었다. 회색과 검정 반점이 있는 거미집 모양을 본뜬 도로는 정교하게 조합돼 있었기 때문에 아무도 그 시작과 끝을 알 수 없었다."

거대한 석상을 어떻게 운반하고 세웠는지 그것은 알 수 없지만, 거기에도 현대인에게는 이해할 수 없는 고대인의 지혜가 작용하였을 것이다. 앞에서 거석상의 복대와 남미 페루의 유적에서 볼 수 있는 장식과의 공통점에 관해 이야기 했는데, 여기에는 또 다른 중대한 공통점이 한 가지 더 있다.

이스터섬 석상의 제조법에서 가장 특징적인 것은 돌을 조각할 때 가로 위치에서 새긴다는 것이다. 다시 말해 재료인 거대한 돌이 있는 장소가 채석장이자 작업장이 된다. 그리고 돌을 파내고 운반하면 당연히 주변에 커다란 동굴이 생겨난다. 이와 똑같은 예를 상상할 수 없을 정도로 멀리 떨어진 곳에서도 찾아볼 수 있다. 그곳은 소아시아의 레바논에 있는 바알베크 유적이다.

바알베크 언덕에는 장엄한 신전의 유적이 있다. 지중해 주변의 고대 문명 중 최대 규모라 불리는 곳으로 그 입구에는 높이 26.6m, 둘레 6.6m의 거대한 원기둥이 세워져 있다. 한때는 50개 이상 있었을 것이라고 여겨지지만, 지금은 그중에서 6개만이 남아 있다. 이 거대 원기둥의 채석 방법, 조각 방법 그리고 아마도 세우는 방법도 이스터섬의 거석상과 완전히 똑같은 공정이었을 것이라고 여겨진다. 바알베크의 언덕 아래에는 거대한 동굴이 있다. 이 속에는 거의 1,000t에 육박하는 거대 원기둥이 가로 위치로 조각돼 미완성인 채로 남아 있다. 이 대단히 특수한 공법, 그것이 아주 멀리 떨어진 지구상의 두 지점에서 이용되었다는 것을 우연의 일치라고 말할 수 있을까?

이스터섬 거석상의 조각자와 바알베크 언덕의 거대 원기둥 제작자는 똑같은 '성스러운 나라'에서 이 고대 국민이 항해술과 함께 가장 발전된 건축 기술을 익힌, 아니면 적어도 그것을 전수하였을 것이라고 단언할 수 있을 것이다.

태평양에 산재한 무의 유적

태평양 제도라고는 하지만 그 섬들은 광활한 바다 위에 작은 그룹으로만 모여 있다. 그 섬들을 일일이 찾아가 대 문명의 흔적을 찾는 것은 많은 수고가 필요하지만, 또한 매우 즐거운 일이다. 그러나 실제로 이 유적들은 무성한 열대림 속에 감춰져 있거나 흙을 뒤집어쓰고 있어 언뜻보기에는 그냥 작은 언덕으로밖에 보이지 않는 것도 있다. 또한 원주민의 미신 때문에 이

통가타푸섬의 스톤 아치

러한 유적지의 안내를 받지 못하는 경우가 적지 않다. 아직도 많은 유적이 태고의 모습으로 태평양의 파도 소리와 함께 고요히 잠들어 있을 것이다.

여기서는 그중에서도 대표적인 섬들을 소개하고 간단하게 설명을 덧붙이기로 하겠다.

쿡 제도 하와이 남쪽, 위도로 40도 떨어진 곳에 있고 타히티섬과 피지 제도를 잇는 선상(線上)에 있다.

라로통가섬 쿡 제도에 속하는 이 섬에는 이스터섬의 비문과 전설에서 나오는 도로 일부가 남아 있다.

망가이아섬 쿡 제도의 최남단에 있고, 이스터섬 반 정도 되는 섬이다. 여기에는 이스터섬과 비슷한 유적이 있는데, 이 섬에는 채석장의 흔적을 찾아볼 수 없고 돌을 조각한 흔적도 없어 어딘가 다른 곳에서 만들어 가져온 것으로 여겨진다.

통가타푸섬 통가 제도에 속하는 환형 산호섬이다. 따라서 이 섬에는 자연석은 있을 수 없다. 그런데도 아치형의 거대한 석조 유적이 있다. 이 섬에는 돌이 없기 때문에 다른 곳에서 운반해 온다고 하더라도 300km 이상 떨어진 곳이 아니면 구할 수 없다. 어떤 배를 이용하여 이런 거대한 돌을 운반했을지, 어떻게 육지에 올렸을지, 어떤 방법으로 완성하였을지 완전히 불가사의하다고밖에 할 말이 없다.

마셜 제도, 길버트 제도 이 두 제도에 속해 있는 섬들에서는 높은 피라미드가 발견되었다. 섬 주민들은 '어머니의 나라' 의 상징을 장식으로 이용하지만, 그들 자신은 그 유래나 의미를 모른다. 아로라이섬의 아라와리 여왕이 부채에 무 제국의 왕실 문장을 쓰고 있다는 것은 앞에서도 말한 바와 같다.

캐롤라인 제도 여기는 대륙이었을 때, 미얀마 방면으로 출발하는 기지였는지 유적도 많다. 나칼의 비문과 발미키의 기록에도 남아 있는 것처럼 '해가 뜨는 방향을 향하여(미얀마에서) 한 달의 여정(배편).' 이라고 된 곳이다. '인류 어머니의 나라' 가 있었을 때, 이 주변에서 최초 이주민들이 인도와 미얀마를 향해 여행을 떠난 것이다.

포나페섬 이곳에 있는 유적은 남태평양 제도 중에서도 가장 주목할 만한 것이다. 대신전의 유적은 길이 약 100m, 폭은 약 20m나 되고, 그 벽은 지금도 약 10m의 높이로 솟아 있다. 벽의 두께는 기저부에서 약 1.6m로 '어머니의 나라' 의 상징이 많이 새겨져 있다. 이 신전은 운하, 토성(土城)으로 이어져 있고 아치형 천정의 방, 통로, 난간으로 이루어져 있다. 돌을 깔아 채운 넓은 안뜰 아래 앞뒤로 두 개의 현관이 있으며 3㎡ 정도의 넓이이다. 여기서 외벽을 따라 운하까지 통로가 이어져 있다. 이 커다란 안뜰은 분명 신전의 중심부였을 것이고, 아마도 가장 신성한 장소로 여겨졌을 것이다. 원주민의 이야기로는 옛날에 난파한 스페인 해적들이 이 신전을 은신처로 사용한 적이 있었다고 하는데, 저장고로 사용했다는 방에는 그들이 살았던 흔적이 남아 있다. 주민들은 이 신전에 '마우리' 라 불리는 악령이 있다며 가까이 하기를 꺼렸다.

유적은 이 외에도 해안선 근처나 언덕 위 등의 빈터에서도 볼 수 있는데,

모두 전망이 좋고 바다가 한눈에 내려다보이는 곳이다. 이 빈터 중에는 실로 12㎢ 이상의 곳도 있으며 돌 유적이 겹겹이 이어져 있다. 그것은 마치 낮은 언덕과 같은 곳에 있고 주변을 수로로 둘러싸인 것 같은 흔적이 남아 있다. 틀림없이 고대 도시의 흔적이다. 이 규모로 봤을 때, 아마도 인구가 10만 명은 될 것으로 여겨진다. 무 대륙의 문화 중심지였다고 하는 '성스러운 7도시' 중의 하나, 어쩌면 티베트의 점토판에서 봤던 수도 히라니프라의 흔적일지도 모른다.

마리아나 제도 테니안섬의 석조 가옥

스왈로섬 포나페섬에서 경도로 12도 정도 떨어진 곳에 있는 작은 섬. 괌과 테니안섬과 마찬가지 구조의 피라미드가 있다. 서쪽에는 석벽이 있고 몇몇 석총이 있는데 구아노(조분석)와 흙으로 덮여 있다. 그 아래는 아마도 거대 건축물이 잠들어 있을지도 모른다.

쿠사이(코스라에)섬 롤라인 제도 남동쪽 끝에 있고, 포나페섬과 가장 비슷한 유적을 볼 수 있다. 방파제 남쪽에는 돌로 쌓은 운하가 몇 줄기 있는데, 각각 직각으로 교차하고 있다. 이 교차한 위치에 인공섬이 있는데, 과거에는 그곳에 건축물이 있었을 것이라 상상되며 지금도 10m가 넘어 보이는 탑 하나가 남아 있다. 이곳 원주민의 전설에 따르면 '옛날 이 섬 원주민들은 매우 강인하여 큰 배를 타고 동서로 몇 달이나 항해했다.'고 한다. 이것은 발미키가 '마야족은 강인한 항해사로 동서남북의 바다를 항해했다.'고 적은 것과 상통하는 것이 아닐까?

레레(Lelu)섬 쿠사이섬과는 작은 수로로 나뉘어 있다. 이 섬에는 원뿔꼴 언덕이 있고 주위가 약 6m에서 7m 정도 높이의 매우 두꺼운 벽이 감싸고 있다. 섬 전역에 거석으로 이어진 성벽을 볼 수 있다. 이런 성벽 안에는 총연장 35.6m에 70m 정도 넓이의 평행사변형으로 되어 있는 것이 있다. 길이 100m에서 130m, 폭은 50m에 달하는 크기의 것도 있다. 벽의 두께는 대략 4m 정도로 아치형 전정의 방, 인공의 동굴 창고, 통로가 있다.

킹스밀(남 길버트) 제도 이 제도에 속하는 타피데아우섬에는 길버트, 마셜 제도에서 볼 수 있는 것과 같은 날렵하고 높은 피라미드가 있다.

내비게이터(사모아) 제도 이 제도의 섬들에서도 석조 건축물 유적이 있다. 그중에서도 500m에 달하는 산 정상의 것이 장관이다. 106.7m나 되는 단애(斷崖) 가까이에 세워져 있으며, 거대한 화성암 기단으로 지름 50m, 높이 70m 정도이다. 한쪽은 단애지만 반대쪽에는 인공수로가 있는데 과거에는 6m~7m 정도의 깊이였다고 한다.

마리아나 제도 괌도 이 제도에 속한다. 이 제도에 있는 유적은 매우 독특하다. 피라미드형의 꼭대기 부분을 잘라낸 것 같은 형태를 하고 있고 그 위에 놓인 반구형 갓돌까지 포함하면 높이가 7m에 달한다. 기저부에서 3㎡ 정도의 두께이다. 개중에는 갓돌이 무언가에 의해 지면에 떨어져 있는 것도 있다.

지면에 떨어졌어도 상처가 없는 것이 있고, 완전히 부서져 버린 것도 있다. 지면에 떨어진 갓돌은 심한 지진에 의해 떨어진 것 같다. 피라미드 두부(頭部)를 잘라낸 것 같은 모양 위에 반구형의 돌이 놓여 있고, 기저부는 둘레 6.7m, 높이 3.5m, 위로 갈수록 약간 가늘어진다. 갓돌은 높이 1.7m, 폭 2m 정도가 된다. 거칠고 단단한 침전암을 잘라낸 것으로 전체 무게가 약 30t 정도 될 것이다. 약 2~3m 간격에 두 줄로 평행하게 늘어서 있는데, 그 길이가 18m 정도이다.

하와이섬 힐로에서 약 16km 떨어진 쿠쿠이(kukui) 언덕에 대유적이 있다. 이것들은 다른 곳에서 이곳으로 운반된 것으로 보이는데, 이것 이외에 언덕 위에는 돌이 없다. 정상은 평평한 사각형, 건물은 방위점에 따라 세워졌다. 바닥에는 돌이 깔려 있다. 두 개의 네모난 돌이 5m 정도 떨어진 곳에 정확하게 동서의 위치에 세워져 있다. 언덕 정상의 평평한 곳에는 돌이 깔려 있다. 그 돌은 정사각형으로 작은 것의 한 면이 1m 정도이다. 모든 돌의 면이 잘 연마돼 있으며 꼼꼼하게 깔려 있다. 그러나 10m 정도가 연마되지 않은 채 남아 있다. 서쪽에는 아래부터 정상까지 약 100m의 계단이 있다.

마르케사스 제도 이 제도 중에도 주목할 만한 섬이 몇 개 있는데, 이스터섬에 필적할 만한 유적이 잠들어 있을 것이라고 여겨진다. 그 대부분은 아직 발견되지 않은 상태이다.

이상은 남태평양 섬들에 산재한 유적의 숫자이다. 여기서 열거한 것은 전체의 절반도 되지 않지만, 이런 유적의 존재를 통해 '지구의 역사, 어느 특정 시기, 태평양에 광대한 대륙이 존재했으며 현재 각 제도가 산재해 있는 주변이다. 그 때문에 이러한 유사 이래의 유적, 흩어진 문명의 흔적이 발견되는 것이다.' 라는 것을 이해할 수 있다. 또한 이밖에도 덧붙이자면….

뉴질랜드 원주민인 마오리족은 태곳적부터 전해 내려오고 있다고 여겨지는 전설과 구전이 풍부하다. 뿐만 아니라 고대의 종교적 상징도 발견되고 있다. 그중에서 특히 주목할 만한 것은 '쿠토' 다시 말해 '토템 폴' 로 촌락 입구 등지에 세워져 있다. '쿠토' 란 이집트에서 부르는 이름으로 이런 종류의 기둥은 마야, 잉카, 아틀란티스, 이집트, 칼데아 등의 고대 민족이 이용하고 있다.

오스트레일리아 여기에는 전설과 구전이 거의 없지만, 나의 지리적 추론이 맞는다면 이것은 그다지 이상할 것이 없다. 북방 종족의 부메랑에 매우 소박한 기하학적 도형이 새겨져 있는 것을 볼 수 있다. 또 북부 오스트레일리아의 숲에 사는 종족은 매우 미개하지만, 동굴에서 벽화가 발견되는 것은 분명히 선주민족의 문명을 말해주고 있다. 그 벽화에는 '라(태양)', 숫자 3(무 제국을 상징하는 숫자), 도끼가 그려져 있다. 그런데 영국인이 처음 오스트

레일리아에 이주했을 때 원주민은 도끼에 대해 전혀 몰랐다고 한다.

이렇듯 남태평양 제도에 남아 있는 신전, 석상과 돌기둥 등의 유적에 새겨진 비문 그리고 채석장에 남겨진 작업의 흔적, 특히 폴리네시아라 불리는 해역의 섬들은 과거와 현재를 이어주는 데 있어서 매우 귀중한 증거를 발견할 수 있다. 이러한 거석 유적이 작은 섬들에 존재한다고 하는 것은 민족학자들에게 있어서는 영원히 풀 수 없는 수수께끼다. 그러나 모든 것은 이 말로 해결할 수 있다.

'시간의 흐름 그늘 뒤에 감춰진 암흑 부분이 있다. 지금, 우리가 문명이라 부르고 있는 것, 그것은 그 어둠 속에서 탄생한 것이다.'

전설과 신화의 섬들

항상 여름인 하와이에 이런 전설이 있는 것을 아는가?

"큰 새는 하늘 높은 곳에서 내려와 바닷속에 알을 낳았다. 그 알이 깨져 하와이섬이 되었다."

과연 남쪽 바다의 섬다운 느긋하고 재미있는 전설이다. 하와이 주민은 과거 큰 새를 창조주의 상징으로 숭배했다. 그리고 이 새에 관한 전설은 앞에서도 언급한 것처럼 아메리카 인디언, 멕시코, 위구르 제국, 이집트 등에서도 많이 찾아볼 수 있다.

이 예를 통해서도 알 수 있듯이 남태평양, 특히 폴리네시아는 세계 전설의 발상지인 것처럼 느껴진다. 특히 천지창조의 전설에 대해서는 전 세계의 전설은 모두 폴리네시아의 전설에서 재료를 얻은 듯하다. 실제로 폴리네시아 섬들이 가라앉지 않고 살아남은 무 대륙의 단편이라고 한다면, 이것은 그리 불가사의한 일도 아니지만….

앞에서 말한 하와이의 전설은 엘리스의 '폴리네시아 탐구'에 다음과 같이 적고 있다.

"샌드위치 제도(하와이)에는 이런 전설이 있다. '세계는 처음 물밖에 없었다. 하늘에서 큰 새가 내려와 물속에 알을 낳았다. 알이 부화해 하와이가 탄생했다.'"

이것은 우주 개벽 전설의 원형이라고 해도 좋을 것이다. 지구의 표면이 물로 덮여 있고 그 물속에 낳은 우주의 알에서 생명이 탄생했다는 생각은 그 형태는 다르더라도 거의 모든 천지창조설의 토대가 되었다.

오브라이언의 '남쪽 바다의 신비로운 섬들' 중에도 이런 내용이 적혀 있다.

"폴리네시아의 많은 섬에 과거 대홍수가 발생했고, 겨우 살아남았다는 전설이 있다." "폴리네시아 원주민들은 천지창조와 인류탄생에 대해서 매우 완고한 한 가지 사고를 하고 있다."

그렇다면 몇몇 전설을 살펴보기로 하자.

"처음 지구는 전부 물로 차 있었다."(사모아)

"타아로아(Ta'aroa)는 붉은 땅의 아라카에서 남자를 만들고 그의 콧구멍에 숨을 불어 넣었다. 타아로아는 남자의 뼈로 여자를 만들어 이비라 이름 붙였다."(하와이)

이 전설을 듣고 성서 속의 아담과 이브 이야기를 떠올리지 않는 사람은 없을 것이다.

"최초 인간의 아들은 그 형제를 죽였다."(통가)

뉴질랜드의 마오리족 전설에도 이것과 똑같은 것이 있다. 카인이 아벨을 죽였다는 성경의 이야기는 여기서 나온 것이 아닐까?

"선조들은 거대한 탑을 세우고 달 속에 사람이 살고 있는지 들여다보려 했다."(피지 제도)

그 탑의 유적으로 여겨지는 것이 현존하고 있다. 이것도 성경 속의 바벨탑을 연상케 하는 이야기다.

"타아로아는 타히티섬의 아버지이다. 그의 아내 하나는 지구이고 두 사람 사이에서 낳은 자식 오로는 세계의 지배자였다. 오로의 형제 타네는 하리네의 신이다."

타아로아는섬에 따라서 각각 다른 이름으로 불리고 있다. 이것도 고대인의 천지개벽설과 공통되는데, 그것은 삼위일체(삼위는 모두 신의 발로이고, 원래 일체의 것이라는 설)라는 것을 매우 존중하고 있다.

이것은 여담이지만 폴리네시아섬들에서 확인할 수 있는 고대 대륙의 흔적은 유적이나 전설만이 아니다. 고대인이 현대인은 가늠할 수 없을 정도의 초능력을 가지고 있었다는 것은 분명한 사실이고, 그것은 지금도 아주 드물게 확인할 수 있다. 고대인은 화상을 입지 않고 불 위를 걸을 수 있다는 고대 기록 등을 볼 수 있는데, 하와이에는 시뻘겋게 탄 바위 위를 맨발로 아무렇지 않게 걷는 사람이 있다고 한다. 실제로 나는 이와 비슷한 현상을 피지 제도에서 목격한 적이 있다.

수년 전의 일이다. 사모아섬에서 맹인이 피부를 통해 볼 수 있다는 보도가 있었다. 물론 과학자들은 이것을 비웃었고 일반인들도 신문의 터무니없는 기사거나 여행자의 농담 정도로 받아들인 것 같다. 그런데 며칠 뒤 뉴욕 월드 지 파리판에 다음과 같은 기사가 실렸다.

"…이 놀라운 현상이 틀림없는 사실이라는 것이 실험에 참가한 과학자에 의해 확인됐다. 다시 말해 인간의 피부 아래에 안점(眼點), 중추신경과 이어진 현미경과 같은 역할을 하는 기관이 있어 태고의 인간은 이것을 활용했던 것 같지만 현재는 무용지물이 되었다. 그러나 훈련을 한다면 이것이 유효하다는 것이 입증된 것이다. 실험자인 줄루 로만 씨는 많은 사람을 훈련하게 했지만, 첫 번째 실험은 성과를 거두지 못하였다. 두 번째 훈련에서는 3시간의 정신 집중 뒤에 눈을 가리고 트럼프 카드를 맞출 수 있는 사람이 나타났다. 실험을 거듭할수록 성과가 올라 현재는 뺨이나 손가락으로 '보는' 것이 가능한 사람이 있는가 하면, 코로 '보는' 것이 가능한 사람도 있다. 또 눈을 가린 채 4m 떨어진 곳에서 모자의 색과 모양 등을 식별할 수 있는 사람도 나타났다. 이러한 현상은 극도의 정신 집중에 몰입하여 가능한 것으로 결코 최면술과 같은 방법에 의한 것이 아니라는 사실이 엄중한 심리 테스트 결과 밝혀졌다."

사모아의 맹인은 이 정신 집중 기술을 터득한 걸까? 아니, 그렇지 않다. 인간이 지상에 나타난 최초의 순간, 적어도 처음 1000년 정도는 '신'에 가까운 상태였다. 훗날의 인류보다 훨씬 쉽게 사물을 영혼으로 느낄 수 있었다. 신통력이 지금에야 신비한 힘이지만, 그 옛날에는 누구나 가졌던 평범한 능력이었다. 특히 이마 한가운데에 있는 제3의 눈, 송과체(松果體)는 고도로 발달하였다. 이것을 통해 영적 능력을, 미래에 대한 예지 능력과 다른 동물을 뜻대로 움직이게 하는 힘을 발휘할 수 있었다. 이 힘은 세월이 흐름에 따라 점점 퇴화하였다. 그러나 완전히 사라진 것은 아니다. 잠재능력으로서 남아 있는 것이다. 따라서 특수한 훈련과 정신집중을 통해 이 힘을 발휘할 수 있다. 그러나 사모아의 맹인의 경우, 이것을 훈련이나 정신집중을 통해 얻었다고 하기보다는 고대인이 갖고 있던 초능력이 외부 세계의 방해를 받는 일이 거의 없는 섬이었기 때문에 그리고 맹인이었기 때문에 수만, 수천 년의 세월을 초월해 존속할 수 있었다는 것이 맞는 것이 아닐까?

그러나 그보다도 문명인에 의해 발견될 때까지 외부 세계로부터 동떨어져 살았던 폴리네시아 원주민들이 태곳적부터 자신들 사이에서만 전해오던 전설과 구전이 문명사회에서 활용했던 기독교 성경의 내용과 완전히 일치한다고 해도 좋을 만큼 비슷하다는 사실이야말로 훨씬 놀라운 일이 아닐까?

제5장 V

인류
최초의 종교

성스러운 종교 시험

드넓은 신전 안에는 장엄한 분위기가 흐르고 있다. 그 신전 구석에 있는 대기실에 신앙 시험을 받는 수험생이 기대와 불안한 표정으로 대기하고 있다. 이 시험에 합격하면 정식 신자로서 신전 안에 자리가 정해지고 장엄한 의식에도 참여할 수 있다. 여기서 당신을 그 수험생 중의 한 명이라고 가정해보자.

잠시 뒤 한 제사장이 당신을 첫 번째 시험장으로 안내할 것이다. 그곳에는 피의 강과 진흙의 강이 흐르고 있다. 무사히 두 개의 강을 건너고 나면 백, 적, 녹, 흑 네 개의 길을 지나 12명의 제사장이 기다리는 앞으로 간다. 검은 두건을 쓴 제사장들은 묵묵히 당신을 응시하고 있다. 그중에는 제사장 옷을 입힌 목각상도 섞여 있다. 당신은 이 제사장들에게 자신의 이름을 대고 인사를 해야 하는데, 이때 실수로 목각상에 인사를 하게 되면 그걸로 실격된다.

이윽고 당신은 자리에 앉으라는 지시를 받게 된다. 이때 자리에 바로 앉으면 안 된다. 돌로 된 의자는 닿기만 하면 펄쩍 뛸 정도로 뜨겁게 달궈져 있기 때문이다. 정중하게 사양하며 선 채로 대기하면 두 번째 방으로 갈 수 있다.

두 번째 방은 '어둠의 방'이라 불린다. 이곳에서 파수꾼이 당신에게 횃불과 담배를 건네줄 것이다. 당신은 아무도 없는 캄캄한 방안에서 한 손에 횃불을 든 채 밤이 새도록 서 있어야 한다. 손이 저려 횃불을 떨어뜨리거나 따분함에 담배를 피우면 실격과 함께 죽을 만큼 끔찍한 징벌을 받게 된다. 방을 나오라는 명령을 받았을 때, 횃불이 계속 타고 있고 담배가 그대로 남아 있다면 세 번째 방으로 갈 수 있다.

다음은 '창(槍)의 방'이다. 여기에는 신성한 꽃을 꽂아둔 네 개의 꽃병이 있다. 많은 꽃 중에서 이 네 개의 꽃병을 찾아 일일이 손으로 가리켜야 한다. 그 사이 당신은 날아오는 창을 최선을 다해 피해야 한다. 자칫 잘못하다가는 창에 찔려 크게 다치거나 죽을 수도 있다.

네 번째 방은 '얼음의 방'이다. 여기서는 혹독한 추위에 견뎌야 하는데 자칫 방심하면 동사를 면치 못한다.

다음은 '호랑이의 방'이다. 좁은 동굴 속을 지날 때 빈틈을 보이면 순식간에 굶주린 호랑이의 이빨에 당하고 만다. 무사히 이 동굴을 통과하면 '불의 방'이 기다리고 있다. '불의 방'은 그 자체가 뜨거운 용광로로 당신은 그곳에서 꼬박 하루를 있어야 한다. 이곳에서 정신을 잃지 않고 견디면 드디어 일곱 번째 방, 마지막 방이다.

마지막 방은 '박쥐의 방'이라 불린다. 천정에서 위험한 무기가 떨어진다. 항상 머리 위를 조심하지 않으면 목숨을 잃게 된다.

일곱 개의 방을 무사히 통과하면 당신은 드디어 정식 신자로 인정을 받게 되고, 이것은 고대 사회에서는 당당히 성인이 되었다는 증거이기도 하다.

이상은 과테말라 원주민 키체 마야족에 의해 행해졌던 일곱 단계에 걸친 신앙 시험의 모습으로 프롱겐 박사가 해독한 『성스러운 민족의 서』에 기록된 것이다. 그리고 박사 자신이 과테말라 산속의 히바르바라는 곳에서 원주민에 의해 이 의식이 실제로 행해지는 것을 목격했다고 한다.

이집트 카이로에 있는 피라미드에 새겨진 비문에도 이러한 고대 종교의식을 말해주고 있는 것이 있다. 그에 따르면 이 시험용 신전 입구는 북쪽을 향하고 있고 정삼각형의 돌이 사각 돌 위에 놓여 있는데, 이것은 회전하게 되어 있다. 하늘과 땅을 상징하는 것이다.

수험자는 이곳을 지나 내세를 향하게 되어 있다. 수험자는 12개의 문을 지나고 12개의 방을 지나야 한다. 첫 번째는 무의 세계로 이곳은 호르스(Khors: 태양의 신)신이 지키고 있다. 수험자는 맹인과 마찬가지 상태로 자신의 편인 정령의 도움을 받아 손으로 더듬어가며 지나간다. 다음은 '불의 방'으로 이집트 고전 『사자(死者)의 서』 제15장에도 '불의 방에서 그의 이름을 떠올린다.'라는 문장을 볼 수 있다. 다음은 '하늘의 대 지평선'으로 온갖 구두시험을 받게 되는데, 여기에 제대로 대답하면 비로소 빛이 열리고 안내자도 따르게 된다. 다음은 '그림자의 방'으로 수험자는 하나의 방을 지날

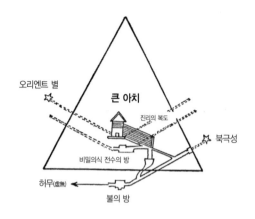

이집트 피라미드의 단층도

때마다 하나의 단어를 주는데, 다음 방에서 질문을 받았을 때 이 단어로 대답하지 않으면 그곳으로 들어갈 수 없다. 그다음은 '심문의 방', '죽음의 방' 등이 줄줄이 기다리고 있다. 정사(正邪)를 나타내는 흑과 백돌이 깔린 '진실의 복도'를 지나면 드디어 '신생의 방'으로 들어가게 된다. 여기에는 빈 석관이 놓여 있는데, 작은 구멍을 통해 오리엔트별이라 불리는 밝은 별 소티스(큰개자리)의 빛이 관을 비추고 있다. 다시 말해 수험자는 지금 죽음으로부터 부활한 것이다. 이렇게 몇 개의 방을 무사히 통과하게 되면 수험자는 최후의 '오리엔트의 방'에서 '라의 왕좌'에 오르는 영예와 함께 마스터 자격을 얻게 된다.

이집트의 신앙 시험도 키체 마야족의 의식과 비슷한 점이 있지만, 키체 마야의 방식은 매우 위험하다. 아무리 신앙 때문이라고는 하지만 이런 시험을 받게 한다면 목숨이 몇 개라도 부족할 것이다. 그러나 실제로는 시험 전에 충분한 설명이 이루어지고 이 방들의 명칭 또한 상징적인 의미에서 붙여진 것 같다.

이 키체 마야와 이집트의 종교 시험에서 특히 공통적인 것은 '불의 방'이 있다는 것이다. 무 본국이 붕괴한 뒤, 세계 각지의 식민지에서는 여러 가지 형태로 그것을 기념하는 것이 남아 있으며 후대에 전하기 위해 노력하고 있다. 키체 마야인이나 이집트인이나 불길에 휩싸인 채 가라앉은 무 대륙의 최후를 이 종교적 행위 속에 담아 산자의 기억 속에 영원히 그 비극을 각인시키고자 하는 것은 아닐까?

기괴한 뱀의 전설

인간은 대체 언제부터 종교를 갖게 된 걸까? 위대한 언어학자이자 종교학자인 막스 뮐러는 이렇게 말했다.

"종교란 모든 이성과 감각을 초월한 '무한의 것', 신을 알고자 하는 인간 마음의 노력이다. 이것이 없다면 어떤 유치한 우상숭배라 할지라도 있을 수 없다. 우리는 모든 종교 속에서 무한한 것을 추구하고자 하는 인간의 번민, 신 사랑을 동경하는 인간의 비명을 들을 수 있다."

"온갖 신화는 우주의 신비를 풀고자 하는 인간 본래의 노력에서 비롯되는 것이다. 하늘, 태양, 별, 바람, 구름, 여름과 겨울, 낮과 밤, 모든 자연 현상은 원시 민족의 공상을 자극하는 수수께끼이다."

자신들을 만들어 낸 '무한의 것', 신을 알고자 하는 노력─그것은 인간이 이 지상에 나타났을 때 이미 가지고 있었을 것이다. 그리고 그 능력은 분명 현재의 인간들보다 훨씬 예민했을 것이다. 인간의 최초 종교는 단순히 소박하고 순수한 것이었다. 아이가 부모를 그리워하는 마음으로 천지를 만든 창조주, 하느님을 숭배하였다. 막스 뮐러의 말을 조금만 더 인용해 보자.

"아리아인의 원시종교, 셈족의 원시종교, 투란족의 원시종교가 있었다. 이 원시 민족들은 분산돼 언어, 민족 감정까지 별개의 것이 되었다. 인도에서는 데미우르고스(물질적 세계를 지배하는 존재), 그리스에서는 제우스, 라틴어로는 요비스(Jovis), 독일에서는 티우(Tiu: 하늘과 전쟁의 신)였는데 이들은 모두 최고의 신, 하느님을 가리키는 하나의 이름이었다."

중국 고대 종교에 대하여 오언(Robert Owen: 1771-1858, 영국의 사회 사상가)은 이렇게 말하고 있다.

"중국에서 가장 오래된 고전은 아브라함(이스라엘인의 조상) 시대까지 거슬러 올라가며 놀라울 정도로 신에 대한 이해가 깊다. 그것은 기독교 성경과 견주기에 부족함이 없다. 그 고전 속에서 신은 전능하고 전지한 존재, 언제 어디에서나 존재하며, 세계의 도덕을 지배하는 존재이자 인간의 공평한 심판자라 여기고 있다."

이렇듯 단순하고 대략적이던 인간의 종교가 훗날 어째서 복잡하고 어려운, 게다가 공포심조차 동반하게 된 걸까? 그것은 각국의 권력자와 제사장, 사제가 결탁하여 종교를 민중을 지배하는 도구, 특권계급을 지키기 위한 수단으로 삼았기 때문이다. 이 때문에 종교는 알기 쉬운 것이어서는 안 되고, 또한 민중의 마음에 신에 대한 공포심을 심어놓는 것은 지배자의 입장에서 편리했다.

예를 들어 이집트의 역사가 마네토는 이렇게 말했다.

"동물숭배는 제12왕조의 2대째 왕 때까지 이집트에 없었다. 적어도 제18왕조까지는 무덤에 동물신이 그려지는 일은 없었다. 투트모세 3세 치하 시대에 들어 유행하면서 람세스 왕의 시대에 매우 퍼져갔다."

이집트 개척 초기, 사이스의 식민지에서 토트(Thoth)에 의해 포교된 순수하고 알기 쉽고 아름다운 오시리스(이집트 신화에서 사자의 신으로 숭배된 남신)의 가르침은 이렇게 해서 본래의 모습을 잃고 말았다.

종교의 추락은 이미 기원전 2000년 전후부터 시작되었다. 이때부터 살아 있는 사람을 신에게 산 제물로 바치는 잔인한 의식이 세계 곳곳으로 퍼져갔다. 모세만이 거기에 반대하며 사람들을 인도하려 애썼다. 모세와 그의 숭배자들은 하느님을 기리기 위해 선택된 사람들로 '하느님의 뜻을 이룰 수 있는 사람들'이라 불렸다.

막스 뮐러가 말했던 것처럼 세계의 온갖 신화, 전설은 우주의 신비를 풀고자 하는 인간 본래의 노력에서 비롯되는 것이고 그것이 '무한한 것', 하느님을 알고자 하는 종교와 떼려야 뗄 수 없는 것은 당연하다. 세계 각지의 신화, 전설이 모두 하나의 근원에서 출발한다는 것은 앞에서도 말한 바와 같다. 그러나 나는 전 세계를 돌며 신화, 전설 등을 수집하는 동안 한 가지 깨달은 것이 있다. 그것은 뱀에 관한 전설과 신화가 셀 수 없을 만큼 많다는 것이었다.

예를 들어 에오세비오스(Eusebios Caesarea: 260~340, 팔레스티나(팔레스타인) 출신의 그리스 신학자)는 고대 이집트인이 창조신 크네프의 상징에 뱀을 이용했다고 한다. 고대 마야족은 만물의 창조주를 뱀의 똬리 속에 지키고 있는 형상으로 상징했다. 힌두교의 고전 『마나바 다르마샤스트라』는 뱀을 창조신으로 여기고 있다. 마찬가지로 '에이탈레야 브라아나'에는 '뱀의 여왕 사르파 라니, 살아 있는 모든 생명의 어머니'라는 부분을 볼 수 있다. 남미 키체 마야족의 고전 『포포르 부』에는 '창조자이자 지배자, 날개를 가진 뱀'이라 적혀 있다.

문득 떠올리기만 해도 이 정도가 생각난다. 왜 이렇게 뱀의 전설이 많은 것일까? 나는 이에 대한 확실한 근거가 있는 설을 들은 적도 읽은 적도 없다. 다만 약간의 날개와 머리가 많은 뱀이 창조신과 창조의 상징으로서만 이용하고 있다. 단순한 뱀은 물의 상징, 똬리를 튼 뱀은 우주의 상징 중의 하나 등의 추론을 적고 있는 것에 불과하다.

장식이 있는 뱀, 이것은 미얀마, 인도, 이집트 등에서 창조신의 상징으로 이용되었다. 장식이 없는 뱀은 고대인에 의해 물의 상징으로 이용되었다는 것은 사실이다. 그 몸의 움직임이 대양의 파도를 연상케 했기 때문일 것이다. 이 상징은 '어머니의 나라'에서 미얀마, 인도, 바빌로니아, 그리고 유카탄반도, 중미, 그리스, 소아시아, 이집트로 전해졌다.

물은 자연 생명의 어머니이다. 그곳에서 뱀이 천지창조와 이어지는 것은 당연한 이치이다. 단지 고대인은 하느님과 자연계의 창조력을 혼돈하지 않도록 위대한 창조주를 상징으로 할 때는 장식에 그 표식을 하였다.

옛 고서와 건축물의 장식에는 흔히 물의 상징인 뱀이 태양신과 싸우고 있는 그림을 볼 수 있다. 예를 들어 이집트에서는 태양신 호루스가 뱀 신 아포피스를 창으로 찌르는 그림이 있다. 그리스에서는 태양의 상징 아폴로가 물의 상징인 뱀 피톤(python)을 제압하는 그림이, 인도에서는 태양 비스누(Visnu)가 물의 상징 아나타(anatha)를 퇴치하는 그림이 있다. 현재 로마 성당에서 볼 수 있는 성모 마리아가 발밑에 한 마리의 뱀을 누르고 있는 그림도 이러한 맥락에서 나온 것일지도 모른다. 그러나 이것들은 후대의 사람이 고대인의 생각을 착각하여 받아들인 것으로, 태양이 물과 싸울 이유가 없다. 고대인은 태양의 힘이 물을 관통하여 그곳에서 생명의 싹을 틔우게 하는 상태를 생각한 것이지, 그곳에 묘사된 창이나 화살은 '전쟁'이 아니라 '활동'의 상징이다.

뙈리를 튼 뱀은 그 입의 모양이 우주를 나타내는 상징이다. 이 상징은 매우 오래된 것으로 나칼의 비문 속에서도 볼 수 있고, 이집트에서는 하느님의 상징으로서 머리 장식으로 이용되기도 하였다.

'어머니의 나라'에 대한 염원

구약성서 '창세기'의 아담과 이브 이야기를 떠올려 보기 바란다. 이브는 뱀의 모습을 한 악마의 꼬임에 속아 아담을 유혹하여 금단의 열매를 먹고 낙원에서 추방당했다. 이 전설에 따르면 현재에 이르기까지 여성은 항상 남성 타락의 원인인 것처럼 여겨져 왔다. 여성의 입장에서는 매우 억울한 이야기로 모세가 시나이 사원에서 옮겨 적은 내용을 에스라가 정확하게 이해하고 이스라엘로 돌아갔다면 이런 일은 없었을 것이다.

여기서 볼 수 있는 것은 무 대륙의 『성스러운 영감의 서』 속에 있는 장식문자에서 생명의 나무를 휘감고 있는 뱀을 나타내고 있다. 아담과 이브의 전설, 왜 이렇게 큰 오류가 발생했는가는

무 대륙의 장식문자. 생명의 나무를 휘감고 있는 뱀을 나타내고 있다.

이 작은 그림 문자 속에 감춰져 있다.

p147 그림 고대인은 영혼이야말로 진정한 생명이라 여기고, 육체는 허상이라 여겼다. 사람은 죽더라도 영혼은 어머니의 대지로 돌아가 또 다른 모습으로 부활한다고 여겼다. 무 대륙은 최초의 인간이 탄생한 땅이기 때문에 진정한 생명이 처음 탄생한 곳이기도 하다. 인간은 무라고 하는 생명의 나무에 열린 열매였다. 열매는 열렸던 땅에 떨어지지만, 그 씨앗은 시간이 흐르면 다시 싹이 튼다.

이 생명의 나무를 휘감고 있는 뱀, 이 장식이 없는 뱀은 칸이라 불리며 물을 상징하는 것이다. 다시 말해 무 대륙은 다른 육지와 이어져 있는 것이 아니라 사방이 물로 둘러싸여 있다는 것을 나타내고 있다. 이것이 이 그림 문자의 해독이다.

성서에는 아담과 이브가 다시 에덴의 동산으로 돌아오지 못하도록 회전하는 검의 불로 그 주변을 지켰다고 적혀 있다. 에스라는 여기서도 잘못을 저지르고 있다. 이것은 에스라가 이집트의 그림 문자를 오독한 것으로 그림 문자를 정확히 해독하면 이렇게 된다.

"무는 불구덩이 속으로 가라앉았다. 땅속에서 화염이 솟아오르며 가라앉는 무 대륙을 감쌌다."

무 대륙의 함몰로 인해 인류는 그 '어머니의 나라', 에덴의 동산으로 돌아갈 수 없게 되었다. 에덴동산은 이미 바닷속에 가라앉았다.

구약성서는 이집트 신전의 고기록에서 모세가 필사한 것이다. 고대에는 그림 문자와 상징이 비문을 적을 때 자주 사용되었다. 그림 문자나 상징이나 항상 이중의 의미를 내포하고 있어 상징만을 해석하면 의미를 거의 알 수 없다. 그것을 해독하고 번역할 때는 잘못을 범하기에 십상이다. 게다가 앞에서 말했듯이 이집트의 제사장들은 원래는 알기 쉬웠던 교리를 복잡하고 어려운 방향으로 유도하였다. 그리고 우상숭배, 목석숭배, 동물숭배에 박차를 가했다. 이런 것에 현혹된다면 뱀이 나무를 휘감고 있는 이 단순한 그림 문자 하나조차 정확하게 해독하기 어렵게 된다.

구약성서에 따르면 인간이라는 이 특수한 창조물은 에덴동산에서 탄생했다고 되어 있다. 에덴동산이란 대체 어디였을까? 지리적으로 그 위치를 찾는 것은 불가능하다. 그리고 생명의 나무 열매, 뱀, 인류의 탄생과 같은 단순한 이야기를 금단의 열매, 악마의 유혹, 아담과 이브와 같은 잘못된 형태로 조합하게 된다. 모세는 지도자였다. 종교와 학식에 있어서 매우 높은 수준이었을 것이다. 이렇게 부정확한 오류를 범했을 것이라고는 생각할 수 없다. 모세가 쓴 것은 틀리지 않았다. 그것을 다른 언어로 번역했을 때 탈선을 한 것이다.

모세가 쓴 것은 이집트의 그림 문자이거나 종교 문자였다. 한 히브리어 학자에게 들은 이야기에 따르면 일부는 점토판에, 나머지는 파피루스에 기록된 것이라고 한다. 모세에 매료된 이스라엘인의 이집트 탈출 '출애굽기'로 알려진 이 사건 뒤 800년이 지나 에스라가 한 명의 조력자와 함께 이스라엘의 역사와 깊은 연관이 있는 이 점토판과 파피루스 문서를 모아 한 권의 책 형태로 만든 것이 『성서』이다. 에스라와 그 조력자는 지도자 자격을 가진 사람만이 이해할 수 있었던 그림 문자를 정확하게 히브리어로 번역할 수 있었을 리가 없다. 그것은 이집트, 칼데아, 인도, 마야 등에서 볼 수 있는 원전과 비교해보면 확실히 알 수 있다. 에스라는 모세가 쓴 것을 절반도 정확하게 번역하지 못했다. 그중에서도 가장 큰 오역은 에덴동산에 대한 이야기다.

모세가 필사한 것은 미얀마, 인도를 거쳐서 나칼이 이집트로 가져온 성전이다. 그것은 무 대륙의 『성스러운 영감의 서』의 사본이었다. 점토판에

가장 오래된 우주도.

약 35,000년 전에 무 대륙에서 만들어진 것이다. 중앙의 원은 하느님을 상징하는 '라' 태양이다. 두 개의 삼각형 조합을 통해 만들어진 12개 부분은 하늘로 통하는 12개의 관문을 의미한다. 이 문을 통과하기 위해서는 12가지 미덕을 갖춰야 한다. 외부의 원은 이집트에서 말하는 '어메니티'는 세계를 의미하고, 그 주변 12개의 장식은 12가지 유혹이다. 영혼이 내세의 문을 통과하기 위해서는 12가지 현세의 유혹을 극복하였다는 것을 증명해야 한다. 아래로 처져 있는 리본은 영혼이 하늘에 도달하기 위해 가야만 하는 길로, 이 길이 8개로 나뉘어 있다는 것을 나타낸다. 이 도형 하나로 교리를 알 수 있는 최고(最古)의 성전이라고 할 수 있다. 무 대륙에서는 지금의 아이들이 성경 공부를 하듯이 이 우주도의 의미를 배웠다. 그리고 세계 각지에 퍼져 있는 식민지의 포교에도 이용되었다. 남북 아메리카 대륙, 인도, 바빌로니아, 이집트 등에서 그 흔적을 엿볼 수 있는데, 후대의 제사장과 사제들에 의해 이 교리는 완전히 왜곡되었다. 예를 들어, 악마나 지옥 같은 관념은 처음에는 없었다.

새겨진 이 비문에는 천지창조에 대해서는 적혀 있다. 그러나 대홍수의 이야기나 산이 만들어진 이야기는 없다. 최후의 지각변동과 산의 융기는 『성스러운 영감의 서』가 만들어진 뒤에 일어난 일로, 이것은 분명히 훗날 첨부된 것이다. 그리고 무 대륙이 침몰하기 전에는 희생이나 산 제물이라는 말도 없었다. 이것은 무 제국이 붕괴했을 때의 모습을 후대까지 전하기 위해 시작된 것으로 제단 위에서 불타오르는 불은 화염에 휩싸여 사라진 '어머니의 나라'를 기념하기 위한 것이다.

1 천제−왕의 왕. 여기서는 통치자로서의 무 제국을 뜻한다.
2 무 제국의 종교 문자 U. 구멍, 심연을 의미한다.
3 종교 문자 U에 '휘감는다'는 의미의 상징으로 결합했다.
4 물을 나타내는 상징. 대양의 파도 치는 모습을 뜻한다.
5 땅속의 불과 땅속 통로의 상징을 결합한 것.
6 '쿠이랜드'. 무 대륙의 별명.
7 두 개의 단어 조합. '쿠이랜드는 죽으리라.'
8 두 문자의 조합. '쿠이랜드는 죽어 가라앉았다.'
9 기둥과 지진의 상징.
10 지구의 통치자 쿠이랜드는 불구덩이 속에 빨려들려 하고 있다.

〈해독〉 지구의 대 통치자인 쿠이랜드는 이제 없다. 지진으로 대지는 파도처럼 흔들렸다. 대지를 지탱하던 기둥은 결국 부서지고 불구덩이 속으로 떨어졌다. 땅속의 불길이 솟아 모든 것을 삼켰다. 물은 그 위를 뒤덮으면서 쿠이랜드는 가라앉았다.

무 제국을 기리는 위패? 경질의 사암으로 만들어졌고, 높이는 약 10센티. 황, 청, 짙은 홍색으로 아름답게 채색돼 있고 유리처럼 광택이 난다. 이런 색의 배합은 고대 마야 유적에서 자주 볼 수 있다. 집안 어딘가에 두고 매일 절하는 위패와 같은 것으로 여겨지는데, 이상한 것은 나가인(나가 마야인)의 그림 문자와 무 대륙에서도 고귀한 제사장과 왕족만이 사용할 수 있는 종교 문자가 결합하여 비문을 이루고 있다는 점이다.

나가인은 무 대륙의 남방계 이주민으로 미얀마에서 인도 방면을 향해 진출한 집단이다. 무 본국의 종교 문자와 나가의 상징, 게다가 색채는 고대 마야, 다시 말해 무 대륙에서 남미방면으로 향한 이주민의 특징을 나타내고 있다. 그리고 적혀 있는 내용은 무 대륙 침몰의 최후 모습이다. 이것의 원래 주인은 대체 어떤 사람이었을까? 비밀이 많은 유물이다.

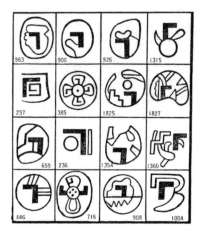

열쇠 모양은 '건설자'를 의미하는 고대인의 상징으로 그 발생은 추정할 수 없을 정도로 오래되었다. 한 멕시코 석판에서 볼 수 있는 여러 가지 열쇠 모양들.

이집트 신들의 의자도 열쇠 모양이었다. 위 그림은 진리와 정의의 여신 마아트, 아래는 죽은자의 영혼을 심문하는 저승의 왕 오시리스(대영박물관 소장. 파피루스 '아나나'에서).

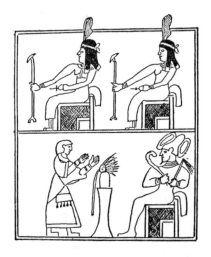

창조주에 관한 표상

여기서 다시 막스 뮐러의 말을 인용하기로 하겠다.

"원시인의 사고방식과 감정에 대해 생각해 볼 때면 반드시 종교문제에 부딪히게 된다. 그들은 분명히 종교를 가지고 있었다. 그것은 신뢰와 숭배의, 도덕과 도취의, 경외와 희망의 종교이자 모든 표상을 통하여 위대한 신을 숭배하였다."

신의 존재는 인류가 이 지상에 나타났을 때와 거의 동시에 자연스럽게 머릿속에 떠오른 것임이 틀림없다. 그러나 신은 무한한 것, 영원한 것, 전능한 것이라 생각만으로는 종잡을 수가 없다. 그래서 하늘의 신, 하느님이 가진 위대한 힘을 형태로 나타내려 했다. 그것이 상징이다. 처음에 상징은 매우 단순한 선과 점의 조합으로 이루어졌으며 그 종류도 많지 않았다. 그러나 시간이 흐름에 따라 그 숫자도 늘고 형태도 복잡해졌다. 예를 들어 이집트 문명이 왕성할 때는 매우 복잡한 상징이 셀 수 없을 만큼 많이 이용되었지만, 제사장이나 그것을 전부 이해할 수 있는 사람은 아마 절반도 되지 않았을 것이다.

예수는 그의 가르침 속에서 자주 우화를 예로 들었는데, 이 또한 말에 의한 상징이라 생각할 수 있다. 그러한 기독교에서도 예수를 상징적으로 표현하는 것으로 십자가를 이용하고 있다.

고대인은 상징의 형태가 없고 그 속에 잠재된 의미를 중시했다. 상징은 표면적인 의미와 감춰진 의미가 있기 때문에 현대인이 이해하기는 매우 어렵다. 중미 유카탄반도의 '비밀 의식의 신전'이라 불리는 유적 벽에는 이런 상징(表象)이 고대 마야인의 선조가 '어머니의 나라'에서 왔다는 것을 말해주고 있다. 그리고 그 표상과 상통하는 표상을 이용한 고대의 비분은 세계 곳곳의 유적에서 발견되고 있다. 다시 말해 '인류 어머니의 나라' 무, 종교적으로 말하면 '쿠이의 나라'와 전 세계의 인류와의 관계를 말해주고 있는 것이다.

인류 최초의 종교는 매우 단순한 것으로 무한한 것, 창조신 또는 하느님을 믿는 일신교(一神敎)였다. 그리고 하느님이 가진 모든 힘, 모든 은혜를 상징을 통해 나타내려 했다. 그러나 그 결과 다신교(多神敎)와 같은 인상을 줄 것을 꺼려 종교적 의식 시에는 반드시 써야 하는 하나의 상징을 정했다. 그것은 '라폰'이라 불리며 '모든 것은 하나로부터'라는 의미였다. '만물은 하느님한테서 온다', 이 사고는 수천수만 년이라는 세월을 지나 현재의 우리에게까지 생생하게 전해온 것이다.

그럼 우리 인류의 조상은 어떤 종교적 상징, 바꿔 말하자면 가장 오래된 종교적 상징은 과연 어떤 것일까?

1a 원은 가장 오래된 세 가지 상징, 표상 중의 하나이자 또한 가장 신성
한 것으로 여겼다. '라', 다시 말해 태양을 형상화한 것으로 하느님
의 모든 것을 집약한 상징이 이것이다. 태양을 택한 것은 생물에 대
한 태양의 거대한 영향력과 그 모습이 '전능한 것'을 대표하기에 걸

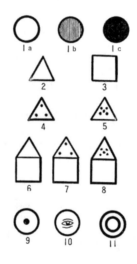

고대 종교의 상징(Ⅰ)

맞았기 때문일 것이다.

1b 하느님을 나타내는 이집트의 표상. 갓에 자주 이용되었다.

1c 붉은 지구는 기둥머리와 죽은 자의 기념상에서 자주 이용되었다. 이
스터섬의 석상에도 이것을 볼 수 있는데, 동시에 그것은 죽은 자의

머리색을 나타내고 있다고도 여겨지고 있다. 이집트 왕 세티 2세의 고문관이었던 아나나가 기원전 1320년경 파피루스에 남긴 문서에는 다음과 같은 기록이 있다. "우리의 종교는 우리의 생명이 영원하다는 것을 가르쳐 주고 있다. 끝이 없는 것은 또한 시작도 없다. 그것은 하나의 원이다." "풍뎅이는 신이 아니며 창조신의 상징이다. 왜냐하면, 풍뎅이는 다리로 진흙 구슬을 굴려 그 안에 알을 낳기 때문이다. 그것은 창조신이 둥근 지구를 회전시켜 생명을 만들고자 하는 것과 닮아있다."

2 정삼각형 또한 가장 오래된 종교적 표상 중의 하나이다. 삼위일체(세 가지는 모두 하느님을 나타내는 것으로 원래는 하나였다는 생각)와 천상을 상징하는 것이다. 이것은 무 대륙의 지리적 조건, 다시 말해 세 개의 육지로 되어 있는 것에서 유래되었다. 전설에 의하면 이 세 개의 육지는 한 번에 출현한 것이 아니라 하나씩 순서대로 나타났다고 한다. 그리고 하나의 무 대륙으로 만들어졌다. 이것을 형상을 빌어 삼위일체라는 것을 설명했을 것이다. 삼각형이 '세 가지 신성'을 나타낸다는 점에서 그 신의 집은 하늘이며 따라서 이 형상은 천상을 대표하는 것이었다.

3 사각형도 가장 오래된 표상 중의 하나이다. 삼각형이 하늘을 뜻하지만 이것은 땅을 뜻한다. 사각은 네 개의 방위, 동서남북을 나타낸다. 지면에 네 곳이 있다는 관념은 이때부터 있었다. 원, 삼각형, 사각형이 세 종류의 표상은 매우 오래전부터 이용되던 것으로 거의 50,000

년 전까지 거슬러 올라갈 수 있다. 그리고 세계 각지의 고대인이 이용했던 것으로 다시 이것들을 결합하여 더욱 복잡한 표상이 만들어진 것이다.

4 천상에 삼위일체의 신이 있다는 것을 나타낸다.

5 다섯 개의 점은 창조신과 4대 원동력, 다섯 개의 신성을 나타내는 것으로 신의 뜻에 의해 혼돈된 우주에 법칙과 질서가 생기고 모든 것이 만들어졌다는 것을 말하고 있다.

6 2와 3이 결합한 형태로 '땅 위에 하늘이 있다.' 는 것을 의미한다.

7 3과 4가 결합한 것으로, 이것은 유카탄의 우슈말 유적에 있는 '비밀 의식의 신전' 의 북쪽 방, 교리를 전수하는 방으로 볼 수 있다.

8 3과 5가 결합한 것. 마찬가지로 '비밀 의식의 신전' 남쪽 방에서 볼 수 있다. 신자는 앞방에서 신의 삼위일체에 대한 설교를 듣고 이 방에서 '다섯 개의 완전한 신성' 에 대해 배워야 비로소 신성한 내실을 참배할 수 있다.

9 정중앙에 점이 있는 원은 나가, 다시 말해 남방계의 무 이주민에 의해 창조신의 상징으로 이용되었다.

10 원 안의 눈이 있는 형태는 모든 고대 민족들이 이용하였다.

11 이중 원은 위구르, 다시 말해 북방계의 무 이주민이 이용하던 표상.

태평양의 밤하늘은 50,000년 전이나 지금이나 변함이 없다. 지금 우리가 남쪽 바다의 하늘을 우러러보는 남십자성, 무 대륙 백성은 밤하늘을 우러러

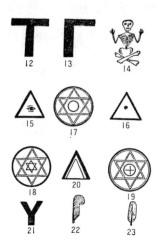

고대 종교의 상징(II)

볼 때마다 이 별자리를 찾았다. 그것이 정해진 위치에 오면 우기가 가까워졌다는 증표이다. 비는 흙 속의 씨앗을 싹트게 하고, 나뭇가지와 잎에 활력을 주고, 꽃을 피우고 열매를 맺게 한다. 그것은 풍요로운 수확을 약속하는 것이다. 탄생과 부활을 의미하는 '타우'의 형태는 이 남십자성에서 착안한 것이다.

가뭄이 끔찍한 재해인 것은 지금이나 옛날이나 변함이 없다. 특히 농작물에 크게 의존했던 고대의 가뭄은 사람들에게 공포 그 자체였다. 유카탄반도의 마야족은 가뭄이 계속되어 농작물이 시들기 시작하면 아름다운 소년·소녀를 제물로 바치며 기우제를 지냈다. 그만큼 비는 갈망의 대상이었다. 무 대륙 주민이 우기를 알리는 남십자성의 모습을 딴 문자로 탄생, 부활의 상징으로 삼은 심정을 잘 알 수 있다.

12 '타우', 이것도 매우 오래된 표상으로 탄생과 부활을 뜻한다. 『성스러운 영감의 서』에서도 자주 볼 수 있는데, 현재도 그리스어 알파벳의 19번째 문자로 '토오' 또는 '타우' 라 발음하고 있다.

13 열쇠 모양은 '건축자' 를 의미하는 고대인의 문자이다. 우주의 대 원동력은 자주 '건축자' 라는 형태로 설명되었다. 니벤의 멕시코 석판에서도 많이 볼 수 있다. 이집트에서는 최초 '건축자' 의 또 다른 이름을 가진 프타 신의 상징에 이용되었다가 훗날 오시리스의 상징이 되었다. 어메니티의 '진리의 대신전' 안에 오시리스가 열쇠 모양의 자리에 앉아 죽은 자를 심문하고 있는 그림을 볼 수 있다.

14 이 해골의 표상은 '가' 라 불리며 유카탄반도 우슈말의 '비밀 의식의 신전' 에도 이와 비슷한 장식을 볼 수 있다. 죽음―육체의 덧없음을 나타내는 것으로 고대인은 이 상징으로 육체의 죽음은 결코 두렵거나 슬픈 것이 아니라 여겼다. 인간은 죽어도 그 영혼은 시신에서 빠져나와 부활의 때를 기다린다는 관념을 마음속에 각인시키려 했다.

15, 16 이 두 가지 상징은 하늘에서 '모든 것을 보고 있는 눈' 을 의미한다. 이집트인은 이것을 오시리스의 '모든 것을 보는 눈' 으로 바꾸었다.

17 원 안에 두 개의 삼각형을 조합한 것으로 '어머니의 나라' 의 우주도의 중심에 놓여 있는 것을 볼 수 있다.

18 원 안에 삼각형 조합이 두 개 있는 이 도형은 힌두교의 우주도 '스리산타라' 에서서도 볼 수 있고, 또한 아메리카 대륙 남서부 모든 주의 푸에블로 인디언들 사이에서도 이용되고 있다.

종교 문자를 형상화한 고대 민족의 제단

19 중앙에 '성스러운 4'의 상징인 십자가가 있다. 이것은 바빌로니아의
　　우주도에서도 볼 수 있다.

20 두 개의 삼각형 바닥이 하나로 이어져 있는 것. 이것은 공물을 뜻하
　　는 것으로 고대 신전의 제단에서 많이 볼 수 있다.

21 중국인이 그 부계의 조상인 위구르인으로부터 계승한 것을 공자 시
　　대(기원전 551~479년)에 자신들 방식으로 바꾸었다. 이것도 그 하나로
　　정삼각형에 해당한다. 이 Y형을 그들은 '위대한 결합'이라 부른다.
　　하나는 3이고, 3은 하나이다. 삼위일체의 사고가 포함돼 있다.

22 고대 이집트에서 왕관, 또는 고귀한 제사장의 머리 장식으로 이용되
　　었다. 무 대륙에서는 세 개의 황금색 날개 장식이 왕의 증표였다.

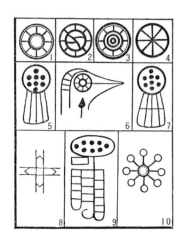

천상으로 가는 8가지
길을 나타내는 상징

23 타조 깃을 형상화한 것으로 이 또한 이집트에서 이용되었지만, 22보다는 새로운 것이다.

프리메이슨(Freemasonry) 제도라는 세계적인 비밀 결사가 있다는 것을 알고 있을 것으로 생각한다. 그 의식, 특히 입회 때에는 매우 엄격하고 특이한 의식이 거행되는 것으로 유명하다. 이 결사는 대체 언제부터 만들어진 것인지는 지금도 확실하지 않다. '메이슨' (석공)이라는 단어가 말해주듯이 중세 유럽 석공들의 조합에서 발전되었다는 설이 일반적이지만, 훨씬 더 거슬러 올라가 기원전 5000년경의 이집트에서 시작되었다는 설도 있다. 여기서 소개한 종교적 표상 속에도 열쇠 모양, 해골 등은 프리메이슨이 즐겨 쓰던 기호이다. 이것을 통해 이 결사의 역사는 상상 이상으로 오래되었을 것이라 여겨진다. 인간의 최초 종교는 자신들을 만든 창조주를 '하늘의 아버지'로서 인종, 민족의 차별 없이 똑같이 숭배하고 경외하는 데 있다. 현재 프리메이슨의 목적은 전 세계의 모든 인류가 피를 나눈 형제와 마찬가지라는 데 있다. 이 결사야말로 인류 최초의 종교 흔적을 지금에 전하는 것이라 할 수 있을지도 모른다.

천국과 네 가지 대원동력

천국, 영원히 그 어떤 부족함이 없이 살 수 있는 낙원, 그것이 어디에 있는지는 아무도 모른다. 그러나 현세의 생활이 힘들면 힘들수록, 고통스러우면 고통스러울수록 천국에 대한 갈망은 강해진다. 특히 내세를 강하게 믿었던 고대인들에게 있어서 천국으로 통하는 길을 찾는 것은 진지한 문제였다. 세상의 모든 종교, 세상의 모든 민족이 이 천국으로의 길을 온갖 형태로 표현하고 있다.

천국으로 가는 길은 5가지가 있다고 한다. 힌두교에서는 그것을 생활 태도, 사고방식과 연결하여 다음과 같이 가르치고 있다. 첫 번째 길은 올바른 신앙, 두 번째 길은 올바른 언어, 세 번째 길은 올바른 생활, 네 번째 길은 올바른 생각, 다섯 번째 길은 올바른 행위, 여섯 번째 길은 올바른 노력, 일곱 번째 길은 올바른 명상, 여덟 번째 길은 신에 대한 올바른 숭배로 이 8가지 길을 지킴으로써 천국에 도달할 수 있다고 한다.

고대 신전 입구에 세워진 돌기둥.
'신성한 4'를 상징하고 있다.

천국으로 가기 위해서는 문, 혹은 문기둥을 지나야만 한다. 기둥, 이것도 고대의 종교에서는 중요한 상징이었다. 니벤에 의해 발굴된 멕시코의 고도시에서도 몇몇 예를 확인할 수 있다. 여기서 예를 든 것은 사원 입구의 아치 모양 문기둥이다. 좌우에 네 개씩의 선을 볼 수 있는 것처럼 이것은 신성한 4를 상징하고 있다. 이것은 아치 위 중앙에 종교 문자가 새겨져 있는 것을 보더라도 확실하다. 이것은 무 대륙의 알파벳 중에서 '신성한 4'의 의미가 있는 문자이다.

고대의 기둥은 네 개의 사각형을 쌓아 올린 형태의 것이 많다. 사각형은 '강인함'을 나타내는 상징이다. 그리고 그 기둥 위에 다시 온갖 의미가 있는 상징을 올렸다. 그러나 기둥이 상징으로써 사용하게 된 것은 어디까지나 '4대 원동력'을 신의 명령으로 우주가 확실하게 구축한 그 강인함을 나타내기 위함이었다.

이집트에서는 기둥, 특히 하나의 기둥을 '타토'라 불렀다. 이것은 쉽게 말해 북미 인디언의 토템 폴과 같은 것이다. '강인함'과 동시에 '안정'을 나타내는 상징으로 여러 가지 디자인이 있다. 그림 3에서 6까지는 이집트의 고전 『죽음의 서』 안에 묘사된 기둥의 종류이다. '타토'가 두 개 세워지면 '타토우'로 통하는 입구가 된다. '타토우'는 죽은 영혼이 영원한 영과 섞이는 곳, 서방의 행복의 나라 '아멘티'로 가는 문이었다.

이스라엘의 왕 솔로몬의 신전 입구에도 두 개의 기둥이 세워져 있는데, 그 우측 기둥은 히브리어로 '건설', 좌측 기둥에는 '강인함'이라는 의미의 언어로 불렸다. 멕시코, 이집트 그리고 이스라엘이 나라가 다르고 언어가 다르나 기둥에 대한 생각은 모두 하나다.

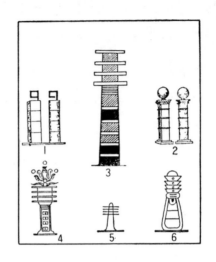

고대 신전의 기둥. 하느님을 숭배하는 인류 최초의 종교.

뉴질랜드 원주민 마오리족은 마을 입구에 기둥을 세우는 풍습이 있는데, 이와 비슷한 기둥이 아메리카 북서부 모든 주의 인디언에게서도 볼 수 있다.

무 대륙과 마찬가지로 대서양의 바닷속으로 사라진 아틀란티스 대륙, 여기서도 기둥은 매우 중요한 종교적 상징이었다. 예를 들어 플라톤이 아틀란티스에 관해 쓴 내용에 이런 문장이 있다.

"사람들은 5년, 혹은 6년마다 번갈아 가며 모인다. 재판을 시작하면서 기둥으로 수소를 끌고 와 제물로 바쳤다. 그리고 이 기둥에 새겨진 신성한 비문을 본다. 이 기둥에는 법률뿐만이 아니라 그에 복종하지 않는 자에게 천벌을 내리라는 저주의 말이 새겨져 있다."

인도네시아 있는 자바섬은 말레이 제도 중에서도 큰 섬인데, 이곳에는 카란족이라는 원주민이 있다. 이 종족에게는 기이한 풍습이 있는데, 1년에 네 번 남녀노소가 줄을 지어 밀림으로 들어간다. 밀림 속의 자신들만이 아는 비밀 장소로 가서 노인들은 조상의 영혼에 기도를 올리고, 젊은이들은 조상 대대로 전해오는 의식을 배우려 한다. 그 장소는 나지막한 언덕으로 그곳에는 비석, 혹은 기념비와 같은 돌기둥 몇 개가 세워져 있다. 이 돌기둥은 사각형 돌판 위에 하나씩 세워져 있다. 카란족은 이곳에서 기도한다. 이때 올리는 기도문은 상당히 오래된 듯하며 그 의미는 카란족 자신들조차 모

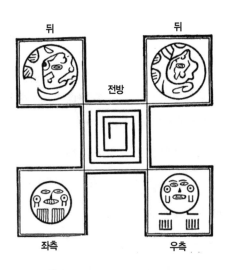

멕시코에서 발굴된 돌에 새겨진 상징.

를 정도이다.

고대 기둥에 사각형을 쌓아 올린 것이 많다는 것은 앞에서도 말했다. 이 사각형, 혹은 정육면체는 고대인들 사이에서는 특별한 의미가 있는 듯하다.

예를 들어 『사자의 서』 제64장에도 다음과 같은 기록이 있다.

"이 비문은 멘카우라 왕 시대에 하루티티프 왕자에 의해 발견된 것이다. 왕자가 사원을 순회할 때, 이 찬가를 보고 자신도 모르게 넋을 잃고 말았다. 그것은 사각형 돌에 새겨져 있었으며 곧바로 왕의 마차로 옮겼다. 순식간에 일어난 일이었다."

또, 기원전 3733년에 기록된 것으로 추측되는 파피루스의 문서에도 이런 내용이 적혀 있다.

"이장의 비문은 케메누 마을에서 발견된 것이다. 멘카우라 왕이 전쟁에서 이겼을 때, 왕자 헤르타타프가 신전 아래에 있던 사각형 철에 새겨진 이 문장을 발견했다. 왕자는 그 의미를 알고 크게 기뻐하며 귀중품으로 왕에게 바쳤다."

니벤도 멕시코에서 정육각형 돌을 몇 개 발굴하였는데, No. 151도 그중에 하나이다. 한 변의 길이는 약 27cm로 각 면에는 이러한 상징(앞 장의 그림)이 새겨져 있다. 여기서 흥미로운 것은 윗면에 종교 문자 H를 의미하는 상징이 있다는 것이다. 이것은 '성스러운 4'를 강조하고 있다는 것으로 받아들일 수도 있지만, H에는 숫자 4, 또는 네 개의 의미도 있다. 앞에서 말했듯이 고대인은 사각 돌을 쌓아 올려 기둥을 만드는 예가 많았는데, 이 경우에는 한 개가 네 개를 겸하도록 이 상징을 붙인 것이 아닐까?

고대의 신전은 '성스러운 4', 다시 말해 '4대 원동력'에 봉양하도록 하기 위해 세우는 것이 일반적이었다. '성스러운 4', 그 상징으로 가장 단순한 것은 70,000년 전에 적힌 것이라고 전해지는 나칼의 비문 속에서 엿볼 수 있다. 그것은 단지 두 줄을 결합한 십자가의 원형과도 같은 것이다.

여기서 다시 한번 고대인의 4대 원동력에 대한 생각을 살펴보기로 하자.

"처음에 우주는 혼돈스럽고 어둠에 간혀 있어 아무 소리도 나지 않았다. 이윽고 창조신은 세계를 창조하기로 마음을 먹고 저 '4대 원동력'에 명령하여 우주에 질서와 법칙을 세우려 했다. 질서와 법칙이 세워졌을 때 신의 의지와 명령대로 천지창조는 이루어졌다."

이 '4대 원동력'을 고대인들은 각각 자신들의 말로 불렀다. 예를 들어 '성스러운 4', '네 개의 위대한 것', '네 개의 강력한 것', '4대 왕', '4대 군주', '네 명의 건설자', '네 명의 건축가', '네 명의 기하학자', '우주의 4대 기둥' 등 헤아릴 수 없을 정도로 많지만 그 사고방식은 모두 하나에서 비롯된 것이다.

예를 들어 고대인의 전설과 신화에는 '네 명의 마신', '네 명의 마귀'라는 이야기가 자주 등장한다.

4대 원동력이 신의 명령으로 천지창조를 완성하였을 때, 완성된 우주의 관리는 4대 원동력에 맡겨졌다. 고대인이 말하는 '하늘의 4대 기둥'이란 4대 원동력이 우주와 그 위의 생물을 확실하게 지키고 유지하는 모습이다. 고대인은 지면을 사각형으로 상징했다. 그 사각의 네 방향, 그것이 바로 동서남북이다. 대지의 네 방향에 뿌리를 내린 네 개의 기둥에 의해 하늘을 떠받치고 있다. 일본의 오랜 전통 무술 '스모'는 말 그대로 네 가지 색이 칠해져 있는 4대 기둥 아래서 행해진다. 그리고 이 4대 기둥의 각각을 지키고 있는 것이 네 명의 악귀인 것이다.

고대 마야족의 네 귀신은 남쪽이 칸 바카브(노란 귀신), 동쪽이 척 바카브(붉은 귀신), 북쪽은 사쿠 바카브(흰 귀신), 서쪽은 에쿠 바카브(검은 귀신)이었다. 이집트에서는 '아멘티'의 네 귀신이 있다. 동쪽이 암세트, 서쪽이 하프, 북쪽이 테소토무프, 남쪽이 프세누프였다. 고대 칼데아인은 사람의 얼굴을 한 황소 '키드 아라프', 사람의 머리를 한 사자 '라마스', 인간과 닮은 '우스타', 독수리 머리를 한 '나치츠구'를 사방으로 배치했다.

인도에서는 동쪽 하늘의 왕 인도라, 서쪽에 물의 신 바르나, 북쪽에 부의 신 루베라, 남쪽에 죽음의 심판자 야마를 두었다. 중국에서는 사방의 산에 귀신이 산다고 여겨 동쪽 산에 타이 츠온, 서쪽 산에 사인 호우, 북쪽 산에 첸 시, 남쪽 산에 호우 코완 네 귀신이 사방을 다스린다고 여겼다. 구약성서의 '에제키엘' 제1장 10절에는 "그들 네 명은 각각 한 명은 사람의 얼굴, 한 명은 사자, 한 명은 소, 한 명은 독수리 머리를 하고 있다."고 되어 있다. 이것은 고대 칼데아인의 전설과 똑같다. 이 유대인 예언자는 칼데아인의 포로가 되었을 때 이 글을 적었다. 따라서 인도의 나칼이나 코카서스 계의 이주민에 의해 칼데아인의 사회로 들여온 무 대륙의 전설이 성서 속에 인용되게 된 것이다.

卐 스와스티카의 의미

'4대 원동력'이 민족과 인종에 따라 각각 다른 이름이 붙여진 것처럼 그

것을 나타내는 상징도 처음에는 단순한 십자가에서 여러 형태로 변하였다.

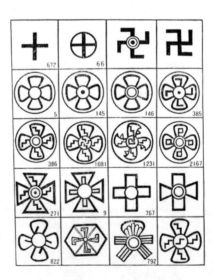

각종 십자가 모양

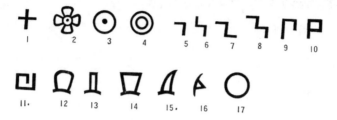

'4대 원동력'을 나타내는 상징의 대표적인 예

멕시코 석판에는 다채로운 변화가 실로 100종류 이상을 볼 수 있는데, 그것들은 단순히 떠오른 것을 묘사한 것이 아니라 점과 선 하나하나 모두가 중요한 의미를 내포하고 있다. 여기서 그 대표적인 예를 들어보기로 하겠다.

1 가장 기본적인 모양.

2 가장 오래된 형태의 둥근 십자가.

3 남방계 나가인에 의해 사용된 하느님의 상징으로서의 태양.

4 북방계 위구르족에 의해 사용된 하느님의 상징으로서의 태양.

5 건설자.

6 건축가.

7 기하학자.

8 건축가의 장.

9 '쌓아 올린…' '세워진…'

10 강인함.

11 종교 문자 H, '성스러운 4'의 상징.

12 '완성된…'.

13 기둥.

14 하늘.

15 원동력.

16 '활동적인…'

17 전 우주를 상징하는 원 '우르'

이것들을 해독하는 열쇠로 다양한 멕시코 상징의 의미를 파헤치는 것도 즐거운 일이다.

'스와스티카', 흔히 말하는 '卍 모양'은 일반적으로 행복의 증표로 여기고 있다. 전 세계를 통해 고대인들이 즐겨 쓰던 상징이다. 스는 선, 와스티는 존재, 카는 행운의 의미라고 한다. 인도에서는 이 卍가 불교의 진리를 나타내는 상징으로 이용되었는데, 원래는 '4대 원동력'의 작용을 나타내는 상

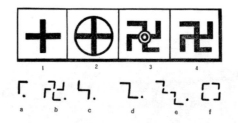

스와스티카(상)과 그 분해도(하)

징이었다. 그러나 이 상징도 이 형태에서 그치지 않고 많은 변화를 거듭해 왔다.

1 '4대 원동력'을 상징하는 기본형.

2 원은 하느님을 의미한다. 그 원에 '4대 원동력'이 감싸고 있다.

3 여기서 처음 십자가 모양의 끝부분이 꺾였다. 한가운데에 하느님의 상징이 있다.

4 하느님의 상징은 금기 사항으로 배제되고 이 형태만이 남아 현재까지 전해지고 있다.

스와스티카는 이런 변화를 거쳐 왔는데, 제사장과 사제들은 이 상징의 각각에서 일반인보다 더 깊은 의미를 부여했다.

a 건설자. (전 항의 그림 참조)

b 네 명의 건설자.

c 기하학자.

d 건축가.

e 왕좌로 가는 세 단계.

f 정육각형 모양을 만드는 네 명의 건설자.

날개가 달린 원은 고대 문명의 장식 등에서 자주 쓰였는데, 이 또한 '4대 원동력'을 나타내는 상징이었다. 인간의 모습으로 등에 날개가 달렸고 트럼펫을 들고 있는 기독교의 천사, 이 또한 여기서부터 발전한 것이 아닐까?

연대가 불분명한 힌두교 성전 속에서 둥근 날개 형태를 찾아볼 수 있다. 스와스티카의 원형 양쪽에 날개가 달리게 된 것으로 아마도 이것이 가장 오래된 형태일 것이라고 추측된다.

니벤의 멕시코 석판에는 단 한 장의 둥근 날개가 있는데, 이것은 어디서도 그 예를 찾아볼 수 없는 변형된 것이다. 둥근 날개는 새의 날개를 이용하는 것이 보통이지만, 이것은 타조의 날개를 본뜬 것이다.

둥근 날개는 아시리아, 바빌로니아, 이집트 등의 고대 문명이 전성기를 자랑하던 시기인 기원전 3000년에서 1000년 사이에 가장 많이 사용되었다. 모세가 이스라엘 백성을 데리고 이집트를 탈출했을 무렵의 이집트 여왕 하셉수트 무덤의 가장 깊숙한 곳의 벽에 그려진 둥근 날개는 날개가 아래로 향하게 곡선을 그리고 있다는 것이 특징이다. 이것은 마치 새끼 새를 품고 있는 어미 새처럼 왕실이 백성을 보호하고 있는 듯한 모습을 나타냈을 것이다.

제6장 VI

아틀란티스
대륙과 지중해

나폴레옹의 이집트 원정

1798년 7월 2일, 프랑스 황제 나폴레옹 1세가 이끄는 328척의 함대는 이집트 해안에 모습을 드러낸다.

이 함대에 실려 있는 것은 2000문의 대포뿐만이 아니었다. 천문학, 기하학, 광물학, 화학, 고고학, 교량학, 토목건축, 동양학, 정치경제, 화가, 시인 등 각 분야의 권위자가 타고 있었고, 사령선 '오리엔트' 호에는 훌륭한 도서관까지 갖추고 있었다. 마치 물 위에 떠 있는 종합대학과도 같았다.

그러나 전투는 언제나 고통의 연속이었다. 이집트에 상륙하자마자 형언할 수 없는 사막의 강행군 끝에 겨우 나일강의 흐름을 접하게 된 프랑스 병사들은 탁한 물속에 땀과 모래범벅이 된 몸을 던졌다. 그리고 나일강 수면의 안개가 엷어졌을 때, 마치 꿈결 같은 풍경이 펼쳐졌다.

400여 개의 바늘처럼 가는 첨탑, 사원 돔의 반짝이는 금은 장식 그리고 모카탐 산의 회색 절벽과 마주한 노란 사막 한가운데 세워진 거대한 건축물이 프랑스인들을 차갑게 거부하듯 솟아 있었다. 기자의 피라미드였다.

병사들은 놀란 눈을 한 채 멈춰 섰다. 귀에는 멀리서 울리는 천둥소리 같은 울림이 들렸다. 이집트의 지배자 무라드와 23명의 태수가 이끄는 3만여 명의 병사가 장검을 번뜩이며 밀려온 것이다. 태수들이 탄 백마에는 반짝이는 금은 장식이 되어 있었고, 녹색 터번의 한가운데에는 거대한 다이아몬드가 빛을 발산하고 있었다.

전투는 격렬했다. 프랑스군의 소총은 이집트 병사를 추풍낙엽처럼 쓰러뜨렸다. 7월 25일, 나폴레옹은 카이로에 입성했다. 그러나 아부키르 해전에서 결국 숙적 넬슨에 의해 함대가 패전했을 때, 나폴레옹은 이집트에 대한 미련만 남긴 채 프랑스로 돌아가야만 했다.

나폴레옹의 원정 함대에 탔던 수많은 지식인은 보물의 산을 쌓듯이 이집트의 문화재를 강탈했다. 그러나 이 고대 문화를 파고들수록 마치 신발을 신은 채 발바닥을 긁는 듯한 기분이 들었다. 왜냐하면 대부분의 유적과 고문서에서 볼 수 있는 히에로글리프(고대 이집트의 그림 문자)의 의미를 단 하나도 정확하게 번역할 수 없었기 때문이다. 비밀을 감추고 있는 이 상징물은 인간, 동물, 상상의 동물, 식물, 과일, 무기, 파도, 화염 등의 형태를 빌어 거대한 피라미드 무덤, 신전의 벽, 관, 비석, 조각상, 신상(神像), 지팡이, 나무, 돌 등과 무수히 많은 파피루스 문서를 뒤덮고 있었기 때문이다. 이 그림 문자가 파라오의 나라 이집트의 모든 역사, 성립을 말해주고 있으리라는 것은 추측할 수 있었지만 그 의미는 전혀 파악할 수 없었다. 그 때문에 프랑스 지식인들은 그것을 단순히 소개하는 것에 그치거나, 혹은 무리한 추측으로 잘못된 해석을 발표할 수밖에 없었다.

그러나 프랑스 제일의 학식이 풍부한 경험자들이 히에로글리프를 앞에 두고 당혹스러워하고 있을 때, 프랑스 공병대의 한 병사가 요새의 흔적에서 세 종류의 문자가 새겨진 검은 현무암을 발견했다. 사막의 모래 마찰로 표면 일부가 사라졌지만 세 종류의 문자는 히에로글리프(그림 문자), 이집트 데모틱(민용 문자), 그리고 또 한 가지 문자는 놀랍게도 그리스어였다. 그리고 훗날 시골 책방의 아들로 어학의 천재라 불리던 장 프랑수아 샹폴리옹에 의해 이 비문의 의미가 해독되어 히에로글리프 비문 해독의 열쇠가 되었다. 이 돌이야말로 이집트의 비밀의 문을 열어준 역사적으로 유명한 '로제타스톤'이다.

이집트 역사는 나일강 하구 부근 삼각주의 '북방 왕국', 상류의 카이로(메소피스)와 아일강 첫 번째 폭포 사이에 있다. '남방 왕국'이 메네스 왕에 의해 통일되고 제1 왕조가 세워진 기원전 2900년경부터 시작하는 것이 일반적이다. 그러나 진짜 이집트의 시작을 알기 위해서는 다시 수천 년, 아니 훨씬 더 거슬러 올라가야 한다.

이집트 문화의 흔적을 찾고자 할 때, 나일강 상류 계곡지대에 있는 상류 이집트와 하구와 가까운 삼각주 지대의 하류 이집트로 나뉜다는 것은 잘 알려진 사실이다. 이 상류 이집트에 식민지를 둔 동방으로부터 이주한 집단, 하류 이집트로 이주한 것은 서방에서 온 이주민 집단으로 모두 무 대륙이 그 시작이 되고 있다.

무 대륙 본국에서 아시아 대륙을 건너온 식민 집단은 미얀마, 인도, 바빌로니아 등을 경유하여 아덴만 연안과 홍해의 서해안의 각지에 도달했고 나일강 상류를 중심으로 아프리카 북동부에 자리를 잡게 되었다. 지금으로부터 13,000년 정도 전의 일이라고 여겨진다. 한편, 무 본국에서 아메리카 대륙으로 건너간 집단은 고대 마야 제국, 아틀란티스 제국을 지나 아프리카에 이르러 나일강 하구 근처의 삼각주 지대에 자리를 잡았다. 지금으로부터 약 16,000년 전의 일이다.

나일강 상류에 자리 잡은 이주민들은 식민지를 마이오, 삼각주에 정착한 사람은 사이스라 불렀다. 당시 발칸반도, 소아시아 지방, 코카서스 지방은 산악지대가 없고 나무가 무성하며 물이 풍부하고 온화한 기후였으나 이 나일강 지대는 그다지 자연의 혜택을 받지 못한 식민지가 아니었다. 특히 하류의 모래지대는 작열하는 태양에 모래가 탈 정도로 살기 힘든 땅이었던 것 같다.

여기서 이집트 신화의 신 토트가 등장한다. 토트는 티그리스, 유프라테스의 삼각주에 나타난 오안네스(반신반어)처럼 나일강 삼각주 지대에 나타나 사이스 백성에게 오시리스의 가르침을 전했다. 그렇다고 한다면 인더스 강의 삼각주 지대에 나타난 파라샤리아(Parasharya), 그리스에 북부에 테살리아에 나타난 '바다의 아들' 페라고스, 중미 마야족의 쿠쿠르칸, 톨텍족과 아스테카족의 교화자 케찰코아틀, 페루 인디오의 콘 티키 등과 마찬가지로 신의 가르침과 함께 책력, 건축, 농경, 용수로, 법전, 천문학, 의학 등의 학식을 전수한 문화의 사도이다.

이 모든 사도는 신화 속 가공인물이 아니라 실존하는 인물인 것과 마찬가지로 토트도 실존 인물이었다. 전설에 의하면 토트는 이집트인 선조의 나라, 서방의 행복한 나라에서 왔다고 한다.

토트는 중미에 있었던 고대 마야제국 제사장의 아들이었다. 그는 아틀란티스 대륙을 지나 포교를 하였지만, 크로노스 왕의 공주에게 마음을 빼앗기고 말았다. 이 사실이 사람들에게 알려지게 되자 제사장으로서 신중하지 못하다는 이유로 이 나라에서 쫓겨나고 만다. 그는 아프리카로 도망쳐 나일 강 하구의 이글거리는 모래 위에 안주할 땅을 찾았다. 이곳에서는 그의 행위에 대하여 지적하는 사람이 없었다. 오히려 이 문화인이 찾아온 것을 반갑게 맞아주었다. 그는 여기에 신전을 세우고 모국의 학문을 사람들에게 전수했다. 고대 마야제국의 『트로아노 고사본』에 의하면 마야의 여왕 무도 오빠의 분노를 피해 아틀란티스를 거쳐 사이스로 향했다. 어쩌면 이 주변은 당시 죄를 지은 자들의 유배지였을지도 모른다. 무 여왕은 이곳에서 토트를 만나 그에게 종교를 배운다. 『트로아노 고사본』에 의하면, 이 여왕의 생존 연대는 16,000년 전부터 100년간으로 되어 있다. 사이스 식민지의 초기 연대와 부합하는 것이다.

하인리히 슐리만은 그리스의 미케네 유적에서 '사자(獅子)의 문'에 새겨진 비문을 발견했다. 거기에는 이렇게 적혀 있었다.

"이집트인의 시조 미조르는 계몽가 토트의 아들이었다. 토트는 아틀란티스의 왕 크로노스의 딸을 사랑했고 그녀와 함께 아틀란티스를 지나 오랜 방랑 끝에 이집트에 정착했다. 사이스에 최초의 신전을 건설한 것이 바로 그였고 여기서 학문을 제사장들에게 전수했다."

토트가 사이스 백성에게 가르친 종교는 오시리스의 가르침이었다. 오시리스는 이집트인에 의해 저승의 신으로서 숭배되고 있는데, 그는 아틀란티스 출신의 제사장이라는 전설이 있다.

아틀란티스에 대해 적은 이집트의 파피루스에는 이런 문장이 있다.

"오시리스는 아틀란티스 제국에서 태어나 무 제국 본토의 나칼 대학에 유학하여 교사 자격을 얻고 귀국한 뒤 제사장으로서 후학의 교육에 힘썼다. 인망이 매우 높은 왕의 추앙을 받았지만, 동생 세토의 질투로 인해 살해되고 말았다. 토트는 그 가르침을 이집트에 퍼뜨렸다."

이 고문서에 의하면 오시리스가 태어난 것은 지금으로부터 약 18,000년 전~20,000년 전의 일이다.

피라미드의 동서남북

나일강 유역에 만들어진 두 개의 식민지는 차츰 발전하여 각각 왕국을 세우게 되고 북쪽 왕국(하 이집트), 남쪽 왕국(상 이집트)이 되었다. 이 남북 왕국은 몇 번의 전쟁을 반복하여 메네스 왕 시대에 남북이 통일돼 이집트 제국이 되었다. 기원전 2900년경의 일이다. 정치적으로는 통일 국가가 되었지만 여기서 한 가지 혼란이 발생하게 되었다.

앞에서도 말했듯이 고대 이집트인은 영혼의 불멸을 믿었다. 사람은 최후의 잠(죽음)이 들더라도 영혼은 죽지 않고 '어머니의 나라'로 돌아가 부활의 때를 기다린다는 생각을 하고 있었다. 그러나 이 '어머니의 나라'의 존재에 대해서는 두 가지 사고가 있었다. 상부 이집트 백성들은 '천상의 낙원'이 동방에 있다고 여겼고, 하부 이집트 백성들은 '부활의 나라'로 가기 위해서는 서쪽으로 여행을 떠나야 한다고 여겼다.

고대의 어느 시기까지는 이집트인은 동쪽을 성스러운 방향으로 여기는 사람과 서쪽을 성스러운 방향으로 여기는 사람의 두 파로 갈라진 것이 분명하다. 그러나 이것에 대해 명확한 해석을 한 이집트 학자는 지금까지 한 명도 없다. 도널드 M 매켄지는 이렇게 말했다.

"고대 이집트인의 동방숭배와 서방숭배의 이 상반된 두 가지 사상은 낙원이 서방에 있다는 오시리스의 가르침과 동방의 해가 뜨는 방향을 성스러운 방향이라 여기는 태양숭배의 두 종류의 신앙에서 비롯되었다고 여겨진다. 이 두 가지 생각의 차이는 사자(死者)를 기리는 경문 속에서도 드러나 있다. 오리시스는 신성시 여겼던 고대의 왕으로 서방숭배의 신들에 속한다."

다른 이집트 학자들과 마찬가지로 매켄지도 상징과 그것이 상징하는 것을 혼돈하고 있다. 고대인의 종교와 사상에 대해 생각할 때 이것을 오해하면 큰 착각에 빠질 위험이 있다. 고대인은 하느님의 모든 은혜가 응축된 것의 상징으로 태양을 이용했다. 상부 이집트 백성들은 매켄지가 말하는 태양숭배 사상이 아니다. '라', 다시 말해 태양은 신을 대표하는 것으로서 신전도 그것을 숭배하기는 했지만, 그것은 현재 십자가가 기독교의 신성함을 대표하는 것과 같은 것이다. 상징은 신앙의 대상에 정신을 집중시키고자 하는 하나의 수단이지 그 자체가 숭배의 대상은 아니다.

매켄지는 또한 오시리스가 고대의 왕이라고 말하고 있지만, 어떤 왕인지를 명확히 하고 있지 않다. 아마도 이집트의 왕이라고 생각했겠지만, 그렇다면 또 하나의 오류를 범한 것이 된다. 왜냐하면 모든 파피루스 문서에서 알 수 있듯이 토트가 하부 이집트의 사이스 식민지에 도착한 것은 16,000년 전으로 그때 오시리스의 가르침을 전했다고 되어 있다. 그 전에 오시리스가 이집트에서 왕위에 올랐다면 그 백성들은 대체 어떤 사람들이었을까?

고대 이집트 사람들에게는 왜 동방숭배와 서방숭배의 두 가지 사상이 있었던 걸까? 그 이유는 싱거울 정도로 간단한 이유에서 비롯된 것이다.

이집트에 온 식민 집단은 두 가지 방향이 있었다. 첫 번째는 동방에서 미얀마, 인도를 거친 것이다. 그들은 영혼이 돌아가야 하는 '어머니의 나라'가 동쪽에 있다고 여겼다. 한편 마야, 아틀란티스를 경유한 사람들은 '돌아가야 할 곳'이 서방에 있다고 여기는 것이 당연했다. 동과 서, 그들은 자신들이 온 방향에 '어머니의 나라'가 있다고 여겼지만, 그들의 마음속에 품고 있던 그 '어머니의 나라'란 단 하나, 태평양 위의 무 대륙에 불과하였다.

다시 말해 그들이 동쪽, 혹은 서쪽을 성스러운 방향이라 여긴 것은 단순히 자신들이 지나온 식민 코스라는 지리적 조건에 근거한 것이었다.

예를 들면 이것은 피라미드 건설과도 관계가 있다. 한 왕을 위한 이 거대한 돌무덤은 각 사면이 정확하게 동서남북 방위를 근거로 세워졌다. 이 오차는 손바닥 하나 이상이 아니라고 한다. 왜 이렇게까지 정확함을 요구했을까? 프롱겐 박사가 발견한 유카탄반도 우슈말의 '비밀 의식의 신전' 깊은 곳의 문이 정 서향을 향하고 있는 것과 같은 이유에 근거한 것이다. '어머니의 나라'가 있다고 믿는 동, 또는 서를 알아야 할 필요가 있었다. 그리고 믿는 방향에 관실(棺室)의 입구를 만들었다. 이것은 사자의 영혼이 '어머니의 나라'로 돌아가 부활하기 위한 중요한 수단이었다.

또한 사자가 저승으로 갔다가 부활해 오기 위한 안내서가 『사자의 서』였다.

파피루스의 『사자(死者)의 서』

사람이 죽으면 그 시신을 수산화나트륨 속에 70일 동안 담아 두었다가 다시 항문과 콧구멍으로 내장과 뇌를 집게로 꺼낸 뒤 수지를 채운다. 그런 다음 시신을 닦고 기름을 칠한 뒤, 향유를 적신 천으로 닦고 감는다. 미라의 제조법이다.

이집트 사람은 사후의 삶이 생전의 복사판이라고 여겼기 때문에 미라를 매장할 때 그 무덤에는 음식물, 의복, 가구, 집기를 함께 넣어 죽은 자의 하인으로 우샤브티라는 인형이 시중을 들게 하였고, 피라미드 내부에는 화장실까지 설치하는 용의주도함을 보여주었다.

이 죽은 자의 매장품 중에서 절대로 빠져서는 안 되는 것이 『사자의 서』였다. 이것은 쉽게 말해 죽은 자의 저승 안내서와 같은 것으로, 이것이 없으면 처음 가는 저승에서 방황하게 된다. 예를 들어 이 책의 125장에 따르면, 영혼은 저승의 왕 오시리스의 심판실로 인도되어 이곳에서 생전의 행실에

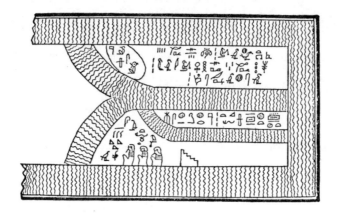

『사자의 서』속에 묘사된 무 대륙의 지도

대하여 42명의 신으로부터 질문을 받게 된다. 마지막으로 영혼은 정의의 날개와 저울로 달아 영혼이 가벼우면 유죄가 되어 짐승에게 먹히고 만다. 이 시험에 합격하면 천당에서 부활의 날까지 여유롭게 지낼 수 있다.

『사자의 서』는 이집트의 제21 왕조 무렵(기원전 1090년경), 파피루스에 적히게 된 것이라고 한다. 이 고전은 고대 이집트인의 종교관과 죽음에 대해 알기 위해 가장 중요한 문헌으로 수많은 이집트 학자가 이 서를 만든 고대 이집트인의 진짜 목적을 놓치고 있는 것 같다.

이 고전이 죽은 자의 안내서라는 것은 앞에서도 말했고, 또 한 가지 이 책이 무 대륙의 붕괴와 그때 생명을 잃은 무수한 희생자를 기리기 위해 점철된 기념의 책이라는 것을 깨달은 사람은 없는 듯 하다.

『사자의 서』는 대체 언제쯤 만들어진 것일까? 정확한 것은 알 수 없다.

그러나 그것이 최초로 만들어졌을 때는 불과 몇 장에 불과했다는 것은 틀림이 없다. 힌두교 성전 『마하바라다』에서 볼 수 있듯이 이런 종류의 고전은 시간이 흐름에 따라 제사장과 승려가 자신들의 상황에 맞춰 문구와 장을 더하면서 막대한 양으로 늘어나는 예가 많다. 그래서 최초에 적었을 때의 정신을 알아내는 것은 매우 어렵다.

현재 히에로글리프라 불리는 그림 문자의 해독은 수많은 이집트 학자에 의해 이루어지고 있다. 그러나 고대 상징문자는 항상 이중의 의미를 지녀 글자만 해독해서 연결하는 것만으로는 제대로 된 해독이 아니다. 인도와 티베트에서 나칼의 비문 해독에 고심한 경험은 필자가 『사자의 서』 원전의 해독을 하는 데 많은 도움이 되었다. 그것은 절대로 우연이 아니다. 아시아 방면에서 이주한 집단이 상부 이집트에 식민지 마이오를 세웠을 때, 인도에서 한 무리의 나칼이 식민지를 향해 『성스러운 영감의 서』를 보급하여 문화의 중심지가 되었으리라는 것은 쉽게 상상할 수 있는 일이다.

자세히 살펴보면 『사자의 서』 안의 각 장은 많든 적든 간에 무 제국과 연관이 있다는 것을 알 수 있다. 그러나 여기서 그것들을 일일이 인용할 수는

무 제국의 소멸을 말하는 『사자의 서』의 표제

없기 때문에 우선 그 타이틀을 살펴보기로 하자.

왼쪽 그림은 Per-m-hru라 읽는다. 이집트 학자에 따르면 Per=Coming forth, hru = day, m = from으로 해독하고 있다. 이를 통해 죽은 자와 함께 땅 속에 매장된 서, 해를 볼 수 없는 저승의 서라는 식으로 해석되고 있다. 필자도 여기에는 대체로 찬성을 하지만, 단 한 부분만은 해석이 다른 점이 있다. m을 전치사 from이라고 생각하는 것은 반대이다. m은 하나의 상징문자로 무를 의미하는 명사이다. 따라서 이 타이틀의 그림 문자는 '무 제국은 해를 볼 수 없게 되었다.' 라고 해독하는 것이 맞다.

아래 그림 문자는 무 대륙의 붕괴를 말해주는 것이다.

1 화염을 상징한다.

2 무 대륙의 종교 문자 M. 무 대륙을 나타낼 때, 가장 일반적으로 사용 하던 문자이자 도형이기도 하다.

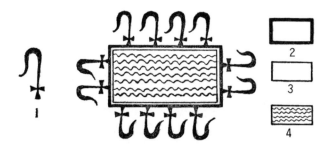

무 대륙의 붕괴를 말해주는 그림 문자('사자의 서'에서)

3 나락, 수조, 구멍 등을 나타낸다.

4 불로 가득한 나락.

⟨해독⟩

'무 제국은 불구덩이 속으로 빠졌다. 그것이 가라앉았을 때, 화염이 일어나 주변을 휘감았다.'

『사자의 서』 속에서 매우 빈번하게 쓰인 상징이 있다. 그것은 제단을 도형화한 것으로 위쪽에 가라앉은 태양이 있고, 다시 그 위에 말라붙은 연꽃을 결합한 것이다. 이 책 안에서 연꽃은 항상 말라붙은 형태로 사용하고 있는 것에 특히 주의해야 한다.

무 제국과 연관을 나타내는 『사자의 서』의 그림 문자

1 제단을 나타내는 이집트의 그림 문자.

2 신성한 연꽃, 무 제국을 상징하는 꽃이다.

3 빛줄기가 없는 태양, 이미 수평선 너머로 가라앉은 것을 나타낸다.

〈해독〉

'태양은 영원히 사라진 무 제국 위에 빛나지 않는다. 무 제국은 어둠의 세계에 갇혀버렸다.'

무 제국이 침몰하기 전에 이집트에서는 세 개의 돌기부가 있는 형태(4)를 이용했다. 이것 하나로 세 개의 육지로 된 '서방의 나라들' 무 대륙을 나타냈다. 무 대륙이 침몰한 뒤로는 한가운데의 돌기부 위에 빛이 없는 태양을 놓게(6) 되었다. 때로는 한가운데 돌기부를 떼고 그곳에 빛이 없는 태양을 두는(5) 일도 있었다.

『사자의 서』 제81장에 이런 그림 문자(좌 그림 우측)가 있다. 이집트 학자들은 이것을 "'태양의 들판'에 튀어나오려 하는 연꽃의 정수"라는 식으로 해독하고 있다.

이 얼굴은 머리카락 형태만 보더라도 분명히 이집트인이다. 그가 머리를 올려놓은 연꽃은 말라붙었다. 이 연꽃은 죽은 무 대륙을 나타내는 것이다.

이 한 줄은 전체의 요약이라 할 수 있는 중요한 요점이다. '연꽃의 정수'라고 하는 것은, 바꿔 말하자면 '순수한 무 국민의 피를 이은 사람'이 되고, '태양의 들판'은 '태양의 제국'으로 해석할 수 있다. '어머니의 나라'의 말로 '무'는 어머니, 들판, 국토, 제국, 입 등의 의미를 지니기 때문이다.

〈해독〉

"말하자면 순수한 피를 이은 이집트인으로 아버지는 '어머니의 나라' 무에서 온 사람, 그 나라 '태양의 제국'은 이제 사라지고 이 세상에 없다."

아틀란티스 제국군

"당신들은 단 한 번의 홍수밖에 기억하지 않지만, 실제로는 그 이전에도 몇 번이 일어났다. 당신들은 모르겠지만 당신의 나라에는 인류 중에서 가장 훌륭하고 완전한 한 종족이 생존하고 있다. 그리고 아주 적은 일부만이 살아남아 당신들과 당신들의 도시가 그곳에서 부활한 것이다."

그리스 철학자 플라톤은 '티마이오스'에서 일곱 명의 현인 중의 한 명인 솔론이 이집트의 도시 사이스에서 고령의 제사장한테서 들은 이야기를 이렇게 적고 있다.

그리스, 그 고대 문명은 기원전 1500년경 미케네 문화에서 발생한 것이라는 것이 일반적인 생각이다. 그리고 제1회 올림픽이 행해진 기원전 776년경부터 화려하게 역사에 등장한다. 그러나 플라톤이 '티마이오스'에 적은 것이 사실이라고 한다면 미케네 문화가 탄생한 수천 년, 혹은 수만 년 전에 이미 그곳에는 매우 높은 문명을 지닌 인류가 존재한 것이 된다.

우리가 알고 있는 그리스는 이것이 역사에 나타나기 전인 적어도 수천 년 전, 어쩌면 수만 년 전에 그곳에는 매우 우수한 민족이 살고 있었다. 그들은 대체 어디서 온 것일까? 두말할 필요도 없이 그 본원은 무 대륙이지만 그 주류는 동방 식민지, 다시 말해 아메리카 대륙으로 건너간 마야인이었다.

여기서 잠시 기억을 떠올려주기를 바란다. 지금은 사라진 남미의 바다, 아마존 바다 주변에 카라 마야족이라 불리는 고대 민족이 있었고 잉카 제국이 나타나기 훨씬 전에 '마노아의 황금도시'인 대 문명을 구축했을 때를…. 그들은 그 왕성한 국력과 뛰어난 항해술을 통해 아마존 바다를 통해 남미 대륙을 횡단하여 대서양으로 나가 지브롤터해협에서 지중해로 들어가 그 양쪽 해안에 조금씩 정착을 하게 되었고, 이윽고 그리스, 소아시아로 진출해 흑해와 카스피해 연안 주변에서 마찬가지 무 대륙의 서방계 이민족과 부딪히게 된다.

그러나 이 카라 마야계 이민자들은 대서양에서 직접 유럽 대륙으로 건너간 것이 아니다. 대서양은 발판이라고 하기에는 너무나 거대한 대륙이었다. 그것은 당시 무 대륙 다음으로 문명의 중심지였던 아틀란티스 대륙이 있었다. 그리스에 있어 먼 태평양 대륙에 있는 '어머니의 나라' 무 대륙보다는 지중해의 출구인 아틀란티스 대륙이 훨씬 관계가 깊은 곳이다. 플라톤은 아틀란티스에 대한 이야기를 할아버지인 크리티아스에게 들었다.

"당신들이 헤라클레스의 기둥(지브롤터해협)이라 부르고 있는 그 바다의 입구 전면에 하나의 섬이 있다. 이 섬은 리비아(아프리카 북부)와 아시아(소아시아)를 합친 것보다 컸다. 항해자들에게는 이 섬에서 다른 제도에 이르는 항로가 열려 있었고, 다시 이 섬들에서 진짜 바다(대서양)를 둘러싼 반대쪽 대륙(아프리카 대륙) 전체로 갈 수 있었다."

이 아틀란티스 대륙도 원래는 무 대륙의 식민지였지만 점차 강력한 제국을 이루었다. 앞에서도 말했듯이 플루타크(플루타르코스)는 '솔론 전(傳)' 속에서 "이집트인과 서방의 나라들 관계가 중단된 것은 아틀란티스 저 멀리에 있는 대륙이 대홍수로 인해 괴멸된 뒤 밀려온 토사 때문에 배가 항해를 할 수 없기 때문이다. 그것은 9000년 전의 일이다."라고 적고 있다. 솔론이 이집트를 찾아가 이 이야기를 들은 것은 기원전 600년경의 일이니, 기원후를 2000년으로 치면 9000+600+2000=11,600이 된다. 다시 말해 11,600년 전에 아틀란티스 대륙은 침몰한 것이 된다. 그렇다면 무 대륙(12,000년 전에 침몰)보다 먼저 침몰한 것이 되지만 대략적인 계산이기 때문에 정확하다고는 할 수 없다. 단, 이 두 대륙이 같은 시기의 지각변동으로 비슷한 시기에 바닷속으로 가라앉은 것만은 사실이다. 무 대륙 아래로 뻗어 있던 중앙 가스 띠는 지구를 한 바퀴 돌아 아틀란티스 대륙의 지하로 이어졌다.

아틀란티스는 바닷속으로 가라앉기까지 13,900년 동안 왕이 지배했다고 한다. 그렇다면 제1대 왕은 지금으로부터 25,600년 전에 왕위에 오른 것이 된다. 오시리스의 가르침을 이집트의 사이스에 전한 토트가 아틀란티스의 크로노스 왕의 공주와 사랑에 빠진 것, 마야의 무 여왕이 오빠의 분노를 사 아틀란티스를 경유해 이집트 와서 토트의 가르침을 받았다는 것은 앞에서도 말한 바와 같다.

트로이의 발굴로 명성이 높은 하인리히 슐리만의 손자 바오로 슐리만이 할아버지의 유언 형태로 발표한 수기 중에는 이렇게 적고 있다.

"나 하인리히 슐리만이 1873년에 히사를리크 언덕에서 트로이의 유적을 발굴을 시작했을 때 두 번째 층에서 아름다운 프리아모스의 보물을 발견했는데, 그 보물 중에 놀랄 만큼 커다란 청동 항아리가 있었다. 그 안에는 작은 점토 그릇, 상, 섬세한 금속 세공, 석화된 뼈로 만든 물건들이 들어 있었다. 그 항아리와 물품들에는 페니키아의 상형문자로 '아틀란티스 왕 크로노스로부터'의 비문이 새겨져 있었다."

하인리히 슐리만의 또 다른 유언에는 이렇게 적고 있다.

"1883년, 나는 파리의 루브르 박물관에서 남미 티아와나코에서 발굴된 컬렉션을 발견했다. 그중에 나는 점토와 그릇과 석화된 뼈로 만든 물건들을 발견했다. 그것들은 내가 '프리아모스의 보물'의 청동 항아리 속에서 발견한 것들과 판박이였다. 이런 일치는 결코 우연일 수가 없다."

바오로 슐리만은 할아버지의 유언에 따라 아틀란티스 대륙에 대하여 조사하면서 할아버지의 컬렉션 중에서 박쥐 머리가 달린 오래된 항아리를 발견했다. 이 오래된 항아리 속에서 고대의 특수한 금속으로 된 철판을 발견했다. 바오로 슐리만은 이것과 똑같은 금속판을 찾아 전 세계를 돌아다녔다. 그리고 이집트의 석관, 중부 아메리카의 오래된 항아리, 아프리카 서해안, 멕시코의 테오티우와칸의 피라미드에서 비슷한 금속판을 발견할 수 있었다.

카라 마야족이 동쪽으로 동쪽으로 전진하다 지중해에 막힌 것이 레바논 산지의 바알베크 고도였다. 이곳의 대신전 기둥이 태평양 위의 고도 이스터섬의 거석상과 같은 방법으로 채석돼 건설되었다는 것은 앞에서도 말한 바와 같다. 유럽, 소아시아, 아프리카 북부의 고대 문화는 무 대륙에서 중남미, 아틀란티스 두 개의 대 문명을 경유해 온 것으로 여겨지고 있다.

아틀란티스 대륙은 풍부한 자원으로 매우 번영했다. 금 다음으로 중요한 것으로 여겨졌던 고대의 금속 오레이칼코스(청동, 또는 황동과 다른 금속의 합금으로 추측)를 이용하여 왕궁과 다수의 신전이 세워졌다. 가장 큰 신전은 아틀란티스의 시조인 포세이돈을 기리는 신전으로 주변에 황금 벽이 둘러 있었다. 왕궁 주변에는 수로가 깔렸고, 항만에는 배가 넘쳐났으며 훌륭한 경마장까지 있었다. 전차 1만 대, 이두마차 3만 대, 1,200척의 군함 그리고 기사, 중무장한 병사, 경무장한 병사, 궁수, 투석병, 투창병, 수병 등의 훈련이 잘된 군단이 왕도를 호위하였다. 그밖에도 이집트에서 이탈리아에 이르는 10곳의 점령지역에 군단이 파병되었다.

아틀란티스 제국은 착실하게 지중해 연안의 나라들을 침략하면서 그리스를 위협했다. 그리스의 각 도시는 아틀란티스의 강력한 병력에 질려 싸우지도 않은 채 패색이 짙어졌다. 이때 그리스 각 도시의 군대의 선봉에 서서 분전한 것이 아테네의 군단이다.

이집트의 노 제사장이 솔론에게 한 말.

"솔론이여, 당시는 당신의 도시 군세가 전 세계에 그 용맹함을 자랑했다. 강단과 교묘한 작전으로 그리스인의 선두에 서 싸워 다른 도시의 군대가 도망쳐도 꿈쩍도 하지 않고 저항했다. 결국 침공해온 적을 물리치고 승리를 거머쥐었다."

이렇게 해서 그리스인은 아틀란티스의 침략 의도를 꺾고 노예가 되어 버린 '헤라클레스의 기둥' 안쪽의 나라들을 해방시켰다. 그 여세를 몰아 아틀란티스 본토로 공격했다. 그러나 그리스의 이 웅대한 계획은 예기치 못한 사건에 의해 좌절되고 만다. 그것은 무 대륙과 마찬가지로 아틀란티스를 덮친 대침몰이었다.

아틀란티스 대륙이 지중해에 가라앉았을 때, 3000명의 아테네 병사가 있었다고 한다. 이 아테네 병사들은 아마도 아틀란티스 대륙의 점령군이었을 것이다. 그들은 점령지와 함께 바닷속으로 사라지는 운명을 맞이하고 말았다.

애처로운 그리스 문자

유사 이래의 그리스 문명 또한 무 대륙의 이주민에 의해 만들어진 문명
이었다. 그들은 같은 줄기인 아틀란티스와 전쟁을 하였지만, 태평양 저 멀
리에 있는 '어머니의 나라'를 잊어버린 것은 아니다.

'그리스 십자가'라 불리는 특수한 십자가 모양이 있다. 이 모양은 그리
스 고대 문명, 고전 속에 자주 등장하지만 어떤 의미가 있는지는 수수께끼
였다. 이것은 그리스뿐만이 아니라 유카탄반도, 중미 각지에서도 자주 볼
수 있다. 윈터는 자신의 저서 『과테말라』에서 이렇게 적고 있다.

"그리스 십자가라 불리는 불가사의한 상징은 퀴리구아(과테말라 동남부),
코판(온두라스) 등의 석상 유적에서 발견돼 연구가들 사이에서 많은 억측을
낳고 있다."

무 제국의 왕실 문장을 떠올린다면 그 의문은 풀릴 것이다. 문장의 중앙
부분에서 이 형태를 볼 수 있다. 이것은 무 제국의 말로 '우르미르'라고 하

는 상징으로 그 의미는 '…의 나라' '…의 토지', 더 넓은 의미로 '…의 제국' '…의 왕국'의 의미가 있다. 따라서 이 상징이 발견된 곳에는 위쪽에 무언가 국명을 표시한 무 제국의 식민국, 또는 식민 제국이 있었을 것이다.

그리스와 무 대륙의 관계를 가장 잘 말해주는 것은 그 알파벳이다. 현재, 그리스어는 기원전 403년에 문법학자들이 아테네의 알파벳을 재배열한 것인데, 그것은 마야어를 기원으로 하는 것은 물론이고 배열 그 자체가 무 대륙의 붕괴를 말해주는 한 편의 서사시이다.

예를 들어 Alpha는 카라 마야어의 Al(무거운) Paa(파괴) ha(물)이 조합된 것이다.

Beta=Be(걷다) ta(장소, 평원), Gamma=Kam(받다) ma(어머니, 대지), Delta=Tel(깊은, 낮은) ta(곳), Epsilon=Ep(막다) zil(모나다) onom(돌풍), Zeta=Ze(때리다), ta(곳, 장소 외), Eta=Et(함께) ha(물), Theta=Thate(퍼지

그리스 십자가(좌)와 무 제국의 왕실 문장.

무 제국의 종교 문자로 쓰인 그리스어 알파벳

다) ha(물), Iota=Io(살아 움직이는 모든 것) ta(장소) Kappa=Ka(가라앉은 것) Paa(찢어지다, 막다), Lambda=Lam(가라앉다) be(가다) ta(장소)

이런 식으로 한 자 한 자의 조합이 하나의 구(句)가 되고, 그것을 이으면 무 대륙의 최후 모습을 알 수 있게 되어 있다.

이것이야말로 문자에 의해 추모한 장송곡이자, 문자에 의해 세워진 기념비이다. 그리스다운 섬세한 발상이 아니겠는가?

〈해독〉

"물은 넘쳐 평원을 가득 채웠고 온갖 장해물이 쌓였다. 대지는 물과 함께 갈라졌다. 물은 살아 움직이는 모든 것을 삼켰고, 대지는 갈라져 무 대륙은 가라앉았다. 불과 몇 개의 봉우리만이 수면에 남았고, 거친 회오리바람은 점점 차가워졌다. 계곡이었던 곳은 심연이 되어 차가운 물이 소용돌이쳤다. 진흙이 모여 제방처럼 쌓여갔다. 입이 벌어지면서 그곳에서 수증기와 화산의 침전물이 솟아올랐다."

그리스어	카라 마야어	번역
Alpha	Al-paa-ha	무겁게 물을 가르다
Beta	be-ta	평원에 퍼지다
Gamma	kam-ma	지면을 뒤덮다
Delta	tel-ta	낮은 곳으로
Epsilon	ep-zil-on-om	장해물, 언덕이 생기고 소용돌이치다
Zeta	ze-ta	땅을 때리다
Eta	et-ha	물과 함께
Theta	thetheha-ha	물이 퍼지다
Iota	io-ta	살아 움직이는 모든 것 위에
Kappa	ka-paa	방해물은 모두 패배
Lambda	lam-be-ta	가라앉은 것은…의 나라
Mu	Mu	무
Ni	ni	봉우리만
Xi	xi	물 위에 나타났다
Omikron	om-ik-le-on	회오리바람이 거칠게 풀어
Pi	pi	조금씩
Rho	la-ho	그곳에 올 때까지
Sigma	zi-ik-ma	차가운 바람이
Tau	ta-u	계곡이 있던 곳
Upsilon	u-pa-zi-le-om	지금은 심연, 차가운 곳
Phi	pe-hu	진흙이 만들어져
Chi	chi	입이 열리면서
Psi	pe-zi	수증기가 발생해
Omega	o-mec-ka	화산의 가라앉은 것이

무 대륙에서 파생된 언어

그러나 카라 마야어와 그리스 문자와의 공통점은 놀랄만한 일이 아니다. 사실 세계 여러 나라, 여러 민족의 언어 속에 마야어 다시 말해 무 대륙의 이주자들이 사용했던 언어가 남아 있다.

일본어는 그 절반 가까이가 카라 마야계의 언어이고, 인도 말 대부분을 차지하고 있는 것이 나가 마야의 언어이다. 실론(Ceylon: 스리랑카)어에는 마야어의 원형이 많이 남아 있고, 그리스를 포함한 유럽의 언어는 카라 마야계가 농후하다. 멕시코 인디언의 말과 일본어는 놀랄 만큼 똑같은 의미, 똑같은 발음이 많아 어쩌면 통역이 없이도 통하는 것이 아닐까 하는 생각이 들 정도이다. 잉카의 말도 마찬가지이다. 고대 아카도인, 카르디아인 그리고 이집트에는 나가 마야계의 말도 많다.

세월이 흐름이 따라 말은 여러 변화를 거듭한다. 이것은 피할 수 없는 일이다. 그러나 그 근원은 쉽게 사라지지 않는다. 예를 들어 그리스어에서는 마야어의 K를 자주 G로 바꿔 쓰고 있다. T는 D로, L은 R과 같은 식으로, 이런 변화는 다른 나라의 언어에서도 쉽게 찾아볼 수 있다. 그러나 언어의 변화는 대부분 쓸 줄을 몰랐거나 문법이 정확하지 않아 발생한 듯하다.

모든 언어에는 반드시 다른 나라의 말과 공통된 발음, 또는 같은 의미를 가진 말을 찾아볼 수 있다. 그런 말은 대부분 세계각지에서 공통적인, 쉽게 말해 '언어의 뿌리'라고 할 수 있는 것이다. "언어는 하나의 기원을 갖는다."는 막스 뮐러의 이 말이 충분히 증명되는 이유이다. 뮐러는 『6000년 사』에서 이렇게 말하고 있다.

"인도의 고대어 산스크리트어(범어), 페르시아의 고대어 젠드(젠드아베스타)의 공통성과 그리스, 라틴, 영국 그 외의 언어를 각각 비교해 보면 틀림없이 하나의 먼 어느 기원에서 유래했다고 하는 느낌을 받게 된다. 매우 흔한 물건이나 인물, 단순한 그릇이나 행위를 표현하는 말, 아버지, 형, 딸, 아들과 같은 가족 관계를 나타내는 말, 숫자, 대명사, 명사와 동사의 어미 등에서 특히 공통되는 경우가 많다. 이것은 우연의 결과라고는 생각할 수 없다. 여러 나라와 민족이 서로 먼 옛날에 대해 모른 채 드넓은 지구 여기저기로 흩어졌다. 그러나 모방과 차용은 별개로 하더라도 그들의 언어는 하나의 기원에서 갈라진 것이라고밖에 생각할 수 없다."

그 기원이 되는 것을 거슬러 올라가 보면 반드시 마야어로 이어진다. 때문에 마야어는 인류의 모국어, 혹은 매우 이른 시기에 그곳에서 갈라진 언어라고 할 수 있다.

그러나 현재까지 전해져 내려오는 중미의 마야어가 50,000년, 혹은

10,000년 전의 마야어와 매우 다르다는 것은 두말할 필요가 없다. 지금의 마야어는 원래의 언어에 여러 타국의 말이 결합하였다는 점에서 영어와 비슷하다. 아스테카나 나우아틀(Nahuatl)과 같은 정복자들의 언어가 혼합된 것이다.

마야어의 원형은 매우 짧은 단어 속에 많은 의미가 있었다. 하나의 문장 속 어디에 놓여 있는지 그리고 하나 이상의 음절인 경우에는 어디에 억양이 있는지에 따라 그 의미가 달라지는 것 같다.

북미 대륙의
고대 유적

'괴수 대책 회의'

그 당시 지상에는 거대한 야수가 곳곳에 있었다. 어깨높이가 5m나 되는 매머드, 약간 작은 매스토돈, 지금의 말보다 약간 큰 말, 온갖 종류의 물소, 뿔과 뿔 사이가 2m나 되는 거대한 들소, 거대 산고양이, 거대 늑대, 털복숭이 코뿔소, 거대 나무늘보, 곰, 갈기가 난 멧돼지, 낙타, 거대 수달 등 그리고 그들 사이에 짐승인지 인간인지 가늠하기 어려운 존재, 구부정한 몸에 아둔한 두뇌를 가진 반인반수가 어슬렁댔다.

그 당시 이미 인간은 목축과 농경을 하고 있었다. 불과 천연가스도 이용했고, 철과 동도 발견하였다. 매머드나 매스토돈 등 거대한 동물의 가죽으로 기구를 만들어 돌과 목재의 운반에 이용했다.

인간의 두뇌는 모든 동물보다 뛰어나지만, 육체적인 단점은 어쩔 도리가 없었다. 거대한 육식동물은 산속 숲이나 계곡을 돌아다녔고, 육식 조류는 하늘을 날아다니며 먹잇감을 발견하면 내려와 날카로운 부리와 발톱으로 일격에 상대를 제압했다. 그들에게 있어 인간은 다른 짐승이나 먹잇감에 불과했다. 반인반수를 이용해 이런 짐승들을 물리치려 했지만 큰 효과는 보지 못했다.

짐승의 문제는 가만히 보고 넘길 수 있는 문제가 아니었다. 거대 짐승과 새들의 습격으로 가장 소중한 목축, 농경이 위협을 받았기 때문에 그대로 두었다가는 인간의 생활이 장담할 수 없는 상태로 전락할지도 몰랐다. 짐승의 공격에 대한 대책을 세우기 위해 세계 회담이 이뤄지게 되었다. 코카서스, 중부 유럽, 소아시아, 중앙아시아, 인도, 아메리카 대륙 등에서 백인종, 황인종, 흑인종, 갈색인종 등 온갖 피부색을 한 대표들이 회의장에 모여들었다. 회의장은 아마도 무 대륙의 수도에 있는 의사당이었을 것이다.

그 당시 어떤 대책이 결정되었는지는 알 수 없다. 그러나 '야수 대책회의'가 있었다는 것은 틀림이 없다. 왜냐하면 이렇게 중대한 문제를, 더군다나 전 세계의 각 민족의 공통된 걱정거리에 대해 이미 고도로 두뇌가 발달한 인간이 방치했을 리가 없기 때문이다.

그러나 이런 회의에 반인반수는 참석이 허락되지 않았다. 숲속이나 계곡 깊은 곳에서 울부짖으며 인간의 흉내를 내며 짐승보다는 훨씬 나은 생활을 하고 있었다. 인간의 언어도 어느 정도는 이해할 수 있었다. 그러나 인간 사회와는 확실히 선을 긋고 있었다. 그들은 열악한 조건 속에서 오랜 세월 동안 퇴화하였거나, 돌연변이로 태어난 기형이었다. 인간과 매우 흡사한 모습을 하고 있었지만 발굽, 날개, 꼬리의 흔적과 같은 것이 달린 것도 있었다. 후대 문명은 그들을 반인반수의 신의 형태로 표현했다.

이 동물 중에는 인간을 도와 단순한 노동을 하는 것도 있었지만, 대부분은 자신들의 틀 속에 숨은 채 야생생활을 이어나갔기 때문에 전혀 진보하지 못했다. 그들과 인간의 가장 큰차이는 종교를 가졌는지 없는지이다. 인간을 도우며 문명을 호흡하더라도 반인반수는 종교를 이해하지 못했다.

반인반수는 지금으로부터 15,000년 전쯤, 적어도 이집트 문명이 탄생할 무렵에는 전멸한 것 같지만, 히말라야와 같은 깊은 산속에 몇몇이 퇴화한 모습으로 살아남았을지도 모른다.

"이 괴수들은 끔찍한 육식 동물이었다. 날카로운 발톱과 이빨을 갖고 있었다. 마운틴 라이온(퓨마)도 그들과 비교한다면 두더지와 같은 존재였다. 어느 날, 하늘에서 목소리가 들려왔다. '너희 괴수들은 돌이 돼라! 인간의 방해가 되지 않게 돌이 돼라!' 이렇게 해서 괴수들은 영원히 돌이 되었다. 그때 지면도 굳어졌다. 지금도 그때 돌이 되어버린 괴수들을 원래의 거대한 모습으로, 혹은 줄어들었거나 부서진 모습으로 볼 수 있다."

애리조나주 하바스 캐니언의 암벽에 그려진 공룡 티라노사우르스의 그림

아메리카 인디언 주니족 신화의 한 구절이다. 아메리카의 맹수 퓨마도 두더지 정도로밖에 보이지 않는다는 이 거대 괴수는 과연 무엇이었을까? 주지족 조상들이 살았을 무렵, 북미

대륙에는 실제로 그런 괴수가 어슬렁댔을까?

자연과학 박물관에 가보기로 하자. 전 세기의 진열실을 가득 채운 매머드 화석과 트라코돈, 스테고사우르스와 같은 보기에 끔찍한 공룡 실물과 똑같은 모형을 볼 수 있다. 그중에서도 가장 흉포한 괴수—설명서에는 티라노사우르스라고 적혀 있을 것이다. 공룡류는 보기와는 달리 초식성에 온순한 것이 많지만, 티라노사우르스는 다르다. 몸길이가 15m에 달하는 육식성으로 커다란 입에는 날카로운 이빨이 있고 네 발에는 갈고리 모양으로 휜 무시무시한 발톱이 달려 있어 다른 동물에게는 공포의 대상이다. 주니족의 신화에 나오는 괴수의 정체는 아무래도 이 티라노사우르스인 것 같다.

그런데 설명서에 따르면 이 거대 공룡은 백악기 말기, 지금으로부터 6000만 년 이전에 지상을 어슬렁댔다고 되어 있다. 6000만 년, 설마 주니족의 조상이 그런 태곳적부터 북미 대륙에 살고 있었을 것이라고는 생각할 수 없다. 그렇다면 이 신화는 공룡 화석을 본 고대 인디언이 상상으로 만들어 낸 것일까? 그런 의심을 품고 있는 사람이 있다면 아마존주 하바스 캐니언의 암벽에 그려진 그림을 한 번 보길 바란다. 거기에는 과거 지상에 존재했던 가장 흉포한 공룡 티라노사우르스의 모습이 생생하게 그려져 있다. 굵은 꼬리에 앞발이 빈약하다는 그 특징도 잘 살려 모사하고 있다. 바위 위에 있는 이 벽화는 지금으로부터 약 12,000년경, 북미 대륙의 선주민족에 의해 그려진 것이라고 한다.

이런 공룡의 존재를 과학자가 알게 된 것은 불과 100년 정도로 정확하게 그 형태를 알게 된 것은 50년 정도가 된다. 그런데 12,000년 전의 고대인이

정확하게 그림을 그렸다. 6000만
년 전에 죽은 괴수의 화석을 보고
그림을 그리는 것은 불가능하다.
당시, 실제로 이 괴수가 살아서 돌
아다녀 인간의 공포 대상이었음
에 틀림이 없다.

고대인이 그린 마스토돈

인간은 자신들의 선조가 맨 처
음 언제, 어디서 나타났는지에 대
한 의문조차 여전히 풀지 못하고 있다. 6000만 년 전에 사멸했다고 멋대로
착각했던 괴수가 사실은 10,000~20,000년 전까지 살아남아 자신들의 조상
과 피비린내 나는 싸움을 했다는 것을 깨닫지 못하는 것도 이상할 것이 없
다. 지금도 여전히 살아 있는 화석이라 할 수 있는 것이 세계 각지에서 속속
그 모습을 드러내고 있는 것이 무엇보다 확실한 증거이다.

네안데르탈인, 필트다운인, 하이델베르크인 등등 인류의 조상이라 불리
는 화석의 발견은 크게 떠들어대지만, 예를 들어 북미 대륙 고대인의 유물,
유적과 같은 것은 비교적 등한시하는 것 같다. 독일의 네안데르탈인이 발굴
당시부터 병리학의 권위자 루돌프 피르호(Rudolf Ludwig Karl Virchow: 1821. 10.
13~1902. 9. 5) 등에 의해 정상적인 인류가 다르다는 의문을 품는다. '여명의
인간'이라는 이름을 붙인 영국의 필트다운인의 발견자 도슨의 거짓말이었
다는 것을 알게 된 것은 별개로 하더라도, 흔히 말하는 유인원, 원시인이라
칭했던 것이 사실은 특수한 환경에서 퇴화하였거나, 인간이라고는 결코 말할

수 없는 동물이었다는 것은 그 두개골의 형태로 확실하다.

북미에서 발견된 선사시대 주민의 뼈와 유물은 결코 그 수가 많지 않지만 매우 중요한 것이다. 유인원, 원시인이라 불리는 것이 존재했던 시대와 그다지 세월의 차이는 없지만, 그 시대에는 훌륭한 문화의 유적이 남아 있다. 오늘날 과학자가 말하는 진화설로는 무 제국의 성전 『성스러운 영감의 서』의 비밀을 푸는 것은 불가능하다. 이 50,000년 전에 쓰인 성전은 현재의 과학자도 풀 수 없는 생명의 본질, 그것이 어떻게 시작되었고 무엇에 의해 지배를 받았는지를 말해주고 있다. 그뿐만이 아니다. 현재의 과학자가 전자라 부르고 있는 것의 성질까지도 도달했다.

아메리카 인디언에게는 문자가 없었기 때문에 그 역사를 아는 것이 매우 곤란하다고 한다. 그러나 적어도 동굴에서 거주했던 민족과 현재의 인디언 이전에 살고 있었던 선주민족은 기록의 수단을 갖고 있었다. 현재의 서부 모든 주만 보더라도 그곳에는 적어도 인간의 삶의 모습을 보여주는 선사시대의 문명이 있었다고 생각할 수 있다. 지금도 돌과 암벽과 건축물에 독특한 방법으로 그들이 기록한 것을 볼 수 있어 단편적이나마 그들의 신앙과 생활 등을 엿볼 수 있다. '어머니의 나라'에서 사용했던 독특한 종교 문자의 상징과 그림 문자의 의미와 조합방법만 알 수 있다면 그것을 해독하는 것은 결코 불가능한 일이 아니다.

협곡의 암벽 그림

북미 대륙의 지붕 로키산맥을 태평양 해안 쪽으로 넘어가면 블루 산지, 와라와라 산지를 따라 불모의 건조지대가 나타난다. 바로 오리건 사막이다. 이 사막 한가운데에 '화석의 호수'라 불리는 곳이 있다. 태곳적에 호수였던 이곳은 산의 융기로 인해 물은 사라졌지만, 그 흔적을 통해 볼 때 비옥한 평야였던 것 같다. 지금은 메마른 사막이지만 그곳에서 수만 년 전의 동물 뼈와 화석이 발굴되고 있다. 아래쪽 지층에서는 공룡 등의 중생대 동물의 뼈 화석이 나타난다. 지표면에 가까운 층에서는 홍적세(신생대 제4기 전반에 속한다) 말, 10,000년 정도까지 북미 대륙에 있었고 코끼리의 일종인 마스토돈의 뼈가 발굴 되었는데 그 뼈와 함께 흑요석으로 만든 화살촉과 창촉도 발견되었다.

오리건 남쪽의 네바다주, 여기서는 북미 선주민족의 연구에 있어서 매우 귀중한 자료들이 아직 사람의 손이 닿지 않은 채 잠들어 있다. 동굴 벽과 단애에는 수백, 아니 수천에 달하는 상징, 종교 문자, 장식 등을 확인할 수 있다. 이것들을 통해 이 고대 민족이 '어머니의 나라'에서 이 대륙으로 건너왔다는 것과 중미 고대 민족인 마야인과 매우 가까운 관계로 그들의 언어 또한 고대 마야어에서 갈라진 것이라는 것을 잘 알 수 있다.

그레이프바인 캐니언에는 신전의 설계도와 화석에 그려져 있는 것도 있다. 이 신전은 함몰된 무 대륙을 기리기 위해 세워진 것임에 틀림없다. 그리고 또 하나의 돌에는 제단에 바쳤던 산 제물인 동물을 불로 태워 죽이는 모습이 묘사되어 있다. 산 재물을 불로 태우는 습관은 아마도 이때부터, 무 대륙이 불구덩이 속으로 사라진 이후부터 그 희생자들을 기리기 위해 시작되었을 것이다.

**최후의 지각변동은
북미 대륙도 예외는 아니었다.**

마찬가지로 네바다의 골드 뷰트, 이곳에는 매우 특이한 바위가 있다. 마치 인간이 두 다리를 감싼 채 웅크리고 앉아 탄식하는 모습이다. 그렇게 조각을 한 것이 아니라 그런 모습을 한 천연의 바위이다. 이 인간의 모습을 한 바위의 눈에 해당하는 부분에 두 개의 상징이 새겨져 있다. 그것은 "입이 열리고 불꽃을 내뿜으며 나라가 가라앉았다."라는 의미이다. 또한 왼손에 해당하는 부분에도 상징이 새겨져 있는데, 이것은 '물'이라는 의미이다. 다시 말해 왼손이 가리키고 있는 방향에 물이 있다는 것으로 바위와 모래뿐인 황량한 사막을 지나는 나그네에게 물이 있는 곳을 가르쳐 주는 표식이다. 이 바위에 새겨진 상징은 위구르 마야가 사용하던 것으로 몽골계 이주자에 의한 것일 것이다. 눈에 잘 띄는 바위를 이용해서 나그네의 편의를 봐주는 동시에 그 바위의 모습에서 잃어버린 '어머니의 나라' 무 제국에 대한 추모의 마음을 담아 기념비로 삼았다는 것은 너무나도 애절한 고대인의 지혜와 심정이 아니겠는가?

무 제국에서 북미 대륙으로 온 최초의 이주민들은 현재의 남서부 모든 주 주변에 정착하였다. 그러나 이 식민지들은 같은 시기에 멕시코로 이주한 사람들과 함께 지각변동에 의한 해일에 의해 파괴되고 떠내려갔다. 그 후 제2, 제3의 이주민이 나타났지만 그 무렵부터 조산운동이 격렬해져 지진과 함께 높은 해일에 의해 현재의 콜로라도, 애리조나, 네바다의 모든 주 주변의 기름진 평야는 단숨에 황무지로 변해버렸다. 그리고 네 번째로 무 대륙의 마지막 이주민, 바위에 뚫린 굴에 숨어 사는 거주민이 등장한다. 현재 그들의 주거 흔적이 산지의 단애 등에서 발견되는 것으로 미루어 볼 때, 그 당시 이미 산악지형이 완성되었다고 여겨진다.

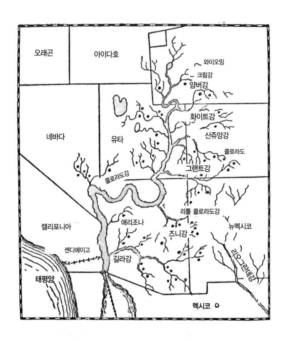

북아메리카 암혈 거주민족의 분포도

　그들은 처음부터 콜로라도강이 캘리포니아만을 향해 흐르는 곳을 향해 무 대륙에서 찾아왔다. 그리고 길라강의 지류를 따라 내륙으로 들어왔다. 이렇게 해서 애리조나에서 뉴멕시코, 다시 콜로라도강 상류의 네바다, 유타, 와이오밍으로 그들의 거주 범위가 넓어졌다. 그리고 다시 산후안, 화이트 등의 각 지류를 따라 콜로라도 원류로 갔다. 이 코스는 절대로 추측만으로 말하는 것이 아니라 현재도 그들이 이정표로 삼았을 것이라고 여겨지는 바위 등에 그 진로를 가리키는 벽화나 기호 등이 발견되기 때문이다. 그리고 그들이 유카탄 마야어를 사용하고 있었다는 것도 이것을 통해 알 수 있다.

이 이주자들이 아메리카 대륙으로 온 것은 대체 어느 시기였을까? 그에 대한 확실한 증거가 되어 줄 만한 것은 전혀 없지만, 첫 번째 이주자들이 온 것이 조산운동이 시작되기 전이라면 적어도 12,000년 이상의 먼 옛날이 된다는 것은 틀림이 없다.

애리조나의 '화석의 숲'을 조사한 스미소니언 연구소의 월터 하우 박사는 네 종류 민족의 유물을 발굴했는데, 그 네 개의 문명 중 세 개가 조산운동 이전의 것이라는 것을 지적하고 있다. 앞에 말했던 하바스 캐니언의 암벽에 그려진 그림도 코끼리의 일종인 마스토돈과 티라노사우르스 등 야수의 위협 속에서 살았던 12,000년 전의 고대인의 생활을 여실히 보여주고 있다.

주니족의 홍수 전설

"먼 옛날, 주니족은 마음이 삐뚤어진 사람들이라 신이 아무리 충고를 하더라도 악행을 멈추지 않았다. 그러자 신은 하늘과 땅의 두 수로의 관문을 열었다. 하늘에서는 가능한 한 모든 비가 쏟아졌고, 땅에서는 샘과 늪과 강의 모든 물이 범람했다. 주니족은 이것이 신의 분노에 의한 것이라는 것을 알고 있었다. 그들은 서둘러 선더 마운틴 정상으로 도망쳤다. 그러나 신을 두려워하지 않는 무리는 사람들이 두려움에 떠는 모습을 보고 조롱했다.

그러나 물이 점점 늘어나는 것을 보고 이들 또한 입을 다문 채 공포에 질렸다. 제사장들은 춤과 노래로 신의 마음을 풀어주기 위해 불을 피우고 주문을 외우며 공물을 바쳤다. 하지만 전혀 효과가 없었다. 제사장들의 수장은 산 정상으로 올라 인간들을 위해 신의 노여움을 풀어달라고 기도했다. 이윽고 그는 사람들에게 말했다. "신의 분노를 가라앉히는 방법은 단 하나다. 가장 뛰어난 젊은이와 가장 아름다운 처녀를 희생 재물로 신께 바쳐야 한다." 사람들은 누구를 재물로 할 것인지를 논의했다. 그리고 한 명의 매우 훌륭한 젊은이가 선택되었다. 그러나 희생할 처녀에 대해서는 아무도 입을 열려 하지 않았다. 왜냐하면 가장 아름다운 처녀는 촌장인 카시쿠의 딸 외에는 없다는 것을 모두가 알고 있었기 때문이다.

카시쿠의 뺨에는 눈물이 흘렀다. 그는 딸을 불러 무언가 속삭였다. 훌륭한 젊은이와 아름다운 처녀가 함께 서자 모두는 이 이상 신께 바칠 제물은 없을 것으로 생각했다. 물은 점점 불어나 사람들은 겨우 머리만 내민 채 산 정상에 서 있었다. 훌륭한 젊은이와 아름다운 처녀는 물속으로 몸을 던졌다. 이윽고 물이 줄어들면서 사람들은 겨우 집으로 돌아갈 수 있었다.

그리고 머지않아 신을 무시하던 젊은이 중 한 명이 선더 마운틴 정상을 바라보니 아름다운 남녀의 그림자가 또렷하게 보였다. 젊은이는 깜짝 놀라 사람들에게 이 사실을 알렸다. 카시쿠는 자신들이 바친 재물을 신께서 받아들인 증표로 두 사람의 모습을 보여준 것이라고 하자, 사람들은 눈을 깜박이며 그 모습을 올려다보았다. 지금도 산 정상의 외측에 크게 보이는 것이 젊은이의 모습이고, 안쪽에 작게 보이는 것이 처녀의 모습이다."

이것도 주니족 사이에서 전해 내려오는 전설이다. 주니족은 호피족과 함께 푸에블로 인디언에 속한다.

푸에블로 인디언, 북미 대륙에서 이만큼 흥미로운 부족은 없다. 또한 무 대륙과의 인과관계를 이처럼 확실하게 보여주는 민족도 없다.

호피족과 주니족은 모두 두 신을 섬겼다. 그들은 이 두 신을 신성하게 여겼지만 숭배하지는 않았다. 쉽게 말하자면 우리가 성자라고 부르는 것에 해당한다. 그 신의 이름은 '아하인타' 와 '마차이레마' 이다. 그들은 이 두 신이 인간의 시조이며 신의 아들이라 믿고 있다. 따라서 이 지상에 나타난 최초의 남녀는 자연의 산물이 아닌 신이 특별히 만들어 주신 것이라는 생각을 하고 있다. 이것은 무 제국의 『성스러운 영감의 서』의 교리와 공통된 것이다. 실제로 그것은 이 신의 이름에서도 증명해 주고 있다. 예를 들어 '아하인타' 는 무 제국의 말로 '아 하이 인 타' , '마차이레마' 는 '마 차이 레 마' 에서 비롯된 것이라 여겨진다. 이 두 개의 단어를 이으면 무 제국의 말로 이런 의미가 된다. "신은 지구에 인간을 살게 하려고 최초의 남자와 최초의 여자를 만들어 주셨다. 이 신의 자식들은 전 인류의 아버지이자 어머니이다."

뉴멕시코주의 선사는 그대로 푸에블로 인디언의 역사라고 해도 과언이 아닐 정도다. 그들이 아메리카에 왔을 때, 이미 매우 발달한 문명을 하고 있었다는 것은 뛰어난 채색 토기와 돌과 벽돌로 집을 짓는 방법을 알고 있었다. 그리고 이 종족의 말 속에는 '어머니의 나라' 의 말, 또는 거기서부터 변화된 말이 매우 많다. '시볼라의 성스러운 일곱 도시' , 왠지 모르게 신성한 울림이 있는 말이다. 지금도 아메리카 대륙의 어딘가에 고대에 번영했던 일곱 도시가 아무도 모르게 잠들어 있다고 한다. 이 '시볼라의 일곱 도시' 전설도 푸에블로 인디언들 사이에서 나온 이야기다. 그리고 실제로 먼 옛날이 종족은 일곱 개의 번영한 도시를 가졌음에 틀림이 없다. 무 제국에는 종교와 학문의 중심지인 도시가 일곱 곳이 있었다. 이것을 '일곱 개의 성스러운 도시' 라 칭했는데, 식민지에서도 자주 이것을 따라 했다. 아틀란티스도 마찬가지 도시가 있었고, 고대 인도에도 일곱 개의 리시(성스러운 도시)가 있었다. 푸에블로 인디언의 전설은 분명히 "선조는 해가 지는 방향을 향해 배를 타고 건너왔다."라고 그들이 어머니의 나라에서 아메리카 대륙으로 건너왔다는 것을 말해주고 있다.

인디언과 함께 살면서 주니족의 신화를 연구한 커싱 중위는 매우 흥미로운 신화들을 소개하고 있다. 처음에 예를 들었던 공룡 이야기도 그중 하나이며, 이런 이야기도 있다.

"먼 옛날 지구는 물로 뒤덮여 있었고 육지는 어디에도 보이지 않았다."

신화라고 하는 것은 그다지 과학적인 표현은 아닐까?

만약 거기에 인간이 등장한다고 하면, 신이 인간의 다리를 어떻게 만드셨는지를 상상하는 것만으로도 재미있다. 물론 지질학에서는 지구에 이런 상태일 때가 있었다는 이야기는 없다.

인류가 나타나기 전, 제3기 이전의 동물 대부분이 오늘날의 물새처럼 길고 커다란 다리를 가졌거나 습지를 좋아하는 양서류와 파충류가 많았다는 것은 그런 상태였다는 것을 증명하는 것은 아닐까?

주니족의 전설에는 '대홍수'에 관한 것이 많다는 특징이 있다. G. W 제임스는 자신의 저서에 그런 전설을 소개하였고, 앞서 예를 들었던 인신 공양 이야기도 여기에서 인용했다. 그는 산 위에 희생 제물인 남녀의 모습이 보인다고 한 것은 봉우리의 형태 때문이라고 생각했다. 그러나 선더 마운틴은 6개의 봉우리로 되어 있다. 그중에 두 개는 크고 네 개는 작다. 그가 인디언에게 이것에 관해 묻자, 인디언은 이렇게 대답했다고 한다.

"젊은이와 처녀는 신에게 쓸쓸함을 호소했다. 신은 두 사람을 결혼시켰다. 그리고 두 명의 사내아이와 두 명의 여자아이, 네 명의 자식이 태어났다."

이 이야기 속에 '카시쿠'라는 말이 나오는데, 이것은 키체 마야어로 수장이라는 의미이다. 키체족은 처음 중미에서 남미 페루로 들어왔고, 현재는 케추아족으로 알려져 있다. 잘 알고 있듯이 케추아어는 바로 잉카 제국의 공용어였다.

어쨌거나 이 푸에블로 인디언의 전설에 대홍수 이야기가 자주 등장하는 이유는 그들의 조상이 최후의 지각변동을 맞이했다는 증거이다. 그들이 키체 마야족과 밀접한 관계였다는 것은 앞에서 말했던 날개가 달린 뱀 케찰코아틀을 상징으로 사용했다는 것을 보더라도 확실하다.

라스베이거스 대학의 교수 E. L. 휴이트는 한 고대인의 주거지에서 유물과 함께 동물 뼈를 발견했다고 보고 하였다.

그 뼈를 조사한 결과, 홍적세(1만 년~100만 년 전. 신생대(新生代) 제4기로 빙하기 시대)의 동물로 검치호랑이라고도 불리는 스밀로돈과 고대의 코끼리 마스토돈의 것이라는 것을 알게 되었다. 그리고 이 마스토돈의 상아로 만든 생활용품까지 발굴되었다. 하바스 캐니언의 티라노사우르스의 그림을 연상하게 하는 이야기가 아니겠는가?

돌에 그려진 그림(네바다주 그레이프바인 협곡)

신전의 설계도.

1 신전의 설계도.
2 함몰된 국토와 '많은(2a)' 인명을 잃었다는 것을 나타낸다.
3 '태양'(a)은 '함몰된 나라'(b) 위에 두 번 다시 빛나지 않는다.
4 이 신전 안쪽, M 문자가 거꾸로 되어 있는 것은 무 대륙이 이미 사라졌다는
  것을 의미한다.
5 세 개의 입구가 있는 것은 종교적 위계에 따라 예배자가 세 분류로 나뉘어
  있다는 것을 나타내고 있다.

〈해독〉
"수많은 생명과 함께 무 제국은 가라앉았다. 그 위에 더 이상 햇빛이 비치지 않
고 영원한 어둠에 갇혔다. 죽은 나라 무 제국을 기념하기 위해 이 신전을 세운
다."

무 제국을 기리는 제전.

1 제단 위에 희생 제물로 바쳐진 동물.
2 제물을 태우는 불.
3 가라앉은 태양. 지하의 불에 의해 함몰된 무 대륙을 의미한다.

〈해독〉
무 제국을 기리는 제전의 모습을 묘사한 것으로 제물을 불로 태우는 관습은 이
때부터 시작된 것이라 여겨진다.
구약성서에 번제(燔祭)라 칭하여 아브라함이 아들 이삭을 제단에서 태워 하느님
께 바치려고 하는 이야기가 있다. 후대의 종교에서는 산제물을 태우는 것이 보
통이지만, 무 대륙의 함락 이전에 그런 풍습은 보이지 않는다. 불에 휩싸여 가
라앉은 무 대륙과 그 백성을 기리기 위해 행해진 것이 그 기원이라 여겨진다.

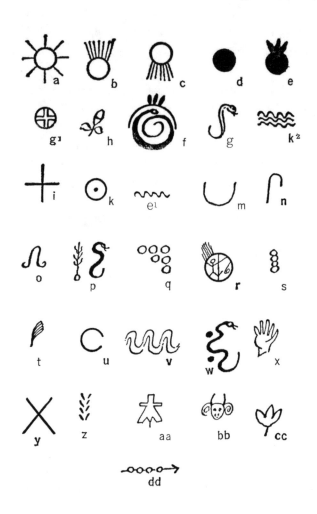

암혈(岩穴) 거주민의 상징(아메리카 네바다주)

암혈 거주민의 상징(아메리카 네바다주)

a 높이 솟아 빛줄기가 보이는 태양. 무 제국의 상징이다.

b 떠오르는 아침 해.

c 낮의 태양.

d 저문 태양. 검게 칠해진 곳, 영원히 해를 볼 수 없다는 의미도 포함.

e 돌기부가 세 개, 무 제국을 상징하는 숫자이다. 어둠에 갇힌 무 제국.

e1 위그루계 상징. Mehen-인간.

f 뱀은 Khann, 다시 말해 대양 Khanab의 상징. 반원의 선은 서방의 수평선. 세 장의 날개는 무 제국. '무는 해가 지는 저 멀리 바다 저 편에 있다.'

g1 상형문자 U-lummil. '-의 제국'. 무 제국의 왕실의 문장에서 볼 수 있다.

h 연꽃의 봉우리. '어머니의 나라'를 상징하는 꽃.

g 머리가 하나에 우관(새의 머리에 길고 더부룩하게 난 털)이 없는 뱀. 물의 상징.

i 방위점을 나타낼 경우 사각형이나 이 십자가를 이용했다.

k 무 제국의 알파벳 첫 문자로 ah라 발음한다. hun이라 읽으면 숫자 1이 된다. '왕 중의 왕'이라는 의미도 된다.

k2 지구상의 물

m 심연-계곡, 구멍.

n 알파벳의 x.

o 마찬가지로 u를 거꾸로 한 것.

p 이 뱀과 나무의 상징에 대해서는 몇 페이지나 할애할 만큼의 의미가 내포돼 있을지도 모른다. 아무튼 무 대륙의 함몰 후에 볼 수 있게 된 것이다.

q 이것도 이중의 의미를 가진 상징. '창조'와 숫자 '9'.

r 위구르 마야의 종교적 상징.

s 위구르 문자로 h.

t 날개를 나타내는지, 관목을 나타내는 것이지 불분명.

u '100'

v 산을 나타내는 상징으로 그리 오래되지 않았다.

w 이것은 북, 중, 남아메리카 서해안의 지형을 나타낸 진귀한 것이다.

x 특별히 상징적인 의미는 없다. 세계 각 지의 동굴 등의 벽에서 흔히 볼 수 있다.

y 자연 속에 있는 능동적 요소와 수동적 요소를 나타내는 기호로, 여기에도 이

중의 의미가 포함돼 있다.

z 장식적인 것 이상의 의미는 없다고 여겨진다.

aa 짐승의 가죽을 묘사한 것.

bb 짐승의 머리. 이집트 등에서도 자주 볼 수 있다. 제전이나 의식에 사용되는 동물인 듯하고, 뿔 장식이 되어 있다. 그다지 오래된 것은 아니다.

cc 다수를 나타낸다. 보통은 아래 방향으로 그린다.

dd 나그네에게 방향과 길을 가르쳐주는 이정표.

〈해독〉

북미 인디언은 문자가 없기 때문에 그 역사를 알 수 없다고 전해진다. 그러나 그들의 선주민족은 암벽과 주거지 벽 등에 이렇듯 훌륭하게 기록을 남겼다. 그 것은 띄엄띄엄 이나마 이 대륙의 선사시대를 말해주는 것이다. 그리고 무 대륙 의 종교 문자 및 상징의 지식이 있다면 이것들을 해독하는 것은 그리 어려운 일이 아니다.

암혈 주거민족의 도표

1 육로의 도표(애리조나주)
2 육로의 도표(유타, 멕시코주)
3 식민지로의 육로 및 수로를 나타내는 도표(유타주)

곳곳의 암각 등에 새겨 뒤에 오는 동포들의 이정표로 삼았다. 종족에 따라서 각
각의 특징이 있다.

사라진 수수께끼의 고대 도시

　끝없이 이어진 모래언덕의 울림, 하늘을 배경으로 우뚝 솟은 암각의 실루엣을 검게 투영시키는 기괴한 바위산의 모습으로 콜로라도와 오리건의 사막으로 대표되는 서부의 황야이다. 로키산맥이 만들어지기 전 이곳이 기름진 땅에 고도의 문명을 지닌 인류가 살고 있던 곳이라고는 도저히 상상조차 할 수 없는 풍경이다. 그런 황야 이곳저곳에 나그네는 이따금 희한한 구멍을 발견할 수 있다.　서부에서는 이것을 '버펄로 홀'이라 부르며 아메리카 들소가 잠을 잔 흔적이라고 한다.

　"버펄로 홀은 들소가 만든 것이 아니다. 수천 년 전에 암혈 거주민족의 주거 흔적이다. 그러나 그들이 어떤 민족이고, 어떻게 이 땅에서 자취를 감췄는지는 확실하지 않다."

　네브래스카 주 오마하의 R. W 길더 교수는 이런 중요한 발표를 했다. 이 설을 뒷받침해주듯이 네브래스카주의 버펄로 홀 안에서는 고대 민족의 유

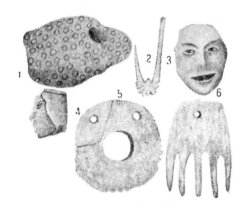

북미 네브래스카주의 암혈 거주민족의 주거 터에서 발굴된 도구와 장식품

물이 발굴되었다.

1 광택을 낸 점토 파이프

2 짐승 뼈로 만든 낚싯바늘

3 사시(斜視)의 점토인 사람 얼굴

4 분홍색 비눗돌로 만든 작은 사람 얼굴

5 조개껍질로 만든 장식품

6 큰 사슴뿔로 만든 빗

북미 네브래스카주의 암혈 거주민족의 주거 터에서 발굴된 도구와 장식

품이다.

"…중에서도 비늣돌로 만든 사람 머리는 매우 정교하게 조각된 것으로 잘 연마돼 있다. 이 가면이나 귀 덮개를 보더라도 이집트인이라고밖에 생각할 수 없다. 그 얼굴은 현재 오리엔탈 박물관에 있는 이집트 왕 람세스 2세의 흉상과 매우 흡사하다."

길더 교수는 보고서에서 이렇게 말하고 다시 다음과 같이 덧붙였다.

"지하 이주민족 흔적에는 타나 남은 막대기, 갈대 줄기, 풀잎과 옥수숫대 등이 흩어져 있었다. 동굴 안에는 반드시 저장고가 마련돼 있었고 생활용품과 그 외의 필수품이 저장돼 있었다. 입구는 구운 점토로 발라져 있었고 그 위에는 재가 덮어져 있었다. 깔때기처럼 안으로 갈수록 넓은 큰 항아리 정도의 크기였다. 하나의 굴 안에 이런 저장고가 몇 개나 만들어져 있는 곳도 있었다. 굴속에는 대홍수 때 쓸려온 진흙과 퇴적물로 가득 차 있었다. 그리고 입구 쪽만 움푹 파인 것처럼 보이는데, 그 형태 때문에 들소가 잤던 흔적이라고 여겼을 것이다."

길더 교수가 발견한 고대인의 주거 터는 분명히 지각변동 때 대홍수에 의해 메워진 것이라고 여겨진다.

미국의 동쪽 켄터키주에서 수년 전에 발굴이 시작되었다. 지하 4m터 부근에서 인부의 삽 끝이 마스토돈의 뼈에 부딪혔다. 좀 더 깊이 파보자 사막층이 있었고, 다시 더 깊이 파자 포석(鋪石)이 나타났다. 이 돌은 사각형으로 잘려 있었고 표면은 매끄럽게 연마돼 있었다. 마스토돈은 홍적세에 살았던 코끼리의 일종이다. 사막 층은 지각변동 때 대홍수에 의해 생겨난 것이라고 한다면, 이 포석을 만든 고대인은 적어도 대홍수 이전에 고도로 발달한 문명을 가지고 있었다는 의미가 된다.

켄터키 역사가 J. W 랭크 씨는 자신의 저서 『렉싱턴시의 역사』에서 이렇게 적고 있다.

"현재 켄터키주의 렉싱턴이라 불리는 도시는 태곳적에 자취를 감춘 한 민족의 수도의 폐허 위에 세워졌다. 그 민족이 어떤 사람들이었는지 그 이름도, 말도, 역사도, 그 어떤 흔적도 지금은 찾아볼 수 없다. 만약 이 지방에 온 초기의 개척자나 탐험가들이 그 폐허의 흔적을 발견하지 못했다면, 아마도 고대 도시와 민족의 존재 자체는 영원히 몰랐을 것이다. 그러나 먼 옛날 어느 시기, 여기에 도시가 번창했고 강대한 민족이 살고 있었다는 사실은 의심의 여지가 없다. 그렇다면 그 민족은 과연 어디에서 온 것일까? 어떤 종교를 가졌고, 어떤 정치를 하였을까? 그것은 알 수 없지만 적어도 그들이 인디언들보다 100년이 훨씬 넘는 이전의 주민들이었다는 것은 틀림이 없다. 그들은 돌로 대신전을 세우고 위대한 도시를 건설했다. 이윽고 그들이 멸망한 뒤, 벌거벗은 인디언들이 찾아와 풀로 뒤덮인 폐허에서 사슴과 들소를 쫓았을 것이라고는 꿈조차 꾸지 못했을 것이다. 그들은 이곳에서 생활하고 일하다 죽었다. 그것은 콜럼버스가 신세계인 아메리카 대륙에 스페인 국왕의 깃발을 세우기 훨씬 전, 수니족 인디언이나 영국과 독일 방랑 이민족에게 정복당하기 전, 아니 로마 제국이 그 영화의 절정기에 달했을 때보다도 훨씬 전 시대의 일일지도 모른다. 그들은 공예에 뛰어났지만 문자가 없었기 때문에 그 나라가 멸망함과 동시에 영원히 기억 속에서 사라져 버렸다. 멸망한 국가, 사라진 민족이라 할 수 있을 것이다."

그들이 공예에 뛰어나다는 것은 그들의 건축물이 '니네베(고대 아시리아)와 칠레(고대 페니키아) 등의 고도시와 필적한다.' 는 것을 알 수 있다. 그러나 기록을 남기지 않았다는 것은 생각할 수 없다. 그들은 바위와 돌 위에 지워지지 않는 기록을 남긴 것임이 틀림없다.

북미 대륙, 특히 합중국 남서부의 모든 주에서 볼 수 있는 매우 오래된 암벽화, 기호, 문자 등이 모두 암혈 거주민족의 것이라고 단정하기에 십상이지만, 반드시 그런 것만은 아니라는 것을 이해했을 것으로 생각한다. 물론 암혈 거주민족은 이 대륙의 선주자이자 틀림없는 무 대륙의 이주자이다. 그러나 이 민족에 속하지 않는 사람들도 그런 기록을 남기고 있다. 그리고 그 언어는 위구르계, 유카탄계, 키체계의 세 가지 특징이 엿보이지만 모든 마야어, 달리 말하면 무 대륙의 이주자들의 언어에서 나온 것임에 틀림없다.

따라서 현재 암혈 거주민족의 문화라 칭하고 있는 것 중에는 훨씬 오래된 선주민족의 것도 포함되어 있으며 각각 다른 종족, 아니 다른 국가를 조직하고 있었다. 그리고 그 역사가 적어도 빙하기 이전으로 거슬러 올라간다는 것은, 예를 들어 바위의 표면에 그려진 그림과 문자가 조산 활동으로 인한 융기 때문에 발생했을 것이라고 여겨지는 균열로 인해 바위가 둘로 갈라지는 현상을 보더라도 알 수 있다.

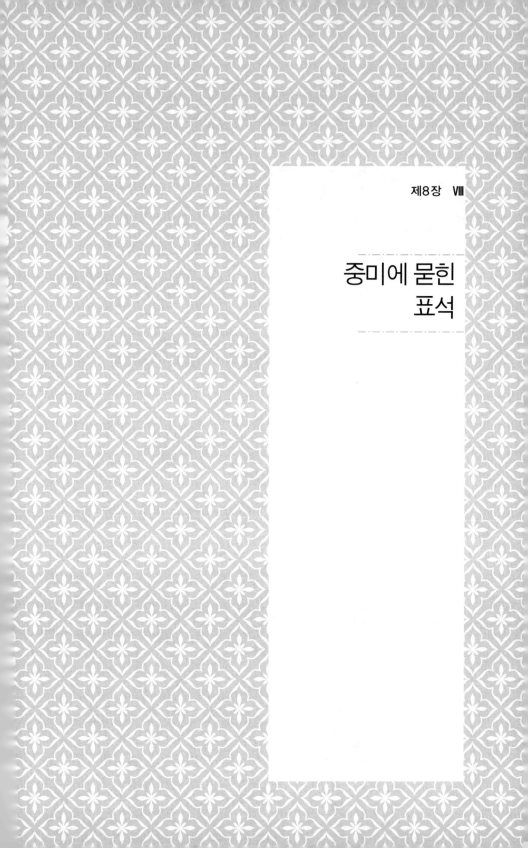

중미에 묻힌
표석

아스테카 신전의 희생

　새벽이 밝아옴과 동시에 나팔 소리가 연못 수면과 숲에 은은하게 메아리친다. 말 울음소리, 무기가 서로 부딪치는 소리, 병사들은 벨벳 천에 붉은색 십자가를 꿰맨 깃발 아래 모여들었다.

　아침 안개 너머로 샛별이 빛나듯이 사방에서 빛나는 것이 보였다. 테오칼리(아스테카의 피라미드형 인조 언덕) 제단에 피워놓은 성화였다. 이윽고 불빛들이 하나씩 꺼지자 동쪽 산맥에서 떠오른 아침 해가 계곡 전체를 비추었다. 이 아름다운 조명을 받으며 신전과 탑과 궁전이 그 모습을 드러냈다. 1519년 11월 8일, 이날 유럽인들이 처음으로 중앙아메리카 미지의 나라 수도에 발을 내디뎠다.

　"이런 아름다운 광경을 바라보면서도 우리는 그것을 형언조차 하지 못한 채 눈 앞에 펼쳐진 이 광경이 현실로 여겨지지 않았다. 한쪽 땅 위에는 수많은 마을이 있고 호수 안에도 돌로 쌓은 탑과 신전이 즐비했다. 병사 중에는 자신들이 꿈을 꾸고 있는 게 아니냐고 말하는 사람까지 있었다. 호수 위에는 수많은 카누가 있었고 통로에는 간격을 두고 많은 다리가 놓여 있었다. 눈앞에는 아스테카의 도시가 펼쳐져 있었고 우리는 불과 400명의 부대였다."

에르난도 코르테스의 측근으로 멕시코 정복에 참여한 기록 작가 델 카스티요는 이렇게 그 날의 일을 기록하고 있다.

테노치티틀란(Tenochititlan: 후기 아스테카 왕국의 수도)에 들어간 스페인인의 눈을 사로잡은 것은 한 변이 520m에 달하는 피라미드 형 테오칼리 대신전이었다. 이 신전이야말로 백색 왕 케찰의 아들 테스카토를 기리기 위한 것이었다. 코르테스와 스페인인들이 이 신전에 다가갔을 때 이상한 냄새가 났다. 그것은 그들이 이미 전장에서 익숙했던 피비린내였다. 돌계단에는 말라가고 있는 피가 뿌려져 있었다.

한 병사가 소리를 지르며 계단 위를 가리켰다. 돌 제단 위에는 사람의 심장 세 개가 놓여 있었다. 그 심장에서는 피가 흐르며 증기가 피어오르고 있었다.

아스테카족은 테스카토의 영혼을 달래기 위해 산 제물을 바쳐왔다. 테오칼리 신전 계단의 피가 마르기 전까지는 신의 노여움을 달랠 수 있다고 여겼다. 의식에는 수백 명에 달하는 산 제물이 바쳐졌다.

전쟁이 끝나고 나면 포로들도 제물로 바쳐졌다. 포로 2만 명을 한꺼번에 제물로 바쳤을 때는 3000km의 끝없는 행렬이 이어졌다고 한다.

산 제물은 벌거벗겨진 채 푸른 옥색 제단 위에 놓인다. 5명의 제사장이 손발을 잡는다. 한 명의 제사장이 흑요석 단도로 희생자의 가슴을 갈라 심장을 꺼낸다. 그 절규를 들으면서 다음 희생자들은 묵묵히 돌계단으로 올라간다.

코르테스 일행은 테오칼리 신전을 내려오면서 그곳에 봉긋한 봉분 위에 쌓아올린 석조 건물을 발견했다. 안으로 들어가자 벽을 따라 해골이 질서정연하게 천정까지 쌓여져 있었다. 병사에게 그 수를 헤아리게 하자, 그 수는 13만 6천 명에 달했다. 물론 희생자들의 해골임에 틀림이 없었다.

스페인 병사들과 함께 선교사들이 저지른 아스테카 문화의 파괴행위는 후세의 역사가들의 공격 대상이 되었다. 그들은 피가 칠해진 이 신전을 목격했을 때, 악마의 종교를 완전히 박멸하겠다는 마음을 먹은 것이 이해가 되지 않는 것은 아니지만….

그러나 스페인인이 두 눈을 크게 뜨고 경탄에 마지않던, 이윽고 파괴에 최선을 다했던 아스테카 문명, 그것은 결코 멕시코에서 꽃피웠던 최초의 문명이 아니었다.

묻힌 고대 도시의 발굴

멕시코시티에서 약 7km, 테스코코(Texcoco: 멕시코시티 동쪽 아스테카 왕국의 고도) 주변 약 180㎢에 달하는 광활한 '멕시코 분지'가 펼쳐져 있다. 사방을 둘러보아도 사람은 흔적을 찾아볼 수 없는 황무지로 대략 50m에서 100m정도의 거대한 구멍이 마치 거인의 눈처럼 멍하니 하늘을 올려다보고 있다. 그 수가 수백⋯. 아니, 1000이 넘을지도 모른다.

이 거대한 구멍은 아스테카의 수도 건설을 위해 사용된 점토 채굴의 흔적이다. 실로 300년간에 걸쳐 이 분지의 점토 채굴이 계속되었다. 지금은 근대도시 멕시코시가 되었고 무성하게 자란 풀숲 속으로 이어진 거대 구멍들, 그것이 멕시코의 아니, 아메리카 대륙의 선사연구에 도움이 될 것이라는 사실을 누가 상상이나 했겠는가?

멕시코 석판 컬렉션으로 잘 알려진 니벤, 이 광물학자는 이 고대 점토판 채굴 구멍에서 이따금 인공적인 포석이라 여겨지는 것과 콘크리트 파편 같

니벤이 발굴한 '묻혀버린 도시의 소재지'

은 것을 발견했다. 바로 이것이 위대한 발견의 실마리가 되어 주었고, 니벤 자신도 광범위한 발굴 작업에 있어서 이 구멍들이 얼마나 많은 도움이 되었는지 모른다고 적고 있다.

실제로 니벤에 의한 '묻혀버린 고대 도시'의 발굴은 고고학적으로는 물론이고 지질학적으로도 매우 중요한 발견이었다. 그것은 끊어졌던 과거와 현재, 이 둘을 이어주는 연결고리를 발견한 것과 같았다.

니벤이 말하는 보고서를 통해 이 획기적인 발굴 모습을 소개하기로 하자.

"…발굴 작업이 이루어진 것은 광활한 분지의 서북부로 길이 40km, 폭 20km 정도의 범위였다. 나는 여기서 세 개의 층으로 겹쳐진 고대 도시의 유적을 발견하였다.

그곳은 발이 빠질 정도의 부드러운 흙이 지표면을 30cm 정도 덮고 있었고 그 아래에 모래, 자갈층이 있었다. 이곳을 3m 정도 파고 들어가자 최초의 유적이 발견되었다. 콘크리트 바닥, 포석 등의 파편이었다. 항아리 파편, 작은 점토 인형, 섬록암(閃綠岩)으로 만든 장식 구슬, 화살촉, 창촉, 명주실 등이 발굴되었지만 모두 파손이 심각했다.

두 번째 층은 다시 2m 정도 아래, 지표면에서 약 5m 정도의 깊이이다.

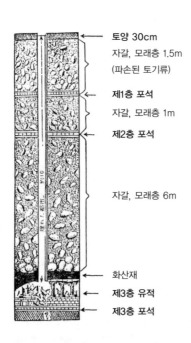

토양 30cm
자갈, 모래층 1.5m
(파손된 토기류)

제1층 포석
자갈, 모래층 1m
제2층 포석

자갈, 모래층 6m

화산재
제3층 유적
제3층 포석

역시 포석과 콘크리트 파편이 나왔고 파손은 제1층보다 심하여 단 하나의 항아리도 발견되지 않았고, 이곳에 과거에 사람이 살았을 것이라고는 상상할 수조차 없을 정도였다. 물론 이보다 더 아래에 귀중한 유적이 잠들어 있으리라는 것은 꿈조차 꾸지 못했다.

참고로 제2층 아래를 파보았는데, 4m를 파보아도 모래와 자갈 이외에는 아무것도 나오지 않아 중지하려고 했을 때, 갑자기 인부들의 삽이 가벼운 듯이

니벤이 발굴한 멕시코의 삼층 유적 단면도.
현재는 해발 2200m 고지에 있다.

보였다. 그것은 화산재층으로 1m 정도의 두께로 **빽빽하게** 쌓여 있었다. 이 화산재를 신중하게 걷어내자 무언가 단단한 물체가 부딪혔다. 또다시 포석이나 콘크리트 파편이라고 생각했지만, 재를 깨끗이 걷어내자 석조 건물 같은 것이 드러났다.

건물은 무수히 이어져 있었다. 이 건물들에는 화산재와 기와 파편 등으로 가득 차 있었다. 발굴을 계속 진행하다가 나무문 같은 것을 발견하였다. 사실 이 문은 나를 '감춰진 고대 도시'로 인도해 주는 문이었다. 지표면에서 약 11m를 파고 들어간 결과였다.

나무문은 이미 석화되어 있었지만, 반원형의 상인방(창, 출입구 등 개구부 위를 건너 상부로부터 오는 하중을 지지하는 부재)이 연결된 이것은 지름 15cm 정도의 통나무를 휘어 만든 것이었다. 내가 멕시코 유적에서 아치형 상인방을 본 것은 이것이 처음이었다. 이 집의 돌벽을 시멘트로 발라 굳힌 것으로 보아 이 상인방은 오히려 취향에 맞춰 달았을 것이다. 이것은 매우 발달한 문화였다는 증거이다.

나는 벅찬 감정을 억누르며 문 안으로 들어갔다. 그곳은 사방이 10m 쯤 되어 보이는 거실로 그 안은 거의 화산재로 가득 차 있었다. 이것은 이 방이 위에서 쏟아져 내린 흙과 자갈의 하중을 견뎠다는 증거이다. 돌을 콘크리트로 이은 평평한 지붕은 안쪽으로 휘어진 채 붕괴하지 않았다.

방 한 귀퉁이가 움푹 파인 곳이 있었는데, 여기에도 화산재로 가득 차 있었다. 거의 완벽한 채 남아 있는 세공품들이 속속 발견되었다. 그리고 몇 명인지 알 수 없는 사람의 **뼈**가 발견되었다. 손으로 만지자 먼지처럼 부서져

버렸다. 지진과 화산의 폭발에 의해 생매장된 사람들일 것이다. 내가 발견하기 전까지 얼마나 오랜 세월을 잠들어 있었던 것일까….

약 2m의 통로 안쪽에 다음 방이 있었다. 입구에서 4m 정도 들어간 곳에 대략 40cm 정도의 붉은 흙이 발라진 작은 화로가 있고, 그곳에서 끝이 가느다란 연통이 위로 뻗어 있었다. 화로 주변 바닥에는 순금이라 여겨지는 자잘한 파편들이 달라붙어 있었다. 그리고 점토를 구워 만든 200여 개의 형틀이 발견되었다. 이 집은 아마도 이 마을에서 1, 2위를 자랑하는 귀금속 세공사 집이었음에 틀림이 없다.

형틀 중에는 두께가 1mm도 채 되지 않는 정교한 것도 있었는데 과거 머리와 가슴과 다리 등에 장식했던 금은동의 장식품이 여기서 만들어졌을 것이다. 형틀 안쪽에는 노란색으로 빛나는 산화철이 두텁게 덧대져 있었다. 이것은 녹은 금속이 달라붙는 것을 방지하기 위한 것인 듯하다. 나는 나중에 이 집에서 금으로 된 얇은 가슴 장식을 발견했는데, 이것은 내가 팔렝케(멕시코의 치아파스주에 있는 고대 마야의 도시)나 미트라(멕시코 오악사카주에 있는 사포텍 문명) 유적 등에서 발견한 금세공품과는 취향이 다르다. 그 정교함과 아름다움은 스페인의 정복자 코르테스가 멕시코에 그 첫걸음을 내디뎠을 때, 자신도 모르게 깜짝 놀라 눈을 크게 떴던 아스테카 제국의 문명, 그것과 우열을 가늠하기 어려운 문명이 그곳에 존재했다는 것을 말해주고 있었다.

이 방 안쪽으로 들어가면 또 하나의 방이 있는데 이곳은 파손 상태가 매우 심각했다. 아마도 앞쪽 방이 작업실로 이곳은 주거지였을 것이다. 이 방 벽에는 적, 청, 황, 녹, 흑의 색채를 이용한 벽화가 있었다. 과거 내가 이집트,

에트루리아(이탈리아의 북 중부의 고대 명칭), 그리스 등에서 보았던 것 중에서 최고의 방에 들어간 것과 필적할 만큼 훌륭했다. 벽은 황청색이고 천정에서 4m정도의 폭에 짙은 홍색과 검정 띠가 칠해져 있었다. 칠을 한 뒤에 천연 왁스와 같은 것으로 마무리한 듯 오랜 세월이 지났음에도 불구하고 변색하지 않은 것도 바로 그 때문인 것 같았다. 무너져 내린 지붕 파편으로 세 곳의 손상이 있었지만, 무엇이 그려져 있는지는 확인할 수 있었다. 그것은 한 인물, 아마도 신분이 높은 인물의 생애를 묘사했을 것이다.

이 방의 지하에는 무덤이 있었다. 깊이 약 1m로 시멘트가 발라져 있었다. 75개의 뼛조각이 사람의 형태 그대로 남아 있었다. 이것은 어쩌면 벽에 그려진 인물의 뼈였을 것이다. 두개골에는 동으로 된 손도끼가 찍혀져 있는 그대로였다. 이로 인해 목숨을 잃었을 것이다. 가족들도 어떤 이유가 있어 제거하지 못한 채 매장한 것으로 보인다. 그 뼈 또한 그리 오랜 세월이 흘렀을 것이라고는 보이지 않았지만 손을 대자 힘없이 부서져 버렸다.

무덤 바닥에는 전부 합쳐 120개의 적토로 구운 토우의 얼굴과 토기 등이 놓여 있었다. 그중에서도 가장 눈길을 끈 것은 동양식으로 가부좌를 하고 무릎에 손을 얹은 남자의 상이었다. 가부좌하는 것은 동양인들에게서 자주 볼 수 있는 풍습이다. 이 인형의 머리는 텅 비어 있었고 목 부분을 따로 분리할 수 있게 되어 있었다. 인형의 얼굴은 소아시아 지방의 페니카아인(오늘날의 레바논, 시리아, 이스라엘 해안 지역의 정착촌을 중심으로 발달한 고대 해상무역 문명), 또는 셈족(오늘날 셈족계열로는 이스라엘을 비롯하여 시리아, 이라크, 요르단, 아라비아, 터키, 레바논, 북부 아프리카와 아시아에 사는 대부분 사람들을 포함)이라 여겨지는 것이었다.

참고로 말하자면, 이 장소에서 6km 정도밖에 떨어지지 않은 곳에 오래된 강의 흔적이 있는데, 메마른 강바닥의 모래 밑에서 무수한 적토와 적토로 만든 토우가 발견되고 있다. 그것들은 모두 남아시아 지방의 민족을 연상시키는 얼굴을 하고 있다.

어쨌거나 여기에는 미트라, 팔렝케, 치첸이트사와 같은 중미의 유명한 유적지에 필적할만한 문명의 흔적이 묻혀 있다는 것은 확실한 것 같다. 장래에 대대적인 발굴이 이루어질 때는 폼페이와 같은 화산 폭발로 묻혀버린 고대의 대도시가 모습을 드러내 화제가 될지도 모르겠다."

'작은 중국인'의 수수께끼

멕시코의 알려지지 않은 도시에 대한 니벤의 첫 번째 보고는 여기서 끝났다. 그러나 두 번째 보고는 더욱 놀라운 사실을 밝히고 있다.

"…이 사실은 '멕시코 분지'에 우리가 모르는 먼 옛날, 적어도 몽골인에 가까운 인간들이 살았다는 것을 증명하는 것이다. 내가 그 작은 중국인들을 발견한 곳은 멕시코시티에서 약 7km 떨어진 산 미구엘 아만트라(San Miguel Amantla)에서 점토 채굴 흔적의 구멍을 약 11m 파고들어 간 곳이었다.

그것은 제3층에 속하는 유적으로 약 10㎡ 정도의 방이 있는데, 콘크리트 벽 하부는 무너져 내렸다. 이 방 아래가 무덤으로 되어 있었다. 중앙에 사각형의 콘크리트 받침이 있고 그 위에 인골이 누워 있었다. 신장은 1.7m 보다 크지 않다. 팔은 매우 길어 거의 무릎까지 닿을 것 같았지만, 무엇보다 그 두개골이 몽골계의 특징을 확실하게 보여주고 있었다. 목에는 비취 목걸이가 걸어져 있었다. 이 녹색 보석은 동양에서 귀중히 여기는 것으로 멕시코에서는 생산되지 않는다.

인골 옆에는 조개껍질 세공의 염주가 있었는데, 그것은 전부 합쳐 597개였다. 그리고 염주 알을 이었던 가죽끈은 완전히 삭아 끊어져 있었다. 마찬

멕시코의 '묻혀버린 도시'에서 출토된 것. 고대 그리스풍의 항아리(상, 좌). 이집트인의 머리(상, 우). 가부좌를 틀고 있는 사람(하, 좌). 작은 중국인(하, 우).

가지로 가죽끈으로 묶어져 있었을 것이라 여겨지는 화폐가 떨어졌다. 이 화폐와 함께 가장 중요한 발굴품, '작은 중국인'이 있다. 분명 멕시코 인디언중에는 몽골계라 여겨지는 사람이 상당히 많아 아메리카 인디언의 조상이아시아에서 왔다는 설을 뒷받침하는 데 이용되고 있는데, 이러한 토우가 멕시코 유적에서 발굴되었다는 이야기는 여태껏 들어본 적이 없다.

토우의 눈은 가늘게 위로 째져 있고, 솜을 넣은 웃옷과 헐렁한 바지, 신

발은 현재 중국인의 풍습과 그리 차이가 나지 않는다. 높이 약 18cm로 적색의 부드러운 점토로 만들어져 있으며 양팔이 없었다. 이미 석화된 현재 망치로 두드려도 부서지지 않을 만큼 겉면이 단단해져 있었다. 가슴 폭이 8.7cm, 배 부위의 두께가 3.7cm, 커다란 귀고리를 하고 작은 장식 버튼이 달린 모자를 쓴 모습은 중국 제국의 관리를 방불케 한다. 웃옷의 가슴 장식에는 금박으로 보이는 것이 사용된 흔적이 있었지만 완전히 변색해 시대가 오래되었다는 것을 느끼게 해준다.

이 오랜 토우가 아스테카 문화의 산물이 아니라는 것은 확실하다. 이것은 아스테카가 멕시코 고원에 자리 잡은 수천 년 전부터 땅속 깊이 묻혀 있었던 것이 틀림없다. 멕시코 역사에 있어서 아스테카인은 새 이주민이었다. 그들은 건설자가 아니다. 톨텍인(Toltec: 10세기경 멕시코에서 번영했던 인디언)과 올메카인(Olmeca: 중앙아메리카에 BC 1500년부터 AD 300년에 걸쳐 문화를 쌓아 올린 문명)이 구축한 문화를 완력으로 강탈한 것에 불과하다. 그렇다면 멕시코에 최초로 문화의 뿌리를 내린 자들은 과연 누구였을까? '작은 중국인'은 그것을 무언으로 말하고 있는 것 같았다…."

멕시코 지하 10m에 파묻힌 중국인 인형, 정말이지 수수께끼 같은 이야기이다. 그렇다고 해서 이것이 중국 문명이 얼마나 오래되었는지를 말해주는 것은 아니다. 역으로 무 대륙에서 온 몽골(황인)계의 인종 중에 이러한 풍습을 가진 민족이 있었고 그것이 아시아대륙으로 전해진 뒤 어떤 형태로 중국인에게 전수되었을 것이다. 이것은 다른 발굴품에 대해서도 마찬가지이다.

그밖에도 니벤의 보고서 안에는 몇몇 주목할 만한 점이 있다. 예를 들어 제3층, 다시 말해 가장 오래된 문명이 가장 발달한 것 같다는 것, 이것은 문명의 발달이 반드시 시간과 비례하지 않는다는 것을 보여주고 있다. 또한 청동은 인류 최고의 금속이라 불리고 있지만 여기서는 청동보다 앞서 산화철이 사용되었다는 것, 그리고 그 문명은 멕시코에서 유카탄반도에 걸쳐 분포된 가장 오래된 문명이라 불리는 고대 마야 문명과 확실하게 다른 것이라는 점 등이다.

주거지 벽에 그려진 그림은 아마도 프레스코(회반죽 위에 물감으로 그리는 화법)일 것이다. 16,000년 전, 고대 마야 칸 왕조의 코 왕자가 매장되었을 때, 그 분묘 벽에 왕자의 생애를 그리기 위해 이 화법이 이용되었다. 게다가 이 벽에 그려진 인물이라 여겨지는 시신의 두개골에 동으로 된 손도끼가 박힌 채로 있다는 것은 당시 이미 이 정도의 날붙이를 만드는 기술이 있었다는 것이다.

니벤은 멕시코에서는 채취되지 않은 비취가 발견되었다고 보고하였는데, 프롱겐 박사도 '무 여왕의 부적'이라 칭하는 비취 장식품(유라시아에만 존재하는 보석)을 분묘에서 발견했다. 나는 그 비취를 조사해본 적이 있다. 그것은 틀림없이 뉴질랜드 산의 것과는 다른 것이었다. 멕시코의 고대 유물 속에서 발견된 비취는 몽골이나 중국에서 온 것이 아니라면 무 대륙의 것으로 생각하는 것이 좋지 않겠는가?

이렇게 많은 발견을 한 니벤은 결국 아메리카 원주민은 아시아에서 왔다는 오래된 결론밖에 얻지 못했다. "멕시코의 고대 민족은 몽골계이다."라고 하는 설은 그러나 조건부가 아니면 찬성을 할 수 없다. 카리브 연안에 처음으로 정착한 사람 중에는 몽골계 종족이 우월했다. 한편, 유카탄반도에서 내륙으로는 백인종이 우월했다. 그들이 백색 마야인이다. 그런데 유카탄반도에서 북쪽까지는 모든 기록, 자료가 거의 대부분이 몽골계였다는 것을 나타내고 있다. 이 북부 종족이 멕시코 전역에서 중미를 정복하고 남자는 죽이고 여자는 포로로 삼았다. 그 결과 멕시코 인디오 전체에 몽골계의 피가 흐르게 된 것이다. '멕시코의 묻혀버린 도시'의 발견은 예를 들자면 하인리히 슐리만의 '트로이의 유적' 발굴과 필적할만한 대발견이었다. 니벤은 이것을 화산폭발로 사라져버린 고대 도시 '폼페이'와 비교하고 있지만 폼페이의 경우에는 이미 역사적으로 드러난 도시이나 이것들은 유사(有史) 이전의 알려지지 않은 도시라는 점에서 그 귀중함은 비교가 되지 않는다. 그러나 이러한 유사 이전의, 아마도 인류 최초의 문명이라 해도 과언이 아닐 고도시의 유적은 유카탄반도와 소아시아 지방과 남태평양의 제도에 그 편린을 보여주면서 아직 이 드넓은 지구상의 곳곳에서 사람들 모르게 잠들어 있는 것은 아닐까?

그럼 이제 니벤이 발굴한 '묻혀버린 도시'의 특징을 살펴보자.

1 현재 멕시코시티의 위치와 거의 같은 해발 2200m의 고원에 있다.

2 약 10m 땅속에 있다.

3 화산재로 뒤덮여 있다.

4 산으로 둘러싸인 평평한 분지에 있지만, 산까지는 상당한 거리이다.

5 유적이 3층으로 이루어져 있고 가장 아래층에 위치하고 있다.

6 각 유적 사이에는 자갈, 모래가 층을 이루고 있다.

여기서 간과해서는 안 될 것은 이 유적이 화산폭발로 매장되었다는 것이 확실하지만 어디에서도 용암의 흔적을 찾을 수 없다는 것이다. 그 이유로 두 가지의 경우를 생각해 볼 수 있다. 첫째, 이곳이 평평한 분지였기 때문에 용암이 흐르지 않고 화구 부근에서 굳은 원뿔꼴로 되어 있다(현재, 남아프리카나 남태평양 제도의 화산에서 볼 수 있다). 또 한 가지는 용암의 분출 양이 적었다(고대 화산에는 이런 경우가 많은 것 같다).

그러나 화산폭발만으로는 이렇게 큰 도시가 파괴되고 매몰되었을 것이라고는 생각할 수 없다. 화산폭발과 동반된 강력한 지진이 석조 건물을 처음부터 끝까지 부숴버린 것이 틀림없다.

그렇다면 각층의 유적 위에 쌓인 모래와 자갈의 유적은 무엇을 말해주고 있을까? 화산폭발은 이런 것들을 가져오지 않았을 것이다. 높은 파도 또는 해일이 운반해온 것이 침전되고 쌓였다고밖에는 생각할 수 없다. 그러나 해발 2000m의 고지를 삼켜버릴 수 있는 파도가 과연 있을 수 있을까? 화산활동에 의해 일어나는 파도는 60m에서 70m 높이가 최대라고 여겨진다. 2000m의 거대한 파도가 덮쳤다면 지구의 표면은 거의 삼켜지고 말 것이다. 게다가 지질학적으로 보더라도 이 유적의 특정한 장소를 해일이 덮쳤다는 것은 분명한 사실이다. 그것도 3번이나 아니, 적어도 2번…. 그것은 수천 년의 간격을 두고 일어났을 것이고 그때마다 지상에 있는 모든 것을 파괴하고 지나갔을 것이다.

이 해일의 끔찍함은 바다의 침입이라고 형용하는 것이 맞을 것이다. 그것은 지진, 또는 대지의 함몰 시에 대양의 바닥부터 들고 일어나 광대한 대륙을 물바다로 만들어 버린다. 예를 들어 19세기 후반에 남태평양 쿡 제도의 투아나키(Tuanaki)섬이 가라앉은 적이 있다. 이때, 섬의 어부들은 항상 이른 새벽부터 바다에 나갔다. 점심 무렵 그들의 통나무배는 크게 솟아올랐다. 거대한 파도가 길게 해수면을 덮치고 있었다. 그들이 저녁에 섬으로 돌아갔을 때, 섬은 어디에도 보이지 않았다. 평평한 수면은 수 시간 전에 섬과 1만 3000명의 주민을 삼켜버렸다고는 상상조차 할 수 없을 만큼 평온했다.

제3층의 가장 오래된 도시가 어느 정도의 규모였는지는 알 수 없다. 그러나 지진과 해일이 덮쳤을 때 아마도 수십만 명의 사람이 목숨을 잃었을 것이다. 이 비극은 지각변동이라는 이 시기에 태어난 사람들의 운명이었다. 다른 나라, 다른 도시에서도 당연히 이 재난을 당했을 것이 분명하다. 단, 그 기억은 역사의 저 너머로 영원히 매몰되어 버린 것이다.

그로부터 수천 년, 혹은 수만 년 동안에 해일은 몇 번이고 이 주변을 덮쳤을지도 모른다. 하지만 적어도 최초의 도시 잔해가 지표면에 드러나 있는 동안에는 그런 일이 없었을 것이다. 그렇지 않다면 이 폐허가 재를 뒤집어쓴 채로 그 모습을 드러내지 않았을 테니까….

이윽고 이 땅 위에 다시 도시가 번성했다. 강 근처, 아마도 살기 좋은 조건이 갖춰져 있었을 것이다. 그러나 이 새로운 도시는 해일이라는 끔찍한 재난을 당하고 말았다. 포석과 콘크리트 바닥을 제외하고는 거의 아무것도 남기지 않은 채 쓸려가 버렸다. 이때도 대규모의 지진이 동반되었을지도 모른다. 이 비극은 그로부터 수천 년, 혹은 수만 년이 지난 뒤에 똑같은 형태로 반복되었다. 그러나 나중의 해일은 이전만큼 크지 않았던 덕분에 얼마간의 유물이 쓸려가지 않고 남을 수 있었다.

해일, 홍수가 아니라 해일이다. 왜냐하면 이 자갈과 모래를 운반해온 물은 해수임이 틀림없기 때문이다. 그리고 제1층과 제2층을 뒤덮었던 자갈을 조사해본 결과, 그것이 멕시코의 태평양 연안에서 운반된 것이라는 사실이 밝혀졌다. 그러나 바닷물이 어떻게 1200m라는 높이를 역류할 수 있었을까?

이 수수께끼는 이 책을 지금까지 읽은 독자라면 쉽게 이해할 수 있을 것이다. 수만 년이라는 아주 오래전, 이 주변에는 산이 없었다. 바다와 이곳을 가로막아 주는 것이 없었다. 물론 멕시코시티가 세워진 해발 2200m의 대지도 없었을 것이다. 어쩌면 멕시코 전국에 해발 50m를 넘는 언덕조차 없었던 게 아닐까?

그러나 산이 없다고 한다면 첫 번째 도시의 멸망 원인이 된 화산은 대체 어디에 있었단 말인가? 이것은 가스 벨트의 형성과 떼어서는 생각할 수 없다.

그 무렵 조산 활동의 전제가 되는 가스 벨트는 아직 완성되지 않았다. 가스 챔버는 지구 여기저기에서 폭발, 붕괴, 함몰이라는 작용을 반복하고 있었다. 특히 멕시코, 중미, 서인도 주변은 거대한 가스 벨트가 완성되기 전인 매우 복잡한 상황이었다. 가스 챔버는 겹쳐지거나 결합하면서 위험한 상태였다. 그리고 때로는 지표면을 가르고 분화하거나 지진을 일으키기도 했다.

첫 번째 도시를 붕괴시킨 것은 이러한 현상으로 그 폭발력은 상상을 초월하는 것임에 틀림없다.

이윽고 가스 벨트의 완성이 가까워지면서 많은 육지가 함몰되고, 역으로 많은 육지가 융기하였다. 이 지각변동과 동반된 해일은 지구상의 각지에서 발생하여 육지를 엄습했다. 그 파괴력은 끔찍한 것이었다. 해수면과 큰 차이가 없는 지방도 해일에 휩쓸려버렸다. 만약 이때 첫 번째 도시를 파괴하는 원인이 된 분화구 또는 균열 같은 것이 있었다면, 해일이 휩쓸고 온 토사와 자갈이 땅속에 묻혔음에 틀림이 없다. 그리고 계속되는 조산운동에 의해 대지는 유적과 함께 융기되어 이 주변의 지형을 완전히 바꾸어놓은 것이다.

여기서 다시 한번 반복한다. 지구상에 최후의 조산 활동이 활발하게 이루어진 것은 그리 오래된 과거가 아니다. 이 멕시코 고대 도시는 그 이전에 지상에 존재하였다. 지질학자의 설을 따른다면 제1층의 가장 오래된 도시는 대체 언제쯤 세워졌단 말인가? 그런 엄청난 일은 상상조차 할 수 없는 일이다. 나는 이 가장 오래된 도시가 약 50,000년 전에 세워졌을 것으로 추정한다.

'무, 어머니의 나라여!'

니벤은 이 유적 말고도 또 하나 매우 중요한 발굴을 하였다. 두말할 필요도 없이 앞에서 소개했던 2600개에 달하는 석판으로, 멕시코시티 북서쪽의 8km 부근 지점을 발굴한 것이다. 이 석판들은 확실하게 12,000년 이상 오래된 것으로 무 대륙에서 만들어진 것이 아니더라도 이 잃어버린 대륙의 모습을 매우 생생하게 전하고 있다. 여기서 그 대표적인 것들을 들어보기로 하겠다.

석판 No. 4

높이 2.5m , 폭 1.7m, 두께 45cm,

석판 No. 4
무 제국 최고의 제사장 라 무를 상징

무게 1t에 달하는 거석 위에 묘사된 것으로 제단용으로 사용된 것이라 여겨진다. '신성한 4'에 대한 경외심을 표시하는 것으로 한 점, 한 선이 모두 의미가 있는 상징도형의 걸작이다.

A 왕관, B 깃털 장식, C 몸통 및 의복의 세 부분으로 나눠진다.

A 왕관.

가장 위의 선수분으로 네 개의 돌기부가 있고 양쪽에는 종교 문자 H를 의미하는 모습을 하고 있다. 적색. 4, H는 '신성한 4'를 나타내는 숫자, 문자.

B 깃털 장식.

왕관 아래의 어깨 부분. 7개의 노란색 줄로 이루어져 있다. 노란색은 왕의 색.

C 몸통 및 의복

사각형 몸통은 종교 문자 M, 무 대륙을 나타내는 것. 대륙의 모습을 딴 귀고리를 한 것으로 보아 이 인물이 무 제국 최고의 제사장 라 무라는 것을 알 수 있다. 목걸이도 3개의 태양, 3은 무를 나타내는 숫자로 노란색. 열쇠 모양의 손은 '건설자'를 나타내는 상형문자. 빨간색이다. 허리띠에서 다섯 줄씩 내려간 세로 선은 손가락으로 5는 '충만한 신격'을 나타낸다. 허리띠 중앙에서 소매를 좌우로 나누고 있는 모습은 '대 건설자'를 나타내는 상형문자. 양손 아래의 것은 종교 문자 H. 이것은 노란색. 그 아래 세 개의 원은 무를 나타내는 숫자로 이것은 빨간색. 발가락도 5개.

외투는 좌우로 역시 네 개의 돌기부가 있다. 적색.

〈해독〉

"이 신전은 '위대한 창조주'를 기리기 위해 세우진 것이다. '4대 원동력'은 '위대한 창조주'로부터 발산되는 힘이고, 그것은 우주를 지배하고 만물을 만들어낸다. 이 신전은 '어머니의 나라' 무 제국의 최고 제사장이자 '위대한 창조주'의 대변인 라 무에 의해 관리된다."

무 제국의 최고 제사장 라 무에 의해 이 신전이 관리되고 있다는 것은 아직 무 대륙이 붕괴하기 전 그 문명이 번성했었다는 것을 나타낸다. 그런 의미에서도 이 석판은 매우 귀중하다. 무 대륙이 함몰된 것이 약 12,000년 전이라고 한다면 이 석판이 적어도 12,000년 이상이 되었다는 것을 입증하고 있다.

석판 No. 684
무를 상징하는 인면석(멕시코)

석판 No. 684

레온에서 발굴된 이 석판은 조금 독특한데 돌의 형태를 그대로 이용해서 사람의 얼굴을 묘사하고 있다. 사각형은 종교 문자 M을 나타낸다. 입이 이중으로 되어 있는 것은 하나는 무, 또 하나는 마더, 어머니를 의미한다. 턱이 약간 넓고 긴 것은 대지의 상징, 여기서 국토의 의미와 탄생의

석판 NO. 1780
멕시코 석판의 창조주

석판 No. 1055
하느님의 라를 상징하는 것(멕시코 석판)

의미. 다시 말해 이 인면석은 얼굴 전체로 '무, 어머니의 나라여!' 라고 외치고 있다.

석판 No. 1780

모자를 쓰고 있는 사람 얼굴. 모자에는 세 개의 깃털 장식이 달려 있다. 깃털은 지리의 상징이고, 세 개의 깃털은 최고의 제사장 라 무에만 허락되었다. 오른쪽 눈이 큰 것은 태양, 전능한 창조주를 나타내고, 그것이 입과 이어져 있다. 좌측 눈이 작은 것은 달, 밤을 나타낸다.

〈해독〉

"낮도 없고 밤도 없는 창조주의 눈은 만물을 향해 있고 라 무의 입을 빌려 진리를 말씀하신다."

석판 No. 1055

한가운데에 이중의 원은 무 대륙 북부와 위구르 제국에서 사용되던 상징으로 '라' 다시 말해 태양으로 창조주, 또는 하느님을 상징한다. 꽃잎처럼 뻗은 세 개의 줄기는 무를 의미한다. 이중의 원 아래로 내려와 있는 것은 혀, 이야기하다, 언어의 의미. 우측면에 태양과 무 양쪽에 접해 있는 혀가 있다.

〈해독〉

"창조주, 하느님은 무의 입을 빌려 말씀하신다."

석판 No. 51
우주의 '4대 원동력'이 해저에서 무 대륙을 융기시켰다. 창세기어를 말하는 멕시코 석판.

석판 No. 51

1 '타우', 부활 또는 출현의 상징.

2 '타우'의 머리는 종교 문자 M.

3 숫자 3을 나타낸다.

4 감긴 눈. 인간의 눈은 무 제국을 볼 수 없었다. 다시 말해 인간이 아직 출현하지 않았다는 의미.

5 턱 아래에 있는 것은 '지하의 불' 땅속의 화산맥을 나타낸다.

6 나가인이 이용하는 상징으로 창조주를 나타내는 것.

7 '4대 원동력' 과 그 작용을 나타낸다.

〈해독〉

" '위대한 창조주' 의 명령으로 4대 원동력은 '지하의 불의 힘' 을 이용하여 대양의 바닥을 물 위로 들어 올려 그 위에 인간을 살게 하려고 육지를 만드셨다. 그 육지의 이름은 무이다."

석판 No. 1
멕시코의 산 미구엘 아만트라에서 발굴된 신전의 설계도.

석판 No. 1

산 미구엘 아만트라 부근에서 발굴된 것으로 신전의 설계도가 새겨져 있다. 이 석판에는 두 개의 특징이 있다. 하나는 멕시코 석판치고는 특별한 문자체가 이용되었다는 점이다. 또 하나는 세 개의 부분으로 나뉘어 있고 각각이 독립된 의미가 있다는 점이다.

부분 I

부분(Ⅰ)

1 중앙선 상부에 있는 인간, 무 제국 최고의 제사장 라 무.

2 라 무의 양손(2a, 2b)이 축복을 위해 펼쳐져 있다.

3 '라'는 태양. 창조주의 모든 것을 나타내는 표상. 축복이 '무한한 신'에 의해 이루어지는 것을 나타낸다.

4 '쿠이', 이것도 태양의 상징이지만, 천체로서의 태양을 나타내는 경우에 사용된다. '라'에는 '왕의, 왕이신 하느님'의 의미가 있지만, '쿠이'가 더해지면 '지상에 있어서 왕의, 왕이신 하느님'이 된다.

〈해독〉

" '왕의, 왕이신 하느님', 창조주, 전능한 하느님의 대변인, 태양의 제국 제사장 라 무가 그대들의 신전 및 백성에게 축복을…."

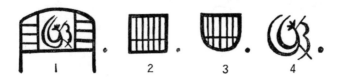

부분 II

부분(II)

1 네 개의 방 사이에 '내진'이 있다.

2 사원에 들어가면 좌측에 네모기둥이 있다. 사각은 힘, 강함의 상징.

3 들어가서 오른쪽에는 원기둥이 있다. 원은 완성을 나타낸다. 기둥 중
  앙에 5개의 선이 있는 것은 창조주와 그 4대 원동력, '완전한 신성'을
  나타내는 5이다. 따라서 두 개의 기둥은 "이 신전은 창조주, 전능하신
  하느님을 사랑하는 힘으로 완성된다."는 것을 말해주고 있다.

4 이 상형문자는 무 대륙 북부 및 위구르 제국에서 사용된 것.

〈해독〉

"'어머니의 나라'의 관리 하에 태양(하느님)에게 바쳐진 신전."의 의미.

부분(Ⅲ)

부분(Ⅲ)

1 사원 입구, 사각기둥과 원기둥 사이에 사각형의 장식 윤곽이 있다.

2, 2a T와 M을 나타내는 상징의 결합. M은 두말할 것도 없이 무, T는 which, what에 해당한다.

3 수평선에 떠오르는 태양. 식민지의 상징이다. 빛줄기가 없는 것은 제국이 아니라는 것을 나타낸다.

4 태양의 상단에 접하여 이 식민지의 명칭을 나타낸다. 그러나 이 이름을 해독하는 것은 불가능하다.

〈해독〉

"이 땅은 무 제국의 식민지 ○ ○ ○의 나라이다."

밀림 속의 고대 마야 문명

중앙아메리카 지도를 펼쳐보자. 멕시코 남동부에서 멕시코만을 향해 돌출된 커다란 반도가 있다. 해안선 일부를 제외하면 지금은 사는 사람이 많지 않은 쓸쓸한 곳이지만, 그곳은 한때 마야 문명을 꽃피웠던 유카탄반도이다.

이 고대 마야 문명은 오랫동안 역사의 한편에서 잊혀졌지만 존 로이드 스티븐스(John Lloyd Stephens: 1805~1852, 미국의 탐험가이자 사업가)와 그의 협력자 프레더릭 캐서우드(Frederick Catherwood: 1799~1854, 영국의 건축가, 화가, 고고학자), 알프레드 모즐리(Sir Alfred Percival Maudslay: 1850~1931, 영국의 고고학자) 박사와 같은 사람들이 이 유적을 탐험하여 19세기 중반 무렵에 드디어 주목을 받기 시작했다.

일반적으로 말하는 마야의 역사는 기원전 68년경, 온두라스에 도시를 세운 뒤, 그곳에서 24km 떨어진 티칼로 수도를 옮겨 적어도 5세기까지 그곳에 있었다. 그런 다음 속속 도시를 세웠다 버리기를 반복하다 결국 중부 멕시코 북쪽의 유카탄반도로 이주했다. 그것이 기원 530년에서 629년 사이라고 전해진다. 훌륭한 도시를 건설해 놓고 왜 그것을 버리고 이주했을까? 이 이동에 대해서는 지금도 수수께끼이다.

유카탄반도는 하천이 없다. 그것을 알고도 왜 농경민족인 마야인은 그곳으로 이주한 걸까? 하천은 없지만, 이 반도 북쪽에는 곳곳에 거대한 복류수(伏流水: 하천의 하상 및 사리층 속을 흐르는 지하수)가 있다는 것을 알고 있었다. 마야족은 이 물을 이용해서 농경 및 식수로 이용하면서 도시를 건설했다. 그들의 불가사의한 이동도 아마 이 농경과 관계가 있을 것이라고 여겨진다.

1519년, 멕시코에 상륙한 스페인의 코르테스가 이끄는 군대는 멕시코 전역을 정복했다. 스페인 병사들이 진군한 뒤에는 기독교 선교사들이 찾아와 인디오의 피로 물들은 땅에 교회를 세우고 원주민의 개종을 시켰다. 그들은 마야족의 문명을 이교도의 문명이라 여기고 이것을 파괴하는데 전력을 다했다. 그렇게 해서 마야 문화의 연구를 위해 필요한 소중한 역사자료 대부분이 재로 변하였다. 이 행위는 후세 역사가의 원한과 탄식의 대상이 되고 있는데, 그중에서도 가장 원망을 받는 것은 비숍 란다로 알려진 스페인의 주교 디에고 데 란다(Diego de Fray landa: 1524~1579)이다.

란다 주교는 스페인이 점령한 뒤 2대째 선교사로 유카탄에 왔다. 그는 충실한 선교사였지만 마야인들의 고기록, 고대의 유물을 강제로 빼앗아 공공장소에 산처럼 쌓아놓고 불태워버렸다. 1561년 7월의 어느 날, 위대한 문명을 알 수 있는 단서였던 귀중한 문화재는 그렇게 한 줌의 재로 사라져버렸다. 이때 겨우 란다 주교의 눈을 피해 후세에 전해진 문헌은 단 3권이다. 그것이 『트로아나 고사본』, 『코르테시아누스 고사본』, 『페레시아누스 고사본』이다.

고대 마야족의 유적 중에 우슈말의 고대 도시가 있다. 여기에는 비밀의 식의 신전이라 불리는 고대 신전이 있다. 이것을 발견한 사람은 마야 문명의 연구에 커다란 업적을 남긴 프랑스인 프롱겐 박사이다. 이 신전을 꼼꼼히 조사해 보니 일반적으로 말하는 마야족의 역사에 관해서는 전혀 도움이 될 것 같지 않았다. 왜냐하면 이 신전은 그 자체가 '어머니의 나라'의 상징이라 할 수 있는 것이기 때문이다.

신전은 세 곳으로 나누어져 있다. 한가운데 있는 방문은 무 대륙이 있던 방향인 서쪽을 향하고 있다. 여기서 작은 계단이 난간으로 통한다. 다른 두 방문은 동쪽을 향하고 있다. 천정은 삼각형 아치로 양쪽 방의 끝쪽에서 반원형을 이루며 북쪽 방에는 '3'을 나타내는 상징, 남쪽 방에는 '5'를 나타내는 상징이 있다(p156 참조). 안쪽 방 입구의 상인방 상석에 처마 돌림띠가 신전 주변을 빙 둘러 감싸고 있는데, 그 모양은 해골을 겹겹이 이은 것이다(p158 참조).

벽에는 수많은 비문과 상징이 그려지고 새겨져 있었는데, 그중에서도 눈을 끄는 것은 무 대륙의 천문도였다(p150 참조). 벽에는 "이 신전은 우리의 교리를 전파한 서방의 나라들 무 제국의 붕괴를 추모하기 위해 세웠다."라고 읽히는 비문이 새겨져 있었다. 아마도 무 대륙 붕괴 직후에 '어머니의 나라'를 추모하고 기념하는 마음을 담아 세웠을 것이다. 그렇다면 이 신전은 실로 11,500년 이상의 오랜 역사를 가진 신전이 된다.

프롱겐 박사에 따르자면 우슈말의 유적 중에는 "우슈말은 세 번 파괴되고, 세 번 다시 세워졌다."는 의미의 비문을 확인할 수 있다고 한다. 이것이 사실이라면 니벤이 발굴한 3층의 유적과 연관지어 생각할 수도 있는 것이 아닐까? 어쨌거나 마야 문명이 불과 1000년, 500년의 역사밖에 되지 않는다는 것은 있을 수 없는 일이 된다.

치첸이트사, 그것은 유카탄반도로 뻗어 나가는 마야 문명의 유적 중에서도 가장 훌륭한 것이다. 이곳에는 높이 30m, 받침의 면적이 60㎡에 달하는 석조 피라미드 대신전이 있다. 또한 마야인이 기상관측에 사용했다고 하는 돔 형태의 건물 엘 카라콜도 있다. 여기는 과거 마야족의 영광스러운 수도였다.

치첸이트사의 대신전은 쿠쿠르칸의 신전이라고도 불린다. 쿠쿠르칸이란 '날개 달린 뱀', 다시 말해 멕시코인이 말하는 케찰코아틀이다. 마야족의 전승에 따르면 쿠쿠르칸은 먼 옛날 포로로 치첸이트사로 끌려와 비의 신 나홈 차크에게 바칠 제물로 성스러운 샘에 던져졌다. 그런데 쿠쿠르칸은 죽지 않았다. 그 때문에 오랜 전통에 따라 마야인들은 그를 꺼내주며 신의 위치를 부여했다. 이후 쿠쿠르칸은 유카탄반도에서 가장 세력이 있는 수장이 되었고 그를 신으로 숭배하며 신전을 세웠다고 한다.

이 신전에서 폭 4m, 길이 400m의 포석이 깔린 도로가 있고 양쪽에는 날개가 있는 뱀, 쿠쿠르칸의 조각이 수백 개가 늘어서 있다. 이 길은 성스러운 샘 '세노테'로 통하는 길이다.

우기를 알림(『트로아노 고사본』)

가뭄이 지속돼 밭의 작물이 메마르기 시작하면 마야인들은 비의 신께 노여움 때문이라고 믿고 신의 노여움을 풀어주기 위해 제물을 바치기로 한다. 산 제물은 14살의 아름다운 처녀가 선발되었다. 당일 쿠쿠르칸의 신전에는 14살의 소녀가 비의 신 아내로서 아름답게 치장한 뒤 때가 오기를 기다린다. 한편에서는 훌륭한 청년이 반짝이는 갑옷에 황금 칼을 차고 깃털이 달린 투구를 쓴 채 대기하고 있다. 신부의 호위병으로서 무사히 비의 신 궁전까지 데려다주는 것이 임무다.

새벽이 밝아오면 소라나팔 소리와 함께 제사장을 선두로 해서 신부를 태운 가마 중심으로 행렬이 움직인다. 90개의 계단을 내려와 포석이 깔린 도로를 따라 성스러운 샘을 향한다. 나팔 소리가 구슬프게 울려 퍼지고 낮은 북소리가 울부짖듯이 퍼져나간다. 이윽고 막다른 길에 다다르면 밀림으로 둘러싸인 석조 제단이 나타난다. 그 반대편에는 고요한 샘이 있다.

양쪽 끝의 가장 긴 곳은 6m, 그것은 샘이라기보다는 연못이다. 나무 사이로 햇빛이 비치면서 깊이를 가늠할 수 없는 수면 위로 희미하게 반사된다. 연못 주변은 높은 곳이 20m나 되는 황토 절벽이다.

제사장은 제단에서 비의 신을 향해 기도를 올린다. 신부는 가마에서 끌려 나와 6명의 제사장이 주문을 외우면서 그녀의 몸을 천천히 앞뒤로 흔든다. 나팔도, 북도, 노랫소리도 그 몸동작에 맞춘다. 이윽고 점점 음악 소리와 노랫소리가 빨라지며 최고조에 달하면 신부의 몸은 제사장들의 손을 떠나 물속으로 빠진다. 물소리가 주변의 암벽에 반사된다. 이어서 호위하던 소년도 뛰어든다. 연못을 둘러싼 사람들 속에서 억누른 듯한 슬픈 비명이 들린다(역주: 훗날 미국의 학자 E. H 톰슨에 의해 이 연못 바닥에서 꽃병, 향로, 화살촉, 창촉, 구슬 등의 장식품과 사람 뼈가 발견되었다).

백색 마야인의 전설

란다 주교가 처음 유카탄반도에 왔을 때 우뚝 솟아 있는 대신전의 유적을 보고 놀라며 길가에 있던 인디오에게 물었다.

"저건 누가 세운 건가?"

인디오는 한동안 머뭇거리다가 이렇게 대답했다.

"톨텍."

이것은 마야어로 '건설자'라는 의미이다. 인디오는 누가 세운 거냐는 질문에 곤란해하면서 지극히 당연한 대답을 선택한 것이다. 톨텍족, 그 이름은 아스테카족보다 앞서 중미문화를 건설한 민족으로서 훗날 주목을 받게 되지만 원래는 건설자라는 의미밖에 없었다.

란다 주교는 마야족의 수천 권에 달하는 고전, 27개의 고사본, 양가죽 문서 등을 잿더미로 만들고 5000개의 조각상, 197개의 항아리 등을 부숴버렸지만, 한편으로는 마야 왕자 한 명으로부터 전설을 받아 적고 스케치를 덧붙였다. 그것은 『유카탄 사물기』로 남겨져 치첸이트사 비의 신 '신부 이야기' 도 여기에 남아 있다.

그는 그 책에서 이렇게 적고 있다.

"스페인인이 왔을 때, 마야의 고대 건축물은 이미 폐허가 되어있었지만, 원주민들은 두려워하며 가까이 가려 하지 않았다. 그들은 그 건물들을 누가 왜 지었는지 몰랐다."

페드로 버트럼은 그의 저서 『마야족의 미술』에서 "마야의 가장 오래된 건축물의 장식에는 마스토돈의 코가 자주 사용되었는데, 거기에는 '필요한 것' 이라고 적혀 있다."고 적고 있으며 이것은 프롱겐 박사도 지적하고 있다.

태곳적에 서식했던
마스토돈을 형상화한 고대 마야의 조각.

"마야의 상징물 중에는 마스토돈의 코 모양의 조각을 한 것을 이따금 볼 수 있다. 이 조각들은 매우 오래된 시대의 것으로 보이며 카아쿠(번개)라는 글자가 적혀 있다."

마스토돈은 홍적세에 살았던 코끼리다. 고대 마야인의 역사는 적어도 이 시대까지 거슬러 올라갈 수 있다는 것이다.

이 마야의 고대 문명이 고도

로 발달했다는 것은 기상대를 만들 정도로 천문학이 발달했으며, 또한 마야력으로 알려진 훌륭한 달력이 있다는 것으로도 유명하다. 예를 들어 마야의 건축물에 새겨진 사람의 얼굴과 새나 동물의 모습이 줄줄이 이어져 있다가 갑자기 끊어져 있기도 하다. 이것은 날짜를 나타내기 위한 것으로 그 역(曆)은 현재 우리가 사용하는 달력과는 전혀 다른 계산법으로 되어 있는데, 정확함에서는 전혀 뒤지지 않았다.

이렇게 뛰어난 고대 문명이 언제, 왜, 역사 속에서 사라지게 된 것일까? 그것은 세월에 의한 것도, 란다 주교와 같은 인간의 손에 의한 것도 아니다.

기원전 9500년경. 고대 마야족은 지각변동과 동반된 대홍수로 쓸려가 버렸다.

1870년, 유카탄반도의 츄마에르에서 『칠람 발람의 서』가 발견된다. 이것은 마야어를 라틴어로 쓴 것으로 아마도 마야 제사장의 손에 쓰여진 것으로 여겨지는데, 대부분은 스페인 정복자에 대해 적고 있다. 그러나 그중에는 선주민족인 고대 마야족으로부터 어떤 형태로 전승되었을 것이라 추측되는 전설과 신화가 많이 들어 있다. 그중에는 이런 내용이 적혀 있다.

"마야족 선조는 아주 오래전에 지진과 분화로 인해 죽었고, 다시 바다가 삼켜버렸다. 구사일생으로 살아남은 사람들은 사방으로 흩어졌다."

그랬다. 고대 마야 문명은 화산활동과 대홍수라는 자연 현상 때문에 멸망한 것이다.

아스테카 고전 『치말포포카의 사본』은 당시를 이렇게 전하고 있다.

"'비의 태양'이라 불리는 시대에 불의 비가 내렸다. 그리고 단 하루 만에 모든 것이 불의 비에 의해 전멸했다."

페루와 브라질 인디오의 전설에서는 이렇게 전하고 있다.

"사람들은 지축의 울림과 천둥소리를 들었다. 태양과 달은 어떤 때는 붉었다가 어떤 때는 파랗고, 또 어떤 때는 노란색이었다. 밝은 낮과 대지는 마치 단 한 번도 존재하지 않았던 것 같았다. 물은 하늘 높이 솟아올랐고, 대지는 모두 물속에 가라앉았다. 어둠과 호우가 멈추지 않았다. 사람들은 사방으로 도망치며 높은 나무와 산 위로 올라갔다. 그러나 목숨을 건진 건 단 한 명의 남자와 그의 아내뿐이었다. 물이 빠지고 그들이 땅위에 내려왔을 때, 단 한 명의 몸뚱이도, 단 한 명의 뼛조각도 마주칠 수 없었다."

당시의 공포를 과테말라의 키체족 고전 『포포르 부』는 이렇게 적고 있다.

"순식간에 나무막대 인형(인간)은 휩쓸리고, 부서져 죽임을 당했다. 그리고 하늘의 마음에 따라 홍수가 일어났다. 대홍수가 일어나 거대한 물살이

나무막대 인형의 머리 위에 쏟아졌다. 그로 인해 대지에 어둠이 깔리고 검은 비가 밤낮없이 내리기 시작했다."

지진과 홍수에 때문에 황폐해진 토지는 아무도 살 수 없다. 그곳에 다시 인간의 모습이 나타난 것은 선주자의 파괴로부터 매우 오랜 세월이 흐른 뒤의 일이다. 최초에 온 것은 어떤 인류인지 알 수 없다. 아마도 그 무렵 중미 전체로 뻗어가기 시작했던 몽골계 종족이 아니었을까? 그들은 고대 마야의 백성과는 전혀 다른 민족이었다. 그 후, 나우아틀인이 남쪽으로부터 와서 이곳을 정복하였고 다시 아스테카인 역시 남쪽에서 와 이 지역을 지배하에 두었다. 현재, 중미 인디오라 불리는 종족은 이러한 정복자의 피가 서로 섞여 있는 것이다. 따라서 스페인인이 왔을 때, 마야족이라 칭하며 유카탄반도에 살고 있던 민족은 화려한 문명을 세운 고대 마야족과는 전혀 다르다고 할 수 있다.

현재, 치첸이트사의 유적에서 볼 수 있는 대건축물의 대부분은 고대 마야 제국의 칸 왕조이거나 피푸우 왕조 시대에 세워진 것이다. 프롱겐 박사와 페드로 버트럼에 의해 주목을 받게 된 마스토돈의 조각은 이 피푸우 왕조의 상징이었다. 칸 왕조는 '날개 달린 뱀'을 상징으로 이용했다. 치첸이트

날개가 달린 뱀의 수호를 받으며 분전하는 코 왕자(유카탄의 코 왕자 무덤)

사에서 이 상징이 많이 발견되는 것은 그 때문이다. 전쟁과 국가적 행사가 있을 때는 이 상징을 그린 깃발이 걸렸다. 치첸이트사의 코 왕자 무덤 벽에는 이 왕자가 태어나고 죽을 때까지가 그려져 있는데, 여기에서도 이 상징을 볼 수 있다. 분전하는 젊은 왕 코, 그를 지키듯이 날개 달린 뱀이 하늘을 향해 기운을 내뿜는 웅장한 그림이다.

칸 왕조는 고대 마야 최후의 왕조로 마지막 왕좌에 오른 것이 무 여왕이다.

페루의 티아와나코 유적의 벽화 조각

남미 페루의 티티카카호반에 잉카 제국의 유적이라 불리는 티아와나코가 있다. 해발 4500m인 이곳에 하나의 거대한 비석이 세워져 있다. 이것은 신전의 유적 일부로 이렇게 높은 곳에까지 거대한 돌을 어떻게 운반하였는지는 고고학 연구가들에게도 수수께끼로 여겨지고 있다.

이 대신전이 세워졌을 무렵, 안데스산맥은 아직 없었다. 이 산맥이 생성되는 과정에서 주민도 건축물도 심각한 타격을 입었다. 그리고 두 개로 갈라진 이 거대 비석이 그것을 생생하게 증명해주고 있다. 따라서 이 고대 문명은 일반적으로 말하는 잉카의 것이 아니다. 잉카(케추아족)이 페루에 나타난 것은 이 신전이 세워진 뒤 약 15,000년 후로, 안데스 산맥이 생성되고 수천 년 뒤의 일이다.

이 비석에는 매우 뛰어난 기계적 기술과 예술적 능력이 하나를 이룬 훌륭한 그림문양이 새겨져 있다. 그리고 그 문양 자체가 하나의 비문을 이루고 있다. 비석에는 문자로 볼 수 있는 것이 하나도 없지만, 무 대륙의 상징에 대한 지식만 있다면 비교적 쉽게 해독할 수 있다.

이 비석 중에서 가장 눈길을 끄는 것은 인물을 그린 부분이다. 사람의 얼굴은 방패 모양으로 둘러싸여 있고, 그 주변은 세 쌍으로 된 문양이 반복적으로 새겨져 있다. 두말할 필요도 없이 3은 무 대륙을 상징하는 숫자이다. 갓의 세 개의 날개, 뺨의 세 개의 점, 세 단으로 된 왕좌, 가슴에는 무 대륙의 상징인 직사각형 판 세 장으로 되어 있다. 입도 직사각형으로 이것들을 세어보면 무 대륙을 상징하는 도형이 전부 9개이다. 그리고 태양의 빛줄기는 사람의 얼굴 주변 전체를 감싸며 '태양의 제국 무'를 상징하고 있다. 그리고 빛줄기 끝에는 ⊙─ '아하우' 즉, '왕의 왕'의 상징을 볼 수 있다. 다시 말해 "태양의 제국 황제는 지상의 모든 왕을 지배한다."는 것을 말하고 있다.

이 인물상이 손에 든 패는 그 끝이 잉꼬의 머리 모양을 하고 있다. 잉꼬는 마야 제국 무 여왕의 토템이다. 그리고 패 아래쪽에 그것이 달려 있는 것은 마야 제국이 무에 종속된 식민 제국이라는 것을 나타내고 있다. 방패 모양의 상부에는 표범의 머리가 좌우에 달려 있는데, 이것은 무 여왕의 젊은 남편 코 왕자의 토템이다. 그리고 아래쪽에 달린 뱀의 머리는 두 말할 필요도 없이 칸 왕조의 상징이다.

위와 같이 알 수 있듯이 비석 중앙부에 있는 이 인물상은 칸 왕실의 무 여왕과 그의 남편 코가 마야 제국에 군림하였고, 마야 제국은 무의 식민국이라는 것을 말해주고 있다. 비석의 아래쪽에는 17개의 사람 얼굴이 새겨져 있는데, 각각이 국토를 나타내는 상징으로 열쇠 모양으로 둘러싸여 있다. 이것은 무 제국에 17개의 식민국이 있다는 것을 나타내는 것으로 생각하지만 확실한 것은 알 수 없다. 이 부분의 위에는 날개가 달린 사람의 모습 같은 것이 3단으로 줄지어 있다. 가운데 단 부분의 머리가 잉꼬의 모습을 하고 있고 그 외의 단에는 인간의 머리를 하고 있지만, 갓에는 역시 잉꼬의 모양을 한 것이 달려 있다. 그리고 이 인물상은 12마리의 뱀에 의해 나뉘어 있다. 이 뱀은 마야의 12왕조를 의미한다.

이 비석에 세워졌을 무렵, 주변은 무 여왕과 그의 남편 코에 의해 통치되던 마야 제국의 영토 또는 식민지가 아니었을까? 그리고 이 비석은 마야 제국과 무 여왕에 대한 복종을 보여주기 위해 세워진 것이라 여겨진다.

『트로아노 고사본』에는 무 여왕이 이집트의 나일강 삼각주에 있던 사이스의 식민지를 방문해 제사장 토토와 만났다고 기록하고 있다. 사이스 식민지는 16,000년 전에 시작되었고, 토토가 이곳에 온 것은 초기의 일이다. 그렇다면 이 비석은 약 16,000년 전에 세워진 것이 되는데….

어쨌거나 스페인인이 왔을 때, 후대 '마야족' 이 위대한 문명의 건설자를 몰랐다고 해도 이상할 것이 없다.

예를 들어 치첸이트사의 쿠쿠르칸의 신전에 관한 이야기, 그것은 후대 마야족이 그곳에 남아 있던 고대 문명의 흔적과 어렴풋이 전해져 내려온 구전을 바탕으로 만들어낸 신화일지도 모른다. 그러나 '백색 마야인'과 '갈색 이주자'들의 전쟁을 알고 있다면 쿠쿠르칸이 그 당시 전쟁 포로였던 '백색 마야인'의 한 사람이고, 그는 자신의 학식과 재능 덕분에 '갈색 이주자들'에게 숭배를 받다가 신격화되었을 것이라고 상상할 수 있다.

"멕시코 최초 주인은 백인종이었다."

아스테카족의 전설은 이렇게 말하고 있다.

"이 백인 종족은 검은 피부의 종족에게 정복당해 자신의 나라에서 쫓겨났다. 백인 종족은 배를 타고 동쪽, 해가 뜨는 방향으로 항해하여 육지에 도달해 그곳에 살게 되었다."

흥미로운 것은 이 전설에는 다음과 같은 예언이 덧붙여져 있다.

"이 백인 종족은 언젠가 다시 이 땅으로 돌아와 자신의 나라를 되찾을 것이다."

헨리 라이더 해거드(Henry Rider Haggard: 1856. 6. 22~1925. 5. 14, 영국의 소설가)는 자신의 저서 『몬테즈마의 딸』에서 이런 전설을 소개하고 있다.

"케찰코아틀은 아나우왁의 주인에게 다양한 지식과 정부를 세우고 정책을 수립하는 것까지 가르쳐 준 성자였다. 그는 하얀 피부에 밝은색 수염을 기르고 있었다. 그는 이윽고 뱀 껍질을 붙인 배를 타고 아나우왁의 해변에서 하파란다의 나라로 돌아갔다."

유카탄반도의 끝자락에 있는 과테말라, 이 원주민 키체족의 성전 『포포르 부』에도 이런 내용이 실려 있다.

"케찰코아틀 왕이 이끄는 백인 종족은 검은 피부의 종족에게 침략당했다. 왕은 붙잡혀 목숨을 부지 할 수 없었기 때문에 배에 탈 수 있는 사람들만을 태우고 해가 뜨는 방향에 있는 먼 육지로 향했다. 이윽고 육지에 도착해 그곳에 정착하며 크게 번영하였다. 전쟁 중에 숲으로 도망친 백인도 많았으나 소식이 끊기고 말았다. 남은 사람들은 정복자에 의해 사로잡혀 노예로 전락하고 말았다."

현재 케찰은 과테말라의 국조로 되어 있다. 이 새는 케찰코아틀 왕처럼 사로잡혀 살 수 없게 된 새라고 한다. 전쟁 통에 밀림으로 도망친 백인종은 어떻게 되었을까? 어디선가 제2, 제3의 마야 제국을 건설하여 사람들 모르게 현재에 이르렀는지 모른다. 밀림 속의 백인 제국, 이 상상은 얼마나 많은 탐험가의 상상력을 자극하였던가!

역사의 베일 뒤에 감춰진 고대 마야 제국, 이 백인 국가의 왕이었던 케찰코아틀, 그 재임 연대는 과연 언제였을까? 그것을 정확히 파악하는 것은 매우 어렵다. 지금으로부터 16,000년 전에서 36,000년 사이라는 대략적인 추측밖에 할 수 없다. 아니, 어쩌면 케찰코아틀은 한 사람의 왕이 아니라 고대 마야 제국에 있었던 왕조의 하나였을지도 모른다.

여기서 주의해야 할 점은 이 케찰 왕 또는 케찰 왕조를 멸망시킨 '갈색 이주자', '검은 피부'의 종족은 절대로 후대의 마야족이 아니다. '검은 피부'란 케찰 왕이 이끄는 마야 제국 백성과 비교했을 때의 이야기로 역시 백인종이었다. 무 대륙에는 순백의 피부와 검은 피부를 가진 두 종류의 백인이 있었다는 것을 상기하기 바란다. 그리고 순백의 백인종을 대신해 마야 제국의 주권을 잡은 검은 피부의 백인종이 지각변동에 의한 대재난에 휘말리게 된 것이다.

아스테카인이 멕시코 고원으로 흘러들어오게 된 것은 1090년 무렵이라고 생각되는데, 1216년 무렵까지는 그리 탄탄하게 뿌리를 내리지 못한 듯하다. 아스테카인은 제국을 건설하자 전설 속의 위대한 백인의 왕 케찰을 신으로 숭배하기 시작했다. 그리고 케찰의 아들 테스카토를 떠올렸다. 그 전설에 따르면 테스카토는 아버지 케찰과 함께 도망쳤다고 한다.

"테스카토의 영혼이 백인의 몸에 깃들어 수많은 병사를 이끌고 돌아올 것이다. 그는 전쟁에서 승리하여 나라를 되찾고, 사내들은 칼로 베어 죽이고 여자들은 노예로 삼을 것이다."

이 테스카토의 영혼을 위로하기 위해 아스테카 사람들은 거대한 석조 신전 테오칼리에 제물을 계속 바쳤다. 그리고 제사장들은 이 공포의 의식 덕분에 두려움의 존재가 되었다. 제사장과 귀족들은 백성들에게 공포의 종교의식을 심어주어 권력을 유지하려는 의미도 있었지만, 예상치 못했던 역효과를 초래하는 결과로 이어지고 말았다. 바로 스페인의 출현이었다.

케찰코아틀 왕이 이끄는 고대 마야 제국의 백성은 현재의 스칸디나비아 반도 주변에 정착하여 금발의 스칸디나비아 사람들의 시조가 되었다. 그들은 다시 멕시코로 돌아가지는 않았지만 코르테스가 이끄는 스페인 병사가 갑옷으로 몸을 가린 채 말을 타고 멕시코 고원에 나타났을 때, 아스테카인은 전설 속의 테스카토가 재림했다고 믿으며 두려워했다. 대제국은 소수의 스페인에 의해 짓밟혀 허무하게 정복당하고 말았다. 이 기묘한 현상과 이 수수께끼는 케찰과 그의 아들 테스카토에 대한 아스테카인이 품고 있는 공포의 신앙과 떼어서는 해석이 불가능하다. 그것은 마치 잉카 제국을 정복한 프란시스코 피사로(Francisco Pizarro: 에스파냐의 탐험가. 1471~1541. 6. 26) 등의 스페인인이 잉카의 백색 신 비라코차의 재림이라고 여겼던 것과 비슷하다.

케찰코아틀, 그것은 무 대륙에서 창조주의 상징으로 숭배를 받던 날개 달린 뱀의 이름이다. 그 이름은 중미의 고대 민족과는 떼려야 뗄 수 없을 뿐만 아니라 북미 푸에블로 인디언처럼 지금도 여전히 종교적 의식에 이것을 이용하는 종족도 있다. 때로는 그 이름이 바뀐 채 때로는 그 모습을 바꾼 채 여러 민족의 전설, 전승, 신앙 속에 나타난다. 그럼에도 불구하고 그 유래는 그것을 이용하고 있는 종족들 사이에서도 어렴풋한 존재가 되었다.

그러나 이것만은 분명하다. 그 이름은 무 대륙에서 온 것이고, 케찰코아틀로 대표되는 백인종이야말로 고대 마야 제국의 문명을 최초로 건설한 백성이라는 사실이다.

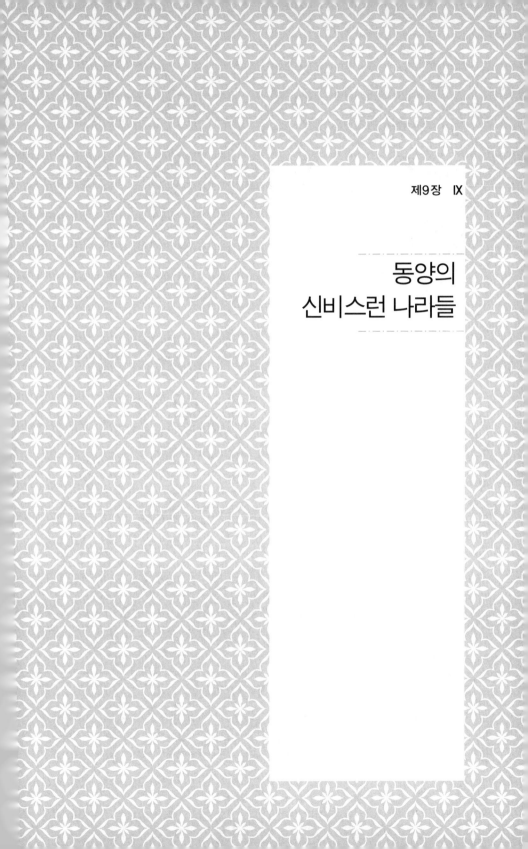

제9장　IX

동양의
신비스런 나라들

인도에 나타난 그리스도

인도 북방의 카시밀 지방에 레(Leh)라는 마을이 있다. 카라코람산맥 기슭에 인더스강의 원류를 따라 산간 마을이 있다. 여기에 헤미스라는 사원이 있는데 나는 여기에 한동안 체류한 적이 있다.

고원의 대기가 맑고 신선한 어느 아침, 나는 사원의 고승과 나무 그늘 아래에 앉아 이야기를 나누었다. 그때 주지 스님은 이런 말을 해주었다.

"당신은 성서에 나오는 기적에 대해 어떻게 생각하시오?"

"그게, 무슨 말씀이시죠?"

"그게 모두 사실이라고 생각하나요?"

"글쎄요…."

나는 머뭇거렸다.

"예를 들어 모세와 사제의 뱀에 대한 이야기는 어떤가요?"

이집트의 면전에서 모세의 뱀이 제사장들의 뱀을 삼켜버렸다는 이야기이다. 기독교에서는 이것을 기적이라고 말하고 있다. 그러나 이것은 기적이라고 하기보다는 고대의 과학을 보여주는 예라고 노승은 말했다.

주지 스님의 말에 따르면 모세와 사제는 각각 자신의 마음속 진동, 영파(靈波)에 의해 이집트 왕과 그 밖의 사람들의 마음을 지배했다고 한다. 모세의 영파가 더 강했기 때문에 제사장들의 뱀을 삼켜버린 것이다. 그리고 그것은 지켜보고 있던 사람들의 환상으로 실제로 그곳에 뱀은 없었다.

내가 반신반의하는 얼굴을 하자, 주지 스님은 조금 떨어진 곳에서 땅에 떨어진 낙엽을 치우던 두 명의 인부 쪽을 손가락으로 가리켰다.

"내 손을 잡고 저기 두 사람을 보시오. 내 영파가 당신에게 전달될 것이오. 그리고 당신은 보게 될 것이오."

인부 한 명이 몸을 숙여 마른 나뭇가지를 잡으려다 깜짝 놀라며 "뱀이다!"라고 소리치며 펄쩍 뛰었다. 또 한 명의 인부도 깜짝 놀랐고, 두 사람은 긴 대나무 막대로 뱀을 때리기 시작했다. 그것은 내 눈에도 틀림없는 뱀으로 보였지만….

주지 스님은 상황을 지켜보다 내 손을 놓았다. 뱀은 다시 원래의 나뭇가지로 돌아와 있었다. 두 명의 인부는 눈을 깜빡이며 자신들이 환상을 보았더고 생각했는지 씁쓸한 표정으로 서로를 마주 보았다.

이것은 일종의 최면 현상과 같은 것이지만, 내가 주지 스님의 최면에 걸린 것은 그렇다고 하더라도 손도 대지 않고 말을 걸지도 않았던 인부들까지 환상을 본 것은 어떻게 설명할 수 있을까?

그 후, 나는 이 방법으로 주지 스님이 거만한 영국인 대학교수를 놀라게 하는 것을 목격하였고 또한 내 손에 들고 있던 지팡이를 다른 물건으로 바꾸는 것을 보여주었다. 또 어느 때는 내가 담배를 피려 하자 주변에 있던 나뭇조각에 불을 붙여 담뱃불을 붙여주고 그 불을 내 손에 쥐어 주고 뜨거움을 느끼지 못하게 하는 등의 것을 해주었다.

노승이 말하는 마음의 진동, 영파는 일종의 뇌 활동으로 발생하는 파장이라고 해도 좋을 것이다. 고대인은 이 뇌파를 활용함으로써 입으로 말하지 않고 서로 의사소통을 할 수 있었다고 한다.

그런데 이 헤미스 사원에는 예수에 관한 기록이 남아 있다. 그 기록에 따르면 예수는 모국인 유대를 떠나 이집트에 2년간 체재하며 이집트 고대 종교를 연구한 뒤 다시 불교를 공부하기 위해 인도로 왔다고 되어 있다. 그는 베나레스, 라호르 등을 순례한 뒤 티베트로 가서 무 제국의 성전 『성스러운 영감의 서』를 12년 동안 공부하여 전도사의 자격을 얻었다고 한다. 당시 이미 그의 성실함과 천재성은 유명했던 것 같았는데, 인도에서 티베트에 이르는 많은 사원에서 예수 그리스도의 이름은 깊은 존경심을 갖고 불렀다고 한다.

헤미스 사원의 주지 스님에 의하면 예수에 관한 기록은 원래 구전으로 전해져 왔지만, 지금으로부터 1800년이나 1900년 전 무렵에 당시의 주지 스님의 손에 의해 글로 기록되었다고 한다. 그 기록에 따르면 예수가 수양을 쌓고 자신의 나라로 돌아가려 했을 때, 사원의 승려들 사이에 큰 논쟁이 일어났다고 한다.

그 논쟁의 쟁점은 인간의 부활, 다시 태어나는 것이었다. 예수가 주장한 것은 "부활이란, 육체의 부활을 의미하는 것이 아니라 영혼이 부활하는 것으로 육체를 형성하고 있는 모든 요소는 다시 태어나지 않는다."

그러자 반대 의견을 갖고 있던 승려들의 주장은,

"부활이란, 영혼과 함께 육체도 다시 태어나는 것이다. 낡은 육체를 형성하는 요소는 다시 태어나 새로운 육체로 거듭난다."

내가 이 논쟁에 흥미를 보이자, 주지 스님은 논쟁의 쟁점이 되었던 『성스러운 영감의 서』의 한 구절을 보여 주었다. 그것은 점토판에 원전을 복사한 것으로 해설을 하면 이렇게 된다.

"인간의 육체는 그것이 태어난 어머니의 대지로 돌아간다. 그리고 육체를 형성하던 모든 요소는 다른 육체를 만들기 위해 이용된다."

이 '다른 육체'라는 말의 해석이 토론의 쟁점이 된 것은 두말할 필요가 없다. 그러나 나는 예수가 그렇게까지 강경하게 자신의 주장을 굽히지 않은 것은 아마도 이 성전에서 근거가 되는 것이 있었던 것이 아닐까 생각하여 다른 점토판도 보여 달라고 했다. 그래서 결국 다음과 같은 구절을 발견했다.

"인간, 즉 정령은 재생한다. 불멸의 영혼은 성화와 같은 것으로 육체는 그 불 위에 세워진 집처럼 조합된다. 세포에 의해 만들어진 이 집은 생명의 힘으로 서로 결합하지만, 일정한 시기가 되면 허물어져 흙으로 돌아간다. 그러나 성화는 꺼지지 않고 새로운 집에 들어가 세포를 결합한다. 성화, 즉 영혼은 '성스러운 본원'의 부름이 있을 때까지 이렇게 집, 다시 말해 육체를 바꾸는 것이다."

육체는 사라지고 영혼은 부활한다는 예수가 주장하는 근거는 바로 여기에 있다. 오늘날, 기독교의 성서를 풀이할 때, 예수가 이집트에서 공부했다고 하는 고대 종교 오시리스의 교리와 완전히 똑같은 것을 보고 깜짝 놀란다. 두 가지 다 무 제국의 『성스러운 영감의 서』에 바탕을 두고 있고, 오시리스도 예수도 지상의 자식들을 행복하게 인도하기 위해 천상의 아버지가 보내준 길라잡이라고 할 수 있을 것이다.

예수가 인도로 갔다는 것에 대해서는 1910년 무렵, 소비에트의 한 학자가 인도의 고사원에서 예수의 초상과 그의 필적을 발견하고 자국에서 발표를 꺼려 프랑스에 망명한 뒤 프랑스어로 『남겨진 그리스도』라는 저서를 발표하였다. 또한 예수는 티베트에 체재 중, 신의 이치를 연구하기 위해 일본으로 건너가 수년 동안 체재했다는 설도 있고, 또한 골고다 언덕의 십자가를 피해 다시 일본으로 건너가 100살이 넘게까지 살았고, 아오모리현 고노헤(五戸)에서 사망하여 그곳에 무덤이 있고 사와구치(澤口)가의 자손이 현존하고 있다고 하지만 그 진위는 확실하지 않다.

'하늘의 마차'와 불을 뿜는 화염기

　기원전 325년, 그리스의 알렉산더 대왕은 대군을 이끌고 동양 정복에 나서 아시아 대륙에서 삼각형으로 돌출된 광활한 반도에 침입하였다. 우연히 큰 강과 마주치게 되어 원주민에게 강의 이름을 묻자 '신즈' 강이라 대답했다. 이것이 변해 힌지, 인즈, 인도로 변했다고 한다. 따라서 인도라 불리게 된 것은 2천 2, 3백 년 전의 일에 불과하다.

　인도의 시성 발미키(Valmiki: 기원전 3세기경. 고대 인도의 전설상의 시인으로, 인도 2대 서사시의 하나인 『라마야나』의 작가)가 힌두교의 7 고승 중의 한 명인 나라나의 구술에 의해 전해졌다고 하는 대서사시 『라마야나』에 대해서는 지금까지 몇 번이나 인용했는데, 이 고전에 인도의 태곳적에 대해 적혀있다. 그에 따르면 '어머니의 나라' 무 대륙의 이주자인 마야인은 처음에 미얀마에 정착하여 '나가'라 불렸다. 용맹한 전사였던 그들은 인도 남부를 침공했다. 인도에서는 다나바인이라고도 불렸던 것 같다. 그 전후로 인도에는 타밀인에 의한 드라비다 국이 있었다. 이 타밀인은 무 대륙 남서부지방에 있던 흑인종으로 보이며 그들은 말레이반도를 경유해 인도로 온 것 같다. 나가인은 타밀인과 전쟁에서 이겨 '라 마' 다시 말해 제왕을 옹립하여 인도 최초의 제국 나가를 세웠다. 현재의 데칸 지방, 나그푸르시 주변이라고 여겨진다. 지금으로부터 약 35,000년 이전의 일이다.

힌두교의 모태라 불리는 브라만교의 경전인 베다(Veda)의 하나로 그 성전에 『리그베다』가 있다. 우주의 만물 중에 신을 인정하고 찬양하는 종교시로 기원전 1500년 무렵의 것으로 그 안에는 명백하게 무 제국의 『성스러운 영감의 서』와 같은 문자가 있다. 브라만교는 현재 인도인의 조상이라 불리는 아리아인의 민족적 체취가 강한 종교로 그 근본적인 성전 안에 무 제국 성전의 문장이 인용된 것은 어떻게 된

일일까? 아리아인이 인도에 침입했을 때, 자신들보다 훨씬 문명이 발달한 선주민족 나가인으로부터 종교, 과학, 예술을 받아들였다는 것은 쉽게 상상할 수 있는 일이다.

예를 들어 인도에는 팔이 네 개나 있는 사비(四臂) 관음상을 흔히 볼 수 있다. 사원 벽화, 경전의 삽화, 조각 등에서부터 주민들의 보석 세공 등에서까지 볼 수 있다. 이것을 힌두교의 '괴

'어머니의 나라'의 개벽, 인간의 탄생을 나타내는 인도의 아단타 사원에 있는 조각.

기한 신들'이라 부르는데 실은 이 중에도 무 제국의 백성이 이용했던 상징과 천지창조, 인간 탄생의 개념을 찾아볼 수 있다.

여기서 열거한 것은 폼페이 근처의 아단타 사원의 동굴에 새겨져 있는 것이다. 다리가 둘, 손이 넷, 그리고 머리와 전신에 일곱 개의 점이 있다. 다시 말해 이 인물상은 창조주의 상징인 7개의 머리를 한 뱀을 대신하여 무언가를 말하려 하고 있다.

머리에는 진주 왕관을 쓰고 위쪽 왼손은 과일을, 위쪽 오른손은 '어머니의 나라'의 상징인 연꽃을 들고 있다. 발에서부터 하반신 전체에 무수한 세로 선이 새겨져 있는 것은 그가 물속에 서 있는 것을 의미한다. 아래쪽 오른손이 쥐고 있는 한 마리의 뱀도 물의 상징으로 그 뱀의 머리는 알의 부화나 콩깍지 같은 모양을 하고 있으며 그 안에서 종자가 흘러내리고 있다. 이것은 대자연의 종자, 또는 우주의 알이라고 할 수 있는 것으로 물속에 섞였다가 맥아가 되어 지구상에 생명과 풍요를 가져다주는 것을 의미한다. 옆에서 뛰어다니고 있는 사슴은 두말할 필요도 없이 인류의 시조이다.

창조의 왕은 생명의 맥아를 물(바다) 속에 뿌려 풍요로운 대지를 만들었다. 지구 최초의 인간은 지금 막 깨어나려고 하고 있다. 바다 위에서 만들어진 이 풍요로운 자원의 은혜를 입은 육지, 그것이 어디를 가리키는지는 말할 필요도 없을 것이다.

이러한 형태를 바꾸어 표현하고 있지만, 일곱 머리의 뱀을 창조주 및 창조력의 상징으로 여기는 사고방식은 근본적으로 바뀌지 않았다. 그러나 '어머니의 나라'에서는 일곱 머리의 뱀에게 고유명사를 붙이지 않은 것과 달리 인도에서는 '카이샤', 또는 '나라야나'라 부르고 있다. 고대 미얀마에 속하는 캄보디아의 앙코르톰의 유적, 여기에서도 일곱 머리의 뱀을 많이 볼 수 있는데, 흥미로운 것은 이것을 '나가'라 부르고 있다. '나가'는 미얀마에서 인도로 건너온 마야인의 별칭이다. 아마도 이 상징물을 가져온 사람들의 이름을 후세에 끼워 맞췄을 것이다.

나가 제국의 이름과 함께 떠오르는 것은 프린스 마야, 마야 왕자의 이름이다. 그 재위 연도는 확실하지 않지만, 지금으로부터 15,000년 전에서 20,000년 전 사이라고 짐작하고 있다. 인도 최고(最古)의 천문학서 『수리야 싯단타』의 저자가 이 마야의 왕자이다. 이 무렵 식민 제국의 왕과 일족은 태양의 제국 무의 황제 분신이라 여겨 모국으로 유학하여 본격적인 학문을 익히는 습관이 있었던 것 같다. 또한 모국 무 제국에는 오늘날의 국립대학과 필적하거나 훨씬 충실한 교육기관이 있었음이 분명하다. '수리야 싯단타'는 모국에 유학하여 과학 특히 천문학을 전공으로 한 마야 왕자의 연구논문이자 학업 성과라고 해도 좋을 것이다. 그것은 삼각법을 응용한 매우 진보된 천문학이자 당시의 무 본국의 문화 수준을 보여주는 것이다.

20,000년이라는 그 오래 전에 그런 과학이… 라고 생각하는 사람이 있다면, 나는 여기서 당시에 이미 비행기가 존재하였고 그것을 격퇴하기 위한 고사포가 있었다는 사실을 소개하기로 하겠다.

발미키가 쓴 『라마야나』 속에도 '라마와 시타'는 코사라 국의 라마 왕자와 비데하 국의 시타 공주의 사랑 이야기를 묘사한 서사시로 산스크리트어로 적은 이 성전 속에서도 압권이라 할 수 있다. 시대는 나가인이 정착하고 수천 년이 지났을 무렵이라고 여겨지며 이 무렵 인도는 소왕국이 분립하여 전란이 끊이지 않았다. 그런 전란을 배경으로 아름다운 왕자와 공주의 슬픈 사랑을 그리고 있다. 그리고 그속에 비행기와 그에 대항하는 무기라고 여겨지는 것들이 등장한다.

"라바나는 시타를 엄청난 속도로 달리는 '하늘의 마차'에 태운다. 그것은 금빛 찬란한 인드라의 천마처럼 달린다."

"이윽고 '하늘의 마차'는 공중으로 날아올라 산을 넘고 숲을 지나 계곡을 통과했다."

"라마는 분노하여 브라민이라는 끔찍한 무기를 쓰기로 했다. 그것은 '하늘의 불'을 내뿜는 화염기였다. 인드라의 불처럼 재빨리 날아가 하늘의 불처럼 치명적이다. '원형의 활'에서 연기에 휩싸인 불화살이 셀 수 없이 날아갔다. 라바나는 '철의 심장'에 불화살을 맞고 쓰러져 결국 숨을 거두고 말았다."

'하늘의 마차', '철의 심장', '하늘의 불을 내뿜는 화염기', '원형 활' 등 이것들은 대체 무엇을 의미하는 것일까? 단순한 비유와 상징을 위해 이런 복잡한 표현을 할 필요가 있었을까? 나는 다시 힌두교의 고기록에서 다음과 같은 기록을 발견했다.

"새벽녘, 라마는 푸가슈파카가 건네준 '하늘의 마차'를 탔다. 그것은 크고 아름답게 채색이 되어 있었다. 안은 2층 구조로 되어 있고 많은 방이 있었으며 모든 방에는 창문이 있었다. 바깥쪽에는 깃발과 기드림(좁고 긴 띠) 장식이 달려 하늘을 날 때 음악과 같은 아름다운 소리를 냈다."

이것을 현재의 여객기와 비교하는 것은 지나친 비약일까?

"실론(스리랑카)의 왕 라완은 적군 위를 날며 폭탄을 투하하여 수많은 적군의 목숨을 빼앗았다. 그러나 라완은 결국 체포되어 죽임을 당하고 말았다. 날아다니는 기계는 힌두의 장군 람 찬드라의 손에 들어가게 되었고, 그는 그것을 타고 북부 인도에 있는 수도 아요디아까지 날아서 돌아갔다."

이 고기록들은 기원전 500년부터 1000년의 것들로 적혀 있는 내용은 20,000년 정도 전의 것이라 추측된다. 나는 또한 기원전 1000년 무렵의 기록인 『마하 바라타』 속에서도 "왕은 우호의 증표로 '날아다니는 기계'를 이웃 나라 왕에게 선물했다."라는 기술을 발견했다. 어쨌거나 고대 인도에 '날아다니는 기계'를 가진 왕후가 있었다는 것은 의심의 여지가 없다.

나는 '날아다니는 기계'에 대하여 기회가 있을 때마다 점토판과 고대 서적을 살펴봤지만, 도면과 구조에 대해서는 결국 명확하게 밝힐 수가 없었다. 그러나 단편적으로 다음과 같은 개요를 확인할 수는 있었다.

"엔진은 오늘날의 터빈처럼 몇 개의 기실(氣室)이 있고, 발동과 배기가 이루어지면서 에너지를 완전히 사용할 수 있게 되어 있다. 동력은 '공기 중에서' 얻었다. 항속 거리는 5000km 정도로 비행 중에 연료 보급을 위해 착륙할 필요는 없었지만, 기관과 그 외의 기계의 마모 때문에 비행 거리에는 한도가 있었다."

이 단편들을 통해 독자가 어떻게 상상 속의 비행기를 만들어낼지는 자유다. 단, 한 가지 덧붙이자면 프로펠러와 비슷한 것의 기술이 전혀 없다. 또한 라마 왕자가 사용한 '하늘의 불'을 내뿜는 '원형 활', 라완 왕이 탄 비행

기를 추락시킨 무기는 회전 포처럼 오늘날의 기관총, 기관포와 비슷한 것인

듯하다.

　나는 여기서 다시 고대 현자의 말을 인용하고자 한다.

　"하늘 아래 새로운 것은 없다."

나가 제국의 행방

캄보디아의 톤레샤프 호수 북쪽에 있는 앙코르톰, 그 남쪽에 있는 앙코르와트, 이 두 개의 거대한 유적에 대해서는 다시 설명할 필요가 없을 것이다. 단, 이 토지가 태곳적에는 무 대륙에서 이주한 사람들이 인도를 향해 지나가는 통로, 고대 미얀마에 속해있었다는 것을 잊어서는 안 된다.

캄보디아 앙코르톰의 유적에 있는 일곱 머리 뱀을 형상화한 조각.

앙코르와트

내가 이 유적을 찾아간 것은 아직 프랑스 정부의 소유가 되기 전의 일로, 길도 현재처럼 정비되지 않았고 무성하게 자란 잡초 속에 황폐해진 유적만이 우뚝 솟아 있었다. 무엇보다 내 눈을 끈 것은 유명한 바욘의 인면(人面)탑에 이르는 복도 양쪽에 꽈리를 튼 형태의 일곱 머리 뱀의 조각으로 머리를 세운 높이가 약 3m, 뱀의 꼬리는 복도 벽으로 이어져 있다.

이 조각에 대해서는 거의 대부분 고고학 연구자들이 등한시한 채 탐구를 게을리하며 아마도 이 사원의 건설자가 뱀을 숭배하고 있을 것이라는 정도의 추측만으로 만족했다. 그러나 한 사람 헬렌 처칠 캔디 여사만은 자신의 여행기 『훌륭한 앙코르』에서 이렇게 적고 있다.

"이것은 의심할 여지가 없는 '나가' 였다. 수천, 수만 년이라는 과거의 신화와 신앙, 전설이 집약된 하나의 형태이다. 예술가와 건축가가 상상을 바탕으로 만들어낸 것이 아니라 이것이야말로 고대인이 믿었던 반신반인의 상징임에 틀림이 없다."

캔디 부인의 추측은 정곡을 찌르고 있다. 단, 아쉬운 것은 그것이 단순한 반신반인의 상징이 아니라 이 지구의 창조주를 상징하고 있다는 것을 깨닫지 못했다는 것이다.

먼 옛날, 이 지방에도 지각변동에 의한 해일, 또는 대홍수가 있었던 것이 분명하다. 정착한 나가인들은 휩쓸려 어디론가 사라지고 땅은 황폐해졌다. 그로부터 수천 년이 지나고 이 땅에 찾아온 민족은, 이 불가사의한 일곱 머리의 뱀은 먼 옛날 이 주변에 살고 있던 나가인이 가져온 것이라고 전해 듣고 그 이름을 이 상징물에 끼워 맞췄다. 때문에 아마도 캄보디아는 '일곱 머리의 뱀'을 나가라 부르게 되었을 것이다.

이 앙코르톰에는 유명한 사자상들도 있다. 이 동물의 조각 모두가 사라진 모국 무를 향하고 있고 사각형으로 입을 연 채 "무 여! 나의 모국이여!"라고 외치고 있다는 것은 앞에서도 말한 적이 있다. 여기에는 모국을 잃어버린 나가인의 비통한 심정이 담겨 있다.

인도 남쪽 끝에서 멀리 떨어져 있는 셀론섬이 있다. 이 섬의 아누라다푸라 마을의 돌계단 아래에 반원형의 돌이 깔려 있다. '아누라다푸라의 문스톤'이라 불리는 것이다. 고고학 연구가들이 그다지 중요하게 여기지 않는 것 같은데 이 돌은 셀론섬의 주민이 어디서, 어떻게 해서 왔는지를 실로 명쾌하게 말해주고 있다.

돌 중심에 활짝 핀 연꽃을 도안화한 매우 정교한 조각이 새겨져 있다. 이것은 두말할 필요도 없이 무 제국의 상징이다. 연꽃 둘레는 물을 나타내는

셀론섬 아누라다푸라의 역사를 말해주는 '문스톤'

것으로 여겨지지만 단정할 수는 없다. 그 바깥쪽에는 오리가 있다. 그것은 오리처럼 물 위를 달려왔다는 의미로 배를 타고 온 것을 나타내고 있다. 오리 바깥쪽은 단순한 장식으로 그 바깥쪽과 구분하는 의미밖에 없다고 생각된다. 나음은 동물들로 세 종류의 동물이 있는 것 같다. 3은 무 제국을 상징하는 숫자다. 반원은 무 제국 식민지의 상징으로 동물 다음에는 식민지거나 식민 제국을 말해주고 있는 것이 새겨져 있었을 것으로 생각되지만, 마모가 심해 아쉽게도 판명이 불가능하다. 아무튼, 이 돌은 셀론섬 주민의 역사에 대해 이렇게 설명하고 있다.

"이 섬 주민들은 무 제국의 식민지(또는 식민 제국)에서 항로를 따라 배를 타고 대양을 건너왔다. 그들의 선조는 '어머니의 나라'에서 식민지로 온 사람들이다."

아누라다푸라 마을은 지금으로부터 2200년 정도 전에 형성된 것 같다. 그러나 『라마야나』의 필자 발미키에 따르면 이 마을이 형성되기 전에 셀론섬에는 매우 용맹한 일족이 있었다. 그들은 적어도 10,000년에 걸쳐 최고를 자랑하고 있었다고 한다.

그렇다면 인도에서 탄생했던 고대 나가 제국은 어느 정도 지속되었을까? 고대 점토판에는 나가 제국이 기원전 5000년, 혹은 3000년경까지 지속되었다는 기록이 있다. 그러나 하나의 제국의 형태로는 적어도 10,000년 정도는 지속하였을 것으로 생각한다.

나가 제국이 건설되고 수천 년이 지나자 인도에는 많은 소왕국이 나타났다. 그 왕국들끼리의 전쟁 덕분에 과거 나가인에게 정복당했던 타밀인도 독립하여 몇 개의 왕국을 세웠다.

이윽고 작은 그룹이었던 아리아인들이 힌두쿠시 계곡에서 내려와 갠지스강 흐름에 따라 동진하여 물이 땅속으로 침투하듯 북부 인도로 퍼져갔다.

오랜 산중 생활로 무지했던 그들은 나가인의 문화를 흡수하고 융화하면서 두 민족의 피가 섞이게 되었다. 그리고 순수한 나가인이 줄어들게 되면서 아리아계의 민족이 전 인도에 뿌리를 내리기 시작했다. 그들이 브라만(승려계급)을 최고로 하는 4계급의 카스트 제도를 수립한 것이 기원전 1200~1800년경으로 이것이 현재의 인도에까지 이어지고 있다는 것은 잘 알고 있는 사실이다.

아리아인은 나가인으로부터 문화를 흡수하였고, 특히 무 제국으로부터 교육과 포교를 위해 정착하여 특유의 학식을 가르쳐온 나칼로부터 많은 것을 배웠다. 따라서 브라만교의 성전 『리그베다』에 『성스러운 영감의 서』와 일치하는 문구가 있는 것은 전혀 이상할 것이 없다. 그러나 브라만 승려들은 자신들의 스승인 나칼들을 인도에서 쫓아냈다. 나칼들은 북쪽 길을 따라 히말라야 남쪽 기슭을 지나 티베트로 들어간 뒤 그 자취를 감추고 말았다.

브라만 승려들은 『성스러운 영감의 서』를 자신들의 것으로 만들어 왕족 위에 자리한 계급을 차지했고, 자신들의 계급을 유지하기 위해서는 너무 쉬운 교리로는 권위가 서지 않는다고 생각했다. 일반 민중에게 신비에 대한 공포심을 심어줄 필요가 있었다. 때문에 『성스러운 영감의 서』의 원전은 일부 한정된 고위층 승려들만이 볼 수 있는 것으로 하고, 원전의 문장을 적당히 자신들의 편의에 따라 고의로 복잡하게 만들던 것을 일반 민중에게 유포시켰다. 산스크리트어로 된 힌두교 관련 고전이 매우 난해한 것은 이런 원인도 있다. 『성스러운 영감의 서』의 교리 그 자체는 절대 난해하지 않은 것으로 인간에게 종교를 가르치기 위해 그리고 이 책을 배우는 것이야말로 종교라는 것을 가르치기 위한 것이었다. 그 바탕이 되는 것이 사랑이었다. 인간은 자신들을 만드신 하느님과 그 능력을 사랑하고 칭송하며 하느님은 그 성스러운 사랑을 자신의 분신인 인간에게 부여했다. 하느님에 대한 숭배는 있어도 두려움은 없었다. 손을 펼치고 있는 아버지의 품에 아이가 달려가 안기는 것과 같은 것이었다.

"사람의 마음속에 성전이 있다. 하느님을 숭배할 충분한 성전이 있다. 평온하게 명상하고 사랑하는 완전한 성전이 있다. 어느 곳, 어떤 때라도 성전이 있다. 낮에도 밤에도 복잡한 거리에서도, 사막 한가운데에서도 성전이 있다. 하늘을 찬양하기 위한 성전이 있다. 사람이 하늘의 아버지와 하나가 될 수 있는 성전이 있다."

얼마나 쉽고 자애로운 교리인가? 그리고 하느님 뜻의 대행자로 일곱 머리의 뱀이 있고, 하느님의 모든 것을 하나로 집약한 상징으로서의 태양이 있었다.

무 대륙이 지구상에서 자취를 감춘 뒤에도 식민 제국인 인도에는 여전히 오랫동안 그 여광(餘光)이 지속되면서 높은 수준의 철학, 과학, 예술이 명맥을 유지했다. 그러나 무 제국의 자식인 나가인은 어느샌가 자취를 감추고 말았다.

현재 남인도의 마드라스 지방에 고대 나가 제국의 인장과 그렇게 여겨지는 유물이 발견되었고, 또한 유다족이라는 소수민족이 생존하고 있다고 한다.

북방 카밀 지방에도 나야족이라는 유목민족이 있는데, 힌두교 교리에 복종하지 않고 지금도 여전히 일곱 머리 뱀의 나가를 하느님의 상징으로 숭배하고 있다고 한다. 또한, 동부 단다카라니야 지방에도 불가사의한 민족이 있다고 한다. 그들의 공통점은 아리아계에게도 드라비다계(타밀인)에도 속하지 않는, 현재 남태평양 섬들의 원주민에게서 볼 수 있는 표정에 뛰어난 용모, 균형이 잡힌 체격을 하고 있다는 것이다.

어쩌면 그들이야말로 태곳적에 '어머니의 나라' 무 제국에서 이 땅에 이주해 제국을 세웠던 나가인의 순수한 혈통을 거의 그대로 유지하고 있는 사람들일지도 모른다.

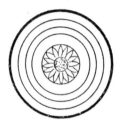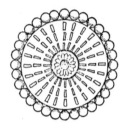

앙코르 유적의 일곱 머리 뱀에 새겨진 상징

(좌) 앙코르와트

바깥쪽 원이 태양. 안쪽의 원 세 개는 무의 수를 나타냄과 동시에 그 식민지, 식민 제국을 나타낸다. 중앙에는 무 제국의 꽃인 연꽃이 있다.

앙코르 유적에 있는 일곱 머리 뱀의 조각에는 목과 배 부분에 이렇게 정교한 장식이 되어 있다. 이것을 통해 이 유적을 최초로 만든 민족이 무 대륙에서 온 이주자라는 것을 알 수 있는데, 앙코르톰과 앙코르와트는 상징에서 이러한 차이가 있다.

(우) 앙코르톰

중앙에 있는 것은 연꽃. 그 주변 원은 태양. 태양에서 나오는 광선은 세 개로 갈라져 있어 무 대륙의 상징 숫자 3을 나타내고 있다.

석판 No. 1231. 신성한 〈4〉 표식

(좌) 세계 최고(最古)의 단검

고대 나가족의 왕이 차고 있었다고 전해진다. 나가 제국은 기원전 5000년경까지 지속하였다.

칼날은 철인데 나중에 덧붙인 것이다. 원래는 동이었을 것으로 여겨진다. 칼집과 손잡이는 은으로 상징과 장식이 새겨져 있다.

(우) 전원과 수확을 관장하는 신 '가네시아'

하느님의 은혜 중 하나를 대표하는 것. 전원의 신인 듯 꽃으로 장식되어 있다.

무 대륙에서는 '라마나'라 불렸고, 이 역시 '대지의 왕'의 상징이었다.

코끼리는 유카탄 마야의 조각에서도 볼 수 있듯이 왕위를 상징한다.

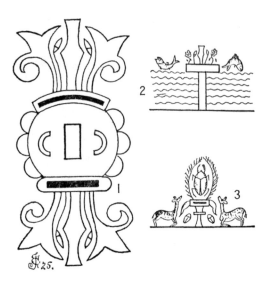

나가족의 단검 손잡이에 있는 장식.

1 세 쌍씩 장식이 많은 것은 무 제국의 상징 숫자를 나타낸다. 상·하의 중앙
 에 있는 가늘고 긴 것은 물구멍이다. 그 좌우에 봉우리와 만개한 연꽃이 있
 다. 한가운데 부분은 사람의 얼굴로 입과 코에 대항하는 사각형은 종교 문자
 M이다. 그 양쪽에 세 개씩 있는 반원은 떠오르는 태양 무 제국의 식민국을
 나타낸다.

2 물에 둘러싸여 있는 무 대륙. 물고기는 동서로 웅비하는 이주민의 모습. 바
 빌로니아의 시조, 반신반어의 전설을 연상시킨다.

3 이집트인이 창조신의 상징으로 삼았던 스카라베, 풍뎅이가 여기에 있는 것
 은 놀라운 일이다. 대지를 나타내는 사각형 아래에 아직 태어나지 않은 풍뎅
 이가 잠들어 있다. 양쪽의 사슴은 최초의 인간이 창조신의 상징인 풍뎅이를
 숭배하고 있는 그림.

"스카라베는 진흙 알갱이를 굴려 그곳에 알을 낳는다. 지구를 회전시켜 생명을 탄생시키는 창조주의 모습과 닮았다."(이집트 파피루스)

고대 이집트 왕실의 집필자 아나나는 그 파피루스 문서에 스카라베가 창조신의 상징으로 사용된 이유를 이렇게 적고 있다.

"이 파피루스는 3500년 이상 전에 쓰인 것으로 이미 그 당시에 지구의 회전운동을 고대 이집인은 알고 있었다는 것이 된다. 그러나 이 상징이 고대 인도의 비문, 조각 등에서 발견되는 것은 매우 드문 일이다. 이 단검이 만들어진 고대 인도 최초의 나가는 지금으로부터 7000년 전에 이미 멸망했다. 풍뎅이의 상징이 이집트인에 의해 처음으로 사용된 것이 아니라는 것, 우주에 관한 인간의 지식은 매우 오래된 것이라는 것을 증명해 주는 귀중한 자료라 할 수 있다."

알려지지 않은 위구르 대제국

나는 기묘한 동상(銅像)을 알고 있다. 작지만 매우 정교하게 만들어졌다. 눈을 감고 있는 여인상의 왼쪽 어깨에 인간의 머리를 한 새가 앉아 있다. 이것은 여인상, 다시 말해 무 대륙이 사람의 얼굴을 한 새, 즉 창조주로부터 생명을 부여받으려 하는 모습이다. 혹은 인간이 영혼을 부여받으려 하는 모습이라고 해석해도 좋다.

이 동상의 제작 연대는 매우 오래되었을 것으로 추정하지만, 그렇다고 한다면 이만큼의 재료, 기술을 생각해내고 그것을 만들어낼 수 있는 고대 문화는 거의 한정되어 있다. 무 제국에서 만들어진 것은 거의 바닷속에 수장되어 현재까지 남아 있을 가능성은 매우 희박하다. 그렇다면 고대 위구르 식민 제국 이외에는 생각할 수가 없다.

19세기 중국에서는 아편전쟁, 태평천국의 난, 의화단 사건과 같은 사건이 계속되었다. 그때마다 오래된 궁전과 사원이 폭도들에게 공격당해 귀중

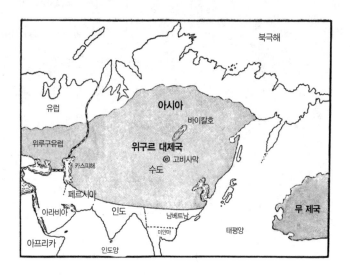

위구르 대제국 지도

한 문화재가 강탈되고 말았다. 의화단 사건 때, 상해에 정박해 있던 미국 군함의 한 장교가 한 인부에게 동상을 강매당했다. 그는 기념품이라 여기며 가벼운 마음으로 구매했다. 고국으로 돌아간 그는 오랫동안 다락방에 처박아 두어 먼지만 쌓이게 되었다. 그러나 지금은 그 가치가 재평가되어 소중한 금고 속에 보존되어 있다. 그것이 바로 앞서 말했던 동상이다.

8세기 중엽부터 몽골 고원에 터키계 유목민이 국가를 건설하였다. 이 나라는 100년 가까이 지속하였지만 키르기스인의 공격을 받아 멸망하여 서쪽으로 도망쳤다. 그리고 감숙(甘肅), 고창(高昌) 등에 왕국을 세우고 이란계 이주민족과 혼혈을 이룬 투르키스탄이 되었다. 이것이 일반적으로 말하는 위구르의 역사이다.

위구르 대제국의 것이라고 추정되는 동상. 창조주로부터 인간이 영혼을 부여받고 있다.

그러나 여기서 소개하려고 하는 위구르, 앞서 말한 동상이 만들어졌던 그 나라는 그것과는 전혀 다른 위구르이다. 먼 옛날, 이 지상에서 자취를 감춘 대 위구르 제국이다.

무 제국의 17개 식민지 중에서 위구르 제국은 가장 컸다. 동쪽은 태평을 바라보고, 서쪽은 모스크바 주변까지 뻗어 점점 그 식민지가 유럽 중앙부에 이르러 대서양까지 도달했다. 북쪽은 시베리아에서 북극해에 이르렀고, 남쪽은 코친차이나, 미얀마, 인도, 페르시아 일부와 경계를 접하고 있었다. 틀림없이 무 본국과 필적할만한 광활한 영토였다.

이 대제국에 대해 알게 된 것은 1896년, 내가 티베트에 체재하고 있을 때였다. 한 탐험대가 외몽골의 카라코룸에서 유적을 발굴했다고 하였다. 그 전부터 나는 티베트의 고사원에 있는 고기록과 고승들의 이야기를 통해 위구르 제국에 대해 알고 있었다. 몽골을 둘로 나누는 텐산산맥의 북쪽, 바이칼호 남쪽의 오르콘강 상류의 분지에 카라코룸이 있다. 그것은 과거 대 위구르 제국의 수도가 있었을 것이라 추측되던 위치와 부합되었다.

탐험대는 지하 15m까지 파고 들어가 귀중한 유물을 발굴할 수 있었지

우측의 지팡이를 손에 들고 있는 것이 위구르 제국의 여왕. 좌측은 배우자. 왕관 중앙의 태양 빛줄기가 위쪽으로 올라가 있는 것은 무 제국의 식민 제국을 나타낸다. 배후의 큰 원형, 연꽃의 원좌도 무 본국을 상징한다(카라코룸 발굴).

만, 자금이 부족해 중지해야만 했다. 이 소식을 들은 러시아의 고고학자 R. P 코슬로프 교수가 발굴을 이어받아 많은 성과를 거두었다. 몽골 정부가 발굴품의 해외반출을 금지해 사진을 발표하는 것으로 만족해야 했다. 이곳에 몽골 제국의 수도가 세워지기 훨씬 전에 위구르 제국의 수도가 있었다는 사실은 그 유적들로 분명해졌다.

동양의 제국에서 전해 내려오는 전설을 통해 당시 중앙아시아의 지형을 상상해 보기로 하자.

"중앙아시아 전역은 비옥한 평야로 강과 호수가 풍부하고 도시와 마을

위구르 제국의 왕위를 나타내는 지팡이.
세 갈래의 창은 무 제국의 상징 숫자를 형상화 했다.

들이 흩어져 있었고, 장엄한 궁전과 신전, 의사당과 관청, 주택 등이 즐비했다. 도시와 마을들은 훌륭한 도로로 이어져 있었다."

히말라야산맥도 티베트 고원도 없었다. 다시 말해 위구르 제국이 번영한 것은 지구상에 조산 활동이 일어나기 전이라고 생각할 수 있다. 지금도 고비 사막 아래에서 고대의 번영을 추측할 수 있는 유물이 발굴되지만, 이렇게 변해버린 지금의 모습은 어떠한가! 지각변동에 의한 대홍수가 모든 것을 휩쓸어가고 불모의 사막으로 변해버렸다고밖에 생각할 수 없다.

그렇다면 이 대제국이 존재했던 것은 대체 언제쯤이었을까? 나는 티베트 사원에서 추중할 수 있는 실마리가 될 나칼의 점토판을 발견했다. 그에 따르면 "약 7만 년 전, 나칼이 '어머니의 나라'의 '신성한 서(『성스러운 영감의 서』)' 복사본을 위구르의 수도로 가져왔다."고 되어 있다.

전설에 의하면 무 제국의 이주자들은 황해 연안을 발판으로 차츰 내륙으로 전진하여 물이 풍부한 옥토 '고비의 아름다운 토지'에 뿌리를 내리고, 다시 서쪽으로 전진하여 카스피해에서 유럽 중앙부를 지나 멀리 대서양까지 그 세력을 확장한 것 같다. 현재 발칸반도, 프랑스, 스페인의 바스크 지방, 아일랜드까지도 이 고대 제국의 흔적이라 여겨지는 유물이 발견되는 것은 아마도 그 지점들에 작은 나라, 또는 식민지를 다수 가지고 있었기 때문일 것이다. 그리고 이 무 제국 최대의 식민국의 통치자는 임명된 본국으로부터 교대로 온 듯하다.

"위구르인은 밝은 머리색에 눈은 파랗다." 이것은 기원전 500년경의 중국 기록에 남아 있는 내용이다. 또한 "위구르인은 하얀 피부를 하고 있으며 북방에 사는 사람들은 밝은 머리색에 눈은 파랗고, 남방에 사는 사람들은 짙은 머리색에 눈은 검다."라고 기록된 문헌도 있다. 어쨌거나 중앙아시아에 광활한 판도를 자랑하던 고대 위구르의 백성은 그 장엄한 건축물, 예술품 등과 함께 말 그대로 이 지구상에서 완전히 씻겨 내려가 버렸다.

시베리아의 짐승 뼈 무덤

"위구르의 수도는 그 주민과 함께 대홍수로 인해 멸망했다. 제국의 동부는 이때 하나도 남김없이 괴멸되었다."

티베트의 고사원에서 본 이 고기록은 지리학적으로도 설명할 수 있다. 나는 1880년대에 한 탐험대에 참가해 바이칼호의 남쪽에서 레나강 하구, 아시아의 북극해 해안을 답사한 적이 있다. 그때의 경험은 내가 원래 생각하고 있던 것을 충분히 뒷받침해 주었다.

지금으로부터 수천 년, 혹은 10,000년 이상 전에 지각변동에 의한 대홍수(성경에 나오는 노아의 홍수)가 아시아 대륙을 남쪽에서 북쪽을 향해 지표면을 휩쓸어버렸다. 그 범위는 동경 100도 선에서부터 동쪽, 다시 말해 바이칼호 주변에서부터 동쪽 레나강 유역을 따라 북쪽으로 휩쓸어버렸다. 이것은 빙하와는 다른 것으로 동시베리아에 홍수가 있었을 것이라고 여겨지는 지역은 빙하의 흔적이 보이지 않았다. 레나강 하구 부근에 라코프라는 섬이 있는데, 이 섬은 대부분이 매머드를 비롯한 고대 짐승의 뼈와 상아가 축적되어 만들어진 것이라고 해도 좋을 정도다. 이것들은 몽골 평야와 시베리아에서 홍수 때문에 쓸려 내려와 이곳에 쌓이게 된 것으로 추측하고 있다. 이것이 빙하에 의한 것이 아니라는 것은 북미 동부와 달리 짐승 뼈들이 빙하의 무게 때문에 산산이 부서진 것과 달리 이 섬의 뼈들은 비교적 완전한 형태로 남아 있다는 것을 보더라도 확실하다.

이렇게 과거 영화를 누렸던 위구르 제국도 대홍수에 의해 그 동쪽 절반은 거의 파괴되고 말았다. 남은 것이라고는 돌과 모래뿐 흔적도 없는 황무지로 변해버렸다. 살아남은 사람들은 홍수를 피해 서쪽으로 도망칠 수밖에 없었다. 그런데 마치 뒤쫓아 오기라도 하듯이 제2의 재난이 닥쳐 제국의 숨통을 끊어버렸다.

조산 활동이 대홍수가 지나가고 얼마 뒤에 일어났는지는 확실하지 않다. 대지는 심하게 흔들리고 솟아오르며 땅이 크게 갈라졌다. 지각 안쪽에서 뜨겁게 달아오른 마그마가 분출하여 용암으로 흐른 곳은 모든 것이 다 타버리고 말았다. 이윽고 용암은 흉측한 모양으로 굳어 겹겹이 쌓이며 불모의 바위산으로 변하였다.

이 조산 활동에 의해 생명이 있는 것은 사람도 짐승도 실물도 거의 괴멸되었다. 우리가 지금 살고 있는 대지가 이러한 대변동을 맞이하게 된다면, 그것은 피할 수 없는 운명이다. 해발 8000m에서 9000m에 달하는 세계의 지붕이라 불리는 히말라야산맥은 이때 속속 솟아오른 것이다. 고비 평야 주변에도 산과 고원이 만들어졌다. 과거 풍요로웠던 고비 평야를 촉촉하게 적셔주던 수맥도 크게 변하였다. 현재 고비 사막을 여행하는 여행자들은 3m 터, 4m를 파 내려가야 물을 얻을 수 있다. 이것이야말로 한때 위구르 제국을 좌우로 가로질러 흐르던 강이 지표면에서 자취를 감추고 모래에 파묻혀 있지만, 지금도 수맥이 끊이지 않았다는 증거이다.

그러나 이러한 큰 시련을 이겨내고 살아남은 얼마 안 되는 사람들이 있었다. 그들은 높은 산으로 둘러싸인 계곡과 고원 등에 남겨져 서로 연락도 하지 못한 채 살아가야만 했다. 이후 수천 년이라는 세월 동안 그들은 불모의 산악지대에서 삶을 지속했다. 그곳에는 과거의 영화도 높은 문화의 흔적도 없이 야생동물을 사냥하고 풀뿌리를 파먹어야 하는 산속 생활의 모습뿐이었다. 그러나 이윽고 그들도 중앙아시아의 산속에서 이동을 시작했다. "처음 코카시아인은 중앙아시아의 산속에서 소수의 그룹으로 찾아왔다." (막스 뮐러) "위구르인은 산이 형성되면서 원래 있던 곳에서 살 수 없게 되어 카스피해의 북쪽, 동쪽 및 서쪽으로 이주했는데 이것은 그들에게 두 번째 이주였다."(인도 『마누법전』) 인도에 들어온 그룹은 갠지스강 유역에 정착했다가 이윽고 인도 전역으로 퍼져 나가인을 대신하였다. 유럽 쪽으로 향한 사람들은 위구르 제국이 번영했을 때의 조상들처럼 유럽 각지에 정착했다. 전자는 인도의 현재 국민의 기초가 되는 한두 아리아이고, 후자는 슬러브, 튜턴, 켈트, 아이리시, 바스크 등 유럽의 모든 민족의 모태가 되었다. 페르시아 제국을 세운 이란인도 아리아계이다.

이제 알았을 것이다. 위구르 대제국의 역사는 그대로 아리아인의 역사라 해도 좋다.

나칼 도서관의 점토판

트로이를 발굴한 독일의 유명한 고고학 연구가 하인리히 슐리만의 손자 파울 슐리만은 할아버지의 유언에 따라 세계의 고대 문화 조사 연구에 몰두 한 결과를 『나는 어떻게 아틀란티스를 발견했는가?』라는 제목으로 1912년 10월 20일 날짜로 '뉴욕 아메리칸' 지에 발표했다. 여기서 그는 티베트의 라 사 고사원에 있는 기원전 2000년의 고기록 안에 있는 중미 마야족의 신화 사본, 『트로아노 고사본』과 부합하는 기록을 발견했다고 한다. 그것은 '미 지의 나라 무' 의 붕괴에 관한 서술이었다.

티베트는 남쪽으로 인도, 서쪽으로는 카슈미르, 투르키스탄에 접해있고 북쪽은 고비 사막을 끼고 몽고를 바라보는 중앙아시아의 산악국이다. 아리 아계의 브라만 승려에게 쫓겨난 나칼들은 인도와 티베트를 병풍처럼 둘러 싸고 있는 히말라야산맥의 남쪽 기슭에 정착하여 그곳에 몇 개의 사원을 세 운 뒤 다시 병풍을 넘어 티베트로 자취를 감췄다.

1896년, 나는 나칼의 자취를 따라 티베트로 들어가 그곳에서 한 고승으로부터 예상치 못한 이야기를 듣게 된다. 그것은 나칼의 점토판으로 이루어진 대도서관에 관한 이야기였다.

먼 옛날, 위구르의 수도에는 무 대륙에서 나칼이 가져온 점토판이 많이 보존되어 있다. 그것은 앞서 말했던 대홍수에 의해 휩쓸려 진흙 속에 파묻혀 버렸다. 제국의 서부에 있어서 살아남은 나칼은 폐허가 된 수도로 가 고생 끝에 상당히 많은 점토판을 찾아내 자신들의 사원에 보존했다.

"그런데…"라며 노승은 이야기를 이어갔다.

"그리고 다시 끔찍한 재앙이 찾아온 거야. 대지는 여기저기서 융기되어 산들이 생겨났지. 지진과 분화와 땅이 갈라져 수많은 사람이 죽었어. 서방으로 옮겨 놓은 점토판은 또다시 용암과 화산재와 흙 속에 파묻히고 말았지."

겨우 목숨을 건진 소수의 나칼 자손은 먼 훗날 이 이야기를 듣고 발굴을 했다. 그 수는 많이 줄었지만, 꽤 많은 수의 점토판을 찾아냈다. 그리고 그 점토판들이 지금도 보존되어 있으리라는 것이었다. 노승의 말투로 보아 점토판이 보존된 장소는 티베트 어딘가인 듯했다. 그렇다, 티베트는 그 위치로 미루어볼 때 과거 위구르 제국의 일부였음에 틀림이 없다. 발굴한 점토판이 티베트 어느 사원에 보존되어 있을 가능성이 충분했다. 점토판을 본 적이 있냐고 묻자, 노승은 고개를 끄덕였다.

"아주 오래전 내가 젊었을 때, 브라마푸트라강의 지류를 따라 산 아래에 있는 사원에서 수백 장의 점토판을 본 적이 있지. 그 사원에서 지금 한 이야기를 들었네."

"그 사원이란 게 어디죠?"

"너무 오래돼서 기억이 안 나. 하지만 그 사원에 있던 점토판은 나칼 도서관 일부이고, 다른 곳에 수천 장이 더 있지."

"수천 장! 그건 대체 어디에 있는 겁니까?"

"그건 나도 몰라. 내가 아는 건 그것이 우리 민족의 비밀이라는 것뿐이야. 아무에게도 말해서는 안 돼."

내가 물러서지 않고 끈기 있게 계속 묻자 노승은 이런 이야기를 해주었다.

"우리의 수도 아요디아가 침입군의 침략당해 불타버린 적이 있었지. 나칼 도서관의 점토판은 그곳에 있던 사원의 동굴 창고에 감춰둔 덕에 다행히 적들의 눈을 피할 수 있었네. 이것은 우리 티베트 승려들 사이에 전해 내려오는 이야기로, 만약 그것이 사실이라면 나칼의 수천 장 점토판은 지금도 그 사원의 폐허, 지하 깊은 곳에서 잠들어 있을 거야."

우리의 수도 아요디아가 어디냐고 묻자, 노승은 입을 다문 채 아무 말도 하지 않았다. 그러나 그 고사원의 폐허에 두 명의 영국인과 두 명의 러시아인이 찾아왔다는 이야기를 들은 적이 있다고 했다. 그 영국인, 러시아인은 대체 누구일까?

마지막으로 티베트를 여행했을 때, 나는 서부지방의 사원에서 상당히 많은 점토판을 발견했다. 그곳은 티베트 남부를 히말라야산맥을 끼고 서쪽에서 동쪽으로 흐르는 브라마푸트라강 상류 지역으로 수행을 하는 라마 승

이외에 사람의 그림자를 찾아볼 수 없는 변경지역이라는 것만 적어두겠다. 그런 변경지역임에도 불구하고 상당히 큰 사원이 있었다. 나는 그곳에서 발견한 점토판 중에서 매우 진귀한 것을 발견했다. 60센티 정사각형의 꽤 큰 점토판으로, 그곳에 새겨져 있는 내용을 이해할 때까지 상당한 시간을 허비했다.

그것은 분명 '세계지도' 였다. 어느 시대의 것인지는 알 수 없었지만, 세계의 지형을 그린 것임에는 틀림이 없었다. 그 묘사 방법이 소박하고 간결하였기 때문에 한눈에 바로 알아볼 수 있었다. 현재의 세계지도와는 많이 다른, 특히 남미 대륙의 차이가 현저했다.

그 지도에는 지형뿐만이 아니라 별자리 같은 것도 그려져 있었다. 나는 그것을 베껴서 귀국한 뒤 한 천문학자에게 보여주었다. 별자리의 위치, 운행상태로 미루어 보면 연대를 알 수 있을지도 모른다고 생각했기 때문이었다. 그 천문학자는 꽤 많은 시간이 지난 뒤에 대답을 해주었다. 가장 오래된 천체도는 메소포타미아 지방에서 발굴된 돌기둥과 점토판에 새겨진 것으로 기원전 3000년, 지금으로부터 약 5000년 전이라고 전해진다. 그런데 티베트의 천체도는 그보다 훨씬 오래되었다고 한다. 나는 지형의 차이로 미루어볼 때, 1만 2, 3천 년 정도 전의 것으로 추측하고 있었지만 15,000년 전의 것으로 보인다고 했다. 그리고 천문학자는 스스로 믿기 어렵다는 듯이 이렇게 덧붙였다. "그런데 지금으로부터 15,000년 전에 별자리의 위치를 이렇게 정확하게 그릴 수 있는 인간이 있었을 리가 없는데…."

실제로 티베트는 우리의 상식으로는 판단할 수 없는 것들이 매우 많다.

지금으로부터 10,000년 전의 인간이 어떻게 '세계지도'를 그릴 수 있었겠는가? 이 또한 수수께끼 중의 하나라 할 수 있을 것이다.

시황제의 불로장생 약

　'동양의 신비로운 나라'라고 하면 북미 사람들은 곧바로 중국을 연상하는 것 같다. 실제로 그 화려한 건축물과 복장, 민예품 등을 보면 그런 상상을 하게 되는 것도 충분히 이해가 되지만 그것은 어디까지나 환상에 불과하다. 동양의 제국 중에서도 중국의 문화는 겨우 5000년을 거슬러 올라갈 뿐이다. 중국인이 바로 몽골인이라는 생각하는 사람이 많다. 하지만 중국인의 시조는 백색계 아리아인이다. 위구르 제국의 전성시대, 백색계 위구르인은 남쪽 지역에 사는 황색 몽골인과 자주 결혼을 했다. 그들의 혼혈 자손들이 중국인의 조상이라 볼 수 있다. 단, 위구르인은 몽골인을 상당히 낮게 보았던 것 같다. 중국의 고기록에도 "위구르의 남자는 황색 피부의 낮은 종족 중에서 최상의 여자를 골라 아내로 삼았다."고 되어 있는 것을 보더라도 알 수 있다. '낮다'라는 것은 문화 정도가 낮다는 의미일 것이다.

　이렇게 해서 위구르인의 순수한 혈통은 사라졌지만, 그들은 그 '황색의 낮은 종족'을 자신들의 문화 수준까지 끌어올리려 노력했다. 그것이 중국 문화의 기초가 된 것이다. 앞에서 말했던 바와 같이 고대 위구르 제국에서 만들어진 동상이 중국인 인부의 손을 통해 미국 장교의 손에 들어간 것도 이런 교류를 생각해 본다면 결코 이상한 일이라 할 수 없다.

위구르 제국이 붕괴하고 오랜 세월이 흐른 뒤, 아시아의 동부에는 많은 소국이 나타났다. 이들은 모두 몽골계의 국가로, 이들 중에서 징기츠칸이나 쿠빌라이와 같은 영웅이 나타났다. 기원전 200년경, 진의 시황제가 중국 북부에 만리장성을 쌓은 것도 북쪽에서 침입해오는 몽골 유목민족인 흉노족을 방어하기 위함이었다.

진시황제는 세계 최대의 반문화적 행위로 불리는 '분서갱유(焚書坑儒)'는 정치를 비판하는 학자를 땅속에 생매장하고 정책과 맞지 않는다는 이유로 책을 불태우는 폭정을 했다. 그러나 이때 유교 경전은 '금단의 서' 중에서도 가장 먼저 사원 깊은 곳에 감춰져 틀림없이 소각을 피했을 것이다. 그책들은 지금도 도교 사원에 남아 있을 테지만 외부자들에게는 절대로 공개가 허락되지 않는다. 여기서 한 가지 상상을 해본다. 이 경전 중에는 무 제국의 『성스러운 영감의 서』의 사본, 혹은 인도의 브라만 승려가 했듯이 적당하게 나눴다 끼워 맞추는 개작이 있었을지도 모른다. 중국 전역에서 끌어모은 책 중에서 그런 책이 진시황제의 눈에 띄었다고 해도 이상할 것이 없다.

"사람은 1000년의 수명을 유지할 수 있다."

이 한 문장을 보자마자 진시황제는 뛸 듯이 기뻐했다. 실제로 나칼의 점토판 속에서 이런 문구를 찾아볼 수 있다. 그것은 "사람은 1000년의 수명을 유지할 수 있다. 이때 살아남는 것은 하느님에게 받은 영혼으로 육체는 어머니인 대지로 돌아간다."라는 내용이다. 앞서 말했던 예수와 인도의 승려들이 논쟁을 벌인 것도 이 문구이다. 단편적으로 이 부분을 읽은 황제는 동쪽 바다 저 멀리에 '어머니의 나라'에 이 묘약이 있다고 단정한 것이다. 그러나 황제도 과거 태평양에 '어머니의 나라' 무 대륙이 있었다는 것은 알 수 없었다. 고작해야 바다 너머에 있는 것은 노을이 지는 동해의 나라, 한국과 일본이었다.

일본에는 진시황제의 명을 받은 방사서복(方士徐福)이 봉래산(蓬萊山)에서 결국 불로장생의 영약을 찾아냈지만, 이미 때가 늦어 고국으로 돌아가지 못한 채 지금도 동굴 속에서 살고 있다는 전설이 있다.

영광의 도시
바빌론으로
가는 길

유프라테스강의 반인반어

셈족의 선봉은 강기슭에 서 있었다. 그들이 무장한 금속장식들이 태양에 반사돼 반짝였다. 그때, 작은 물소리가 들려왔다. 셈족 사람들은 강기슭의 키가 큰 갈대 속으로 몸을 감췄다. 이윽고 한 척의 배가 물 위를 미끄러지듯 다가왔다. 그것은 셈족이 지금까지 본 적이 없었던 정교한 배였다. 한 번 노를 젓자 배는 마치 수면을 미끄러지듯이 가볍게 전진했다.

셈족은 갈대 속에서 나왔다. 배 위의 사람도 셈족을 눈치챈 듯했다. 누군가 큰소리로 외치자 배 위에 있던 사람들이 일제히 물속으로 뛰어들었다. 물소리도 거의 내지 않고 빨려 들어가는 듯한 느낌이었다.

셈족은 넋을 잃고 바라보았지만, 물속으로 뛰어든 자들은 아무리 기다려도 떠오르지 않았다. 그러더니 누군가 소리치며 저 멀리 강 하류를 가리켰다. 거기에는 일곱 개의 머리가 둥둥 떠 있는 채로 공중에 물을 내뿜고 있었다.

"셈족 전사들은 퇴각했다. 그리고 일곱 명의 반신반어를 보았다고 보고했다."(고대 그리스의 기록)

"바빌로니아 초기의 제사장이자 역사가인 베로수스(Berosus: BC 290년경 바빌론의 벨로스 신전 신관)는 바빌로니아 최초의 거주자는 타 종족이라고 말했다. 메소포타미아에 문명을 가져온 것은 오안네스라는 여섯 명으로 그들은 반신반어였다. 그리고 페르시아만을 통해 왔다."(헤로도토스: Herodotos, BC 484 ~ BC 425, 고대 그리스 역사가)

티그리스, 유프라테스 두 강가의 메소포타미아 지방(현재의 이라크)에는 기원전 3000년 경, 수메르(Sumer: BC 27세기 이전에 메소포타미아의 남부에 살던 주민 또는 그 땅)인과 아카드(Akkad: 고대 오리엔트에서 활약한 민족 또는 그들이 살던 지방)인이 정착하여 유사(有史)시대에 들어갔다. 수메르인은 지그라토라 불리는 인공 산을 쌓고 그 위에 신전을 지었다. 이윽고 문화의 중심은 동쪽의 두 강 하구 지대로 옮겨가 바빌로니아 문화가 화려하게 개화하였다.

고대 바빌로니아 수도 바빌론, 그곳에는 예수가 탄생하기 600년 전에 이미 수백만의 인구를 자랑하는 대도시였다. 햇빛에 말린 벽돌로 만든 성벽은 높이 9m, 두께 24m, 길이 60km에 달했다. 기원전 6백 년 경, 네부카드네자르(Nebuchadnezzar) 2세 시대에 바빌론은 그 영화의 정점에 달했다. 세계의 불가사의라 불리는 '공중정원'도 이 무렵에 만들어졌다.

공중정원, 초자연적인 것을 느끼게 하지만 실은 매우 합리적인 정원이었다. 네부카드네자르 왕이 왕비를 위로하기 위해 만든 것이라 전해지며, 요컨대 화단을 피라미드 형식으로 쌓아올린 것으로 높이가 약 100m 정도로 제일 위 단에 저수조를 만들고 여기에 유프라테스강의 물을 퍼 올려 파이프를 통해 순차적으로 아래로 물이 내려가게 되어 있다. 이론적으로 따지면 결코 불가사의한 것이 아니지만, 이 대공사를 가능케 한 그 번영의 정도에 놀라움을 금치 못한다.

그러나 번영을 자랑했던 신바빌로니아도 이윽고 멸망하고, 그 뒤로 몇 번의 지배자가 바뀌어 흔히 말하는 바빌로니아의 흥망이 반복되게 된다.

그들의 흥망성쇠는 문제 삼지 않고 이 지역에 처음 뿌리를 내렸다고 전해지는 수메르인, 그들은 과연 어디서 온 것일까? 그 어떤 역사가도 이 질문에 대해서는 확실한 대답을 하지 못한다. 단지 말할 수 있는 것은 그들이 "어느 외부에서, 훨씬 고대의 지역에서" 나타났다고 하는 것뿐이다.

그들은 매우 항해술이 뛰어나 바다를 건너와 이 삼각주 평야에 위대한 문명의 뿌리를 내렸다. 이것만으로도 한 가지 상상이 떠오른다. 마야인 중에 인도에 이주한 나가인, 다시 말해 나가 마야인은 씩씩하게 아라비아해 서쪽으로 전진해 호르무즈해협에서 페르시아만 깊숙한 곳으로 들어가 유프라테스강 하구에 정착했다. 그것은 아마도 18,000년 전의 일이라고 추측된다. 이것이 아카드인, 또는 아카드인의 기원이다. 아카드란 나가 마야어로 부드럽고 습한 토지라는 의미이다. 이것은 이 모래벌판 지대를 가리키는 것이다. 수메르인, 수메르의 의미도 나가 마야어로 평지, 평원을 의미한다. 거주지에 따라 구별한 것으로 아카드인과는 동족이다.

그들은 하구 지대에서 내륙으로 들어가 그곳에 첫 번째 수도 에리두 (Eridu)를 세우고 우바이드, 우루크 등의 도시가 세워지고 문화가 발전되었다. 이들 나가 마야인이 이 물과 진흙의 두 강 지대에서 조상 대대로 이어진 물에 강한 특기를 충분히 발휘하였으리라는 것은 쉽게 상상할 수 있다.

이윽고 북방에서 셈족(바빌로니아인)이 강을 따라 내려왔다. 그 선봉이 유프라테스 강가에서 수메르인과 마주쳤다. 무장한 인종을 처음보고 깜짝 놀란 수메르인들은 물에 뛰어들어 자신들의 특기인 잠수영법으로 상대를 관찰하였다. 한편, 이것을 본 셈족도 그들의 뛰어난 수영법을 보고 반인 반어라고 착각하고 말았다. 참고로 반인반어 오안네스(Oannes, Hoa-ana)는 나가마야어의 Na = water, a = they, no = hause, 즉 '단선(單船)에 사는 자'를 어원으로 삼고 있는 것 같다.

바빌로니아의 문화는 기원전 7000년으로 거슬러 올라간다고 하는데, 인도의 고기록이 말해주듯이 15,000년이 사실인 것 같다. 기원전 ○○○천 년이라는 것은 셈족이 수메르인을 정복한 연대라고 생각하는 것이 좋을 것이다. 그보다 수천 년 전, 이미 그곳에는 무 제국의 흐름을 잇는 수메르 문화가 뿌리를 내리고 있었다.

그렇다면 나중에 이 땅에 온 셈족은 대체 어디서 온 것일까? 실은 그들도 무 본국이 그 본류이다. 단지 나가 마야인, 수메르인과는 지구 반대 방향에서 돌아온 것이 된다. 그들은 무 대륙에서 아메리카 대륙을 거쳐 유카탄반도에 정착한 자히라는 마을을 세웠고, 다시 우슈말 주변에서 살았던 흔적이 있다. 그곳에서 다시 대서양을 지나 유럽 대륙으로 건너와 카스피 해안선의 코카서스 지방에 정착했다. 여기에 아라라트(Ararat: 터키의 동부 아르메니아 고원에 있는 사화산)산이 있다. 성경에 노아의 방주가 도착한 곳으로 유명한 산이다. 이집트인은 이 나라를 유카탄에서 그들이 만든 마을 이름 자히아라 부르고 있는 듯하다.

이윽고 셈족은 남하해 수메르인과 마주치고 그들을 정복한 뒤 여기에 바빌로니아 문명을 이루게 되는데, 그것은 수메르 문화라는 토대 위에 세워진 것이었다. 수메르인, 아카드인은 그때 이미 뛰어난 과학과 예술을 자랑했으며 그것을 상형문자로 기록하였다.

선주자의 뛰어난 문화를 흡수하려 했던 셈족은 수메르인, 아카드인과 결혼하였고 학자들을 매우 소중히 여겼다. 아카드인이 사는 모래 들판과 강기슭에는 갈대가 무성하였고 그 풀숲에는 악어를 비롯한 온갖 짐승들이 숨어 있었다. 때문에 아카드인의 마을과 집 주변에는 울타리가 둘러져 있었다. 이 울타리를 카르디라 부른다. 학교와 사원도 당연히 이 카르디 안에 있었다. 학교에는 인종을 가리지 않고 통학해야 할 의무가 있었다. 여기서 배우는 것은 고대 나가 마야어, 무 제국의 『성스러운 영감의 서』, 예술, 과학 등이었다. 나중에는 이스라엘인 등도 이 카르디 안에 살면서 교육을 배운 듯하다. 그리고 어느샌가 학교와 학자를 카르디라 부르게 되었다. 이것이 칼데아인의 이름의 기원이다.

여기서 아카드인과 칼데아인이 나가 아먀인의 피를 이어받았다는 증거로 이 둘의 언어를 비교해 보자. 왼쪽이 아카드 칼데아 어이고, 오른쪽이 힌두 나가 마야어이다.

아버지 Abba=Ba, 어머니 Nana=Naa, 동료 Bala=Pal, 아래 Ga=Ke, 물 A=Ha, 토지 Ma=Ma, 하양 Sar=Zae, 꼬리 Kum=Kum, 둘 Kas=Ca, 넷

Sao=Can.

물론 이런 유사성, 혹은 완전히 동일한 언어는 얼마든지 더 열거할 수 있다.

인도의 발밀키가 기록한 것에 의하면 "인도를 떠난 나가 마야인은 바빌론으로 가서 모국 무의 종교와 과학을 전했다."라고 되어 있고, 이 유프라테스 강가의 식민지를 바빌로니아, 수도를 바빌론이라 부른 것 같다. 바빌론은 또한 KaRa라 칭했던 것 같은데, 이것은 태양의 도시라는 의미이다.

오리엔트의 로마 제국이라 불렸던 아시리아, 기원전 800년경, 이 대제국을 건설한 아시리아인도 그 기원은 코카서스 또는 자히아의 식민지였다. 티그리스강 상류와 자그로스산맥 사이에 있는 바사르 지방에 정착하였다. 이 호전적인 일족은 바빌로니아로부터 독립하여 인근의 나라들을 멸망시키고 결국은 바빌로니아까지 지배하기에 이르렀다. 그리고 이집트를 포함한 전 오리엔트를 통일하는 대제국을 건설하였다. 그 군사조직의 위세와 포로의 손발을 자르고 눈을 파 태워 죽이는 잔인함은 역사적으로 악명이 높았다. 그토록 강대함을 자랑하던 이 호전적 나라도 불과 200년 정도인 기원전 812년에 메디아와 칼데아 연합군에게 수도 니네베를 함락당하여 멸망하고 만다.

페르시아 제국 깃발의 표식

위구르 제국의 남서부에 융기한 산들에 흩어져버린 위구르인들은 우습게도 그 대제국이 멸망한 뒤에 비로소 역사에 얼굴을 드러내게 된다. 인구가 늘어나 좁은 계곡과 분지, 혹은 고원에서만 남아 있다가는 살아남을 수 없었기 때문이다. 그들의 이동이 시작된 것은 기원전 2000년부터 1800년경 사이의 일이다.

그들은 서쪽으로 나뉘어 산에서 내려갔다. 첫 번째 코스는 힌두쿠시산맥을 따라 아프가니스탄을 경유해서 인도로, 두 번째 코스는 카슈미르에서 인도의 판자브 지방으로, 세 번째 코스는 이란의 사막지대에서 페르시아만 북동해안으로, 네 번째 코스는 카스피해 남부의 아르메니아 지방에서 자그로스산맥을 거쳐…. 이 세 번째 코스를 택한 것이 페르시아인, 네 번째 코스를 택한 것이 메디아인이다.

페르시아인(이란인)은 이란 고원의 남서부에 정착하여 아시리아, 메디아 등에 복종하였지만, 키로스(Kyros) 대왕이 국토를 통일한 기원전 558년에 메디아를 정복하여 속국으로 삼았다. 그리고 기원전 538년에는 바빌론에 입성해 이곳에 서남아시아 전역을 통일하는 대제국을 건설하였다. 그리고 캄비세스 왕 때에 이르러 이집트도 정복하고 다시 전 오리엔트는 통일되었고, 다리우스 1세 때인 기원전 529년부터 486년에 걸쳐서는 그 영토도 인도의 판자브에서 중앙아시아, 서쪽으로는 트라키아(Thrakia: 발칸반도 남동부 지방의 옛 이름)까지 위세를 떨쳤다.

그러나 이 페르시아 대제국의 무적 진격도 결국은 막히고 말았다. 이 대제국의 길을 가로막은 것은 그리스의 알렉산더 대왕이었다. 그리고 이 불세출의 영웅의 대원정군에 의해 페르시아 대제국은 멸망했다. 기원전 331년, 제국의 영화도 고작해야 227년에 불과했다.

그리스는 전 세계를 그 지배하에 두고자 하는 대제국의 야망을 막은 것이 두 번 있다. 그 첫 번째는 기원전 7500년의 일이었다. 이때 아틀란티스는 훗날 무 제국과 마찬가지 운명에 처하게 되어 대서양 바닥에 가라앉은 아틀란티스 제국이 세계로 그 영토를 확장하고 있을 무렵, 이때는 아테네군의 분전으로 침공군은 격퇴되었다. 그리고 두 번째는 마테도니아의 영주 알렉산더가 페르시아 제국의 야망을 꺾고 그 숨통을 끊어놓은 것이다.

과거 페르시아 왕 키로스의 군대가 바빌론의 난공불락의 성을 부수고 돌진하여 신바빌로니아 왕 나보니도스(Nabonidos: BC 6세기경 신(新)바빌로니아 왕국 최후의 왕)를 항복시켰을 때, 바빌론의 대궁전 위에는 페르시아 제국의 깃발이 높이 펄럭였다. 수평선에서 떠오르는 태양…, 이 문양은 무언가를 연상시켜준다. 태양의 제국 무의 화려했던 시기, 이것은 세계각지에 퍼져나가 그 식민 제국 깃발의 상징이 되었다. 무 대륙이 지상에서 사라진 약 9500년이 지난 뒤, 이 깃발이 바빌론의 왕성에서 펄럭인 것이다.

수메르인과 아카드인, 메디아인과 페르시아인 이 네 식민 집단은 '어머니의 나라' 에서 서쪽으로 향한 그룹이고, 또한 셈족은 동방식민선의 주류에 속한 한 집단이었다. 이 다섯 식민 집단은 앞에서도 말한 것처럼 모두 바빌론이라는 도시에 모여들었다. 그리고 그 모든 민족을 통일시킨 페르시아 제국….

한 대륙을 기점으로 하는 이렇게 많은 식민 집단이 이처럼 지구상의 한 지점에 다시 집결한 예는 어디서도 찾아볼 수가 없다.

옮긴이 **박별**

전문번역가, 아카시에이전트 대표.
역서로는 「마음먹은 대로 된다」, 「아무도 가르쳐주지 않는
부의 비밀」, 「인간의 운명」, 「인간의 조건」 외 다수가 있다.

잃어버린 문명을 찾아서 —태평양에 가라앉은 환상의 대제국 무 대륙

2022년 04월 15일 개정 1판 1쇄 인쇄
2022년 04월 25일 개정 1판 1쇄 펴냄

지은이 ㅣ 제임스 처치워드
옮긴이 ㅣ 박 별
발행인 ㅣ 김정재

펴낸곳 ㅣ 뜻이있는사람들
등록 ㅣ 제 410-304호
주소 ㅣ 경기도 고양시 덕양구 지도로92번길 55. 다동 201호
전화 ㅣ (031) 914-6147
팩스 ㅣ (031) 914-6148
이메일 ㅣ naraeyearim@naver.com

ⓒPrinted in Korea

ISBN 978-89-90629-60-9 03900